物流法律法规

主　编　王凤鸣　钱　芳
副主编　杨　蜜　尤　雪　贾俊龙　李佳静

北京理工大学出版社
BEIJING INSTITUTE OF TECHNOLOGY PRESS

版权专有 侵权必究

图书在版编目（CIP）数据

物流法律法规/王凤鸣，钱芳主编. —北京：北京理工大学出版社，2018.1（2020.2重印）
 ISBN 978-7-5682-4668-2

Ⅰ.①物… Ⅱ.①王…②钱… Ⅲ.①物流-物资管理-法规-中国-高等学校-教材 Ⅳ.①D922.29

中国版本图书馆 CIP 数据核字（2017）第 203225 号

出版发行 / 北京理工大学出版社有限责任公司	
社　　址 / 北京市海淀区中关村南大街 5 号	
邮　　编 / 100081	
电　　话 /（010）68914775（总编室）	
（010）82562903（教材售后服务热线）	
（010）68948351（其他图书服务热线）	
网　　址 / http://www.bitpress.com.cn	
经　　销 / 全国各地新华书店	
印　　刷 / 三河市天利华印刷装订有限公司	
开　　本 / 787 毫米 × 1092 毫米　1/16	
印　　张 / 13.5	责任编辑 / 武丽娟
字　　数 / 317 千字	文案编辑 / 武丽娟
版　　次 / 2018 年 1 月第 1 版　2020 年 2 月第 4 次印刷	责任校对 / 周瑞红
定　　价 / 49.00 元	责任印制 / 李志强

图书出现印装质量问题，请拨打售后服务热线，本社负责调换

前　言

　　本教材采用项目化教学设计，以任务为驱动，注重案例教学，将理论与实践有机集合起来，在充分考虑法律课程特点的基础上，结合高等教育特点和要求，理论上把握适度够用，重在动手操作能力，注重实践，每一项目和任务都把理论与案例分析结合起来，让学生通过理论学习解决实务中发生的法律问题，通过案例分析进一步加深对法学理论的理解。

　　本教材可以作为高等院校物流管理专业、国际航运管理专业、港口管理专业和集装箱运输管理专业的教材，同时也可以作为相关行业从业人员的学习资料。

　　本教材由王凤鸣、钱芳任主编，杨蜜、尤雪、贾俊龙、李佳静任副主编，全书由王凤鸣统稿定稿。

　　由于编者水平有限，差错在所难免，敬请批评指正。

编　者

目 录

项目一 物流法规基础知识 (1)

  任务一 物流法规概述 (2)

    1.1.1 物流法规的概念和特点 (2)

    1.1.2 物流法规的调整对象 (3)

    1.1.3 物流法规的渊源 (3)

  任务二 物流法律关系 (4)

    1.2.1 物流法律关系的主体 (4)

    1.2.2 物流法律关系的客体 (6)

    1.2.3 物流法律关系的内容 (6)

    1.2.4 物流法律关系的发生、变更和终止 (6)

  任务三 物流服务提供者的法律责任 (7)

    1.3.1 物流服务提供者的民事法律责任 (7)

    1.3.2 物流服务提供者的行政法律责任 (9)

    1.3.3 物流服务提供者的刑事责任 (10)

项目二 物流企业法律制度 (12)

  任务一 物流企业概述 (13)

    2.1.1 物流企业的概念 (13)

    2.1.2 物流企业的类型 (13)

  任务二 物流企业的市场准入 (13)

  任务三 物流企业的设立、变更、消灭与清算 (14)

    2.3.1 物流企业的设立 (14)

    2.3.2 物流企业的变更 (16)

    2.3.3 物流企业的消灭 (17)

    2.3.4 物流企业的清算 (18)

项目三 物流服务合同制度 (19)

任务一 物流服务合同概述 (21)
- 3.1.1 物流服务合同的概念 (21)
- 3.1.2 物流服务合同的特征 (21)
- 3.1.3 物流服务合同的法律适用 (22)

任务二 物流服务合同的订立及效力 (23)
- 3.2.1 物流服务合同的订立 (23)
- 3.2.2 缔约过失责任 (26)
- 3.2.3 物流服务合同的效力 (26)

任务三 物流服务合同的履行及违约责任 (28)
- 3.3.1 物流服务合同的履行 (28)
- 3.3.2 物流服务合同的违约责任 (31)

任务四 物流服务合同的担保 (34)
- 3.4.1 物流服务合同担保的概念 (34)
- 3.4.2 物流服务合同担保方式 (34)

项目四 货物运输法律制度 (38)

任务一 货物运输法律概述 (38)
- 4.1.1 物流中的运输及其地位 (38)
- 4.1.2 物流运输中法律关系的类型及其构成 (40)

任务二 道路货物运输法律 (42)
- 4.2.1 汽车货物运输合同 (43)
- 4.2.2 汽车货物运输合同双方当事人的主要义务与责任 (44)
- 4.2.3 汽车货物运输合同的变更、解除以及责任承担 (46)
- 4.2.4 货运事故及违约责任的处理 (46)

任务三 铁路货物运输法律 (47)
- 4.3.1 国内铁路货物运输 (50)
- 4.3.2 国际铁路货物运输 (51)

任务四 水路货物运输法律 (53)
- 4.4.1 国内水路运输法律概述 (55)
- 4.4.2 国内水路货物运输合同 (55)

任务五 航空货物运输法律 (58)
- 4.5.1 航空货物运输法律法规概述 (61)
- 4.5.2 航空货物运输合同 (61)
- 4.5.3 航空货物运输合同中双方的义务与责任 (61)
- 4.5.4 索赔 (63)

任务六 国际海上货物运输 (64)
- 4.6.1 国际海上货物运输的法律法规 (67)

4.6.2　海商法 …………………………………………………………………… (67)

项目五　仓储法律制度 …………………………………………………………… (93)
任务一　仓储法律概述 …………………………………………………………… (96)
任务二　仓储合同 ………………………………………………………………… (97)
　　5.2.1　仓储合同的概念 ………………………………………………………… (97)
　　5.2.2　仓储合同的特征 ………………………………………………………… (97)
　　5.2.3　仓储合同的订立 ………………………………………………………… (98)
　　5.2.4　仓储合同当事人的权利和义务 ………………………………………… (99)
任务三　仓单 ……………………………………………………………………… (103)
　　5.3.1　仓单的概念 ……………………………………………………………… (103)
　　5.3.2　仓单的性质 ……………………………………………………………… (103)
　　5.3.3　仓单的内容 ……………………………………………………………… (104)
　　5.3.4　仓单质押融资 …………………………………………………………… (105)
任务四　保管合同 ………………………………………………………………… (108)
　　5.4.1　保管合同的概念 ………………………………………………………… (108)
　　5.4.2　保管合同的特征 ………………………………………………………… (108)
　　5.4.3　保管合同当事人的义务 ………………………………………………… (108)
　　5.4.4　仓储合同与保管合同的联系与区别 …………………………………… (109)
任务五　保税货物仓储 …………………………………………………………… (110)
　　5.5.1　保税货物和保税仓库概述 ……………………………………………… (110)
　　5.5.2　保税仓库的设立 ………………………………………………………… (111)
　　5.5.3　保税货物的进出口 ……………………………………………………… (112)
　　5.5.4　海关对保税仓库的监管 ………………………………………………… (114)

项目六　配送法律制度 …………………………………………………………… (116)
任务一　配送中的法律关系概述 ………………………………………………… (116)
任务二　配送合同 ………………………………………………………………… (117)
　　6.2.1　配送合同的概念 ………………………………………………………… (117)
　　6.2.2　配送合同的种类 ………………………………………………………… (117)
　　6.2.3　配送合同的法律属性 …………………………………………………… (118)
　　6.2.4　配送合同的内容 ………………………………………………………… (120)
　　6.2.5　配送合同的履行 ………………………………………………………… (121)
任务三　配送服务合同当事人的义务和权利 …………………………………… (123)
　　6.3.1　配送服务合同中配送人的义务和权利 ………………………………… (123)
　　6.3.2　销售配送合同中配送人的义务和权利 ………………………………… (125)

项目七　物流包装法律制度 ……………………………………………………… (127)
任务一　物流包装法律概述 ……………………………………………………… (127)
　　7.1.1　包装法规的特征 ………………………………………………………… (127)

7.1.2　与包装相关的法律规范 ………………………………………………………… (128)

　任务二　普通货物包装 ……………………………………………………………………… (130)
　　7.2.1　普通货物包装所应遵循的基本原则 …………………………………………… (130)
　　7.2.2　普通货物运输包装的基本要求 ………………………………………………… (131)
　　7.2.3　销售包装的基本要求 …………………………………………………………… (132)
　　7.2.4　普通货物包装合同的订立 ……………………………………………………… (133)

　任务三　危险品包装法律法规 ……………………………………………………………… (134)
　　7.3.1　危险物品的概念及类型 ………………………………………………………… (134)
　　7.3.2　对危险类货物包装的基本要求 ………………………………………………… (134)
　　7.3.3　危险类货物运输包装的要求 …………………………………………………… (134)
　　7.3.4　危险品包装应该注意的问题 …………………………………………………… (141)

　任务四　国际物流中的包装法律法规 ……………………………………………………… (143)
　　7.4.1　国际物流中包装的特点 ………………………………………………………… (143)
　　7.4.2　国际物流中包装所适用的法律 ………………………………………………… (144)
　　7.4.3　国际物流中运输包装的标志 …………………………………………………… (144)
　　7.4.4　《国际海运危险货物规则》中对于危险货物包装的基本要求 ……………… (148)

项目八　物流搬运装卸法律制度 ……………………………………………………………… (150)

　任务一　货物搬运装卸作业合同 …………………………………………………………… (152)
　　8.1.1　货物搬运装卸作业合同的构成 ………………………………………………… (152)
　　8.1.2　货物搬运装卸作业合同的形式 ………………………………………………… (153)

　任务二　港口装卸搬运法律法规 …………………………………………………………… (153)
　　8.2.1　港口装卸搬运法律法规概述 …………………………………………………… (153)
　　8.2.2　一般货物的港口作业合同 ……………………………………………………… (154)
　　8.2.3　集装箱货物的装卸合同 ………………………………………………………… (155)
　　8.2.4　港口与船方之间的货物交接关系 ……………………………………………… (157)
　　8.2.5　国际公约中港站经营人的赔偿责任 …………………………………………… (158)

　任务三　铁路装卸搬运中的法律法规 ……………………………………………………… (159)
　　8.3.1　铁路装卸搬运法律法规概述 …………………………………………………… (159)
　　8.3.2　铁路货物运输合同中的装卸搬运义务 ………………………………………… (160)
　　8.3.3　铁路货物装卸作业标准 ………………………………………………………… (161)

　任务四　公路运输货物的装卸搬运法律法规 ……………………………………………… (165)
　　8.4.1　公路运输货物的装卸搬运法律法规概述 ……………………………………… (165)
　　8.4.2　公路装卸搬运作业人的义务与责任 …………………………………………… (165)

项目九　流通加工法律制度 …………………………………………………………………… (168)

　任务一　流通加工法律概述 ………………………………………………………………… (170)
　任务二　流通加工服务合同 ………………………………………………………………… (170)
　　9.2.1　加工承揽合同的概念和特征 …………………………………………………… (170)

| 9.2.2　加工承揽合同的种类 …………………………………………… (171)
| 9.2.3　加工承揽合同的法律适用 ………………………………………… (172)
| 9.2.4　加工承揽合同的订立和形式 ……………………………………… (173)
| 9.2.5　加工承揽合同的主要内容 ………………………………………… (173)
| 任务三　流通加工服务合同当事人的权利和义务 ……………………………… (175)
| 9.3.1　承揽人的权利与义务 ……………………………………………… (175)
| 9.3.2　定作人的权利与义务 ……………………………………………… (177)
| 任务四　物流企业在流通加工中涉及的责任 …………………………………… (179)
| 9.4.1　物流企业作为承揽人的责任 ……………………………………… (179)
| 9.4.2　物流企业作为定作人的责任 ……………………………………… (179)

项目十　货物保险法律制度 ………………………………………………………… (181)

  任务一　保险法律制度概述 ……………………………………………………… (186)
    10.1.1　保险的概念 ……………………………………………………… (186)
    10.1.2　保险的特征 ……………………………………………………… (187)
    10.1.3　保险的分类 ……………………………………………………… (187)
    10.1.4　保险法的基本原则 ……………………………………………… (188)
  任务二　海上货物运输保险法律法规 …………………………………………… (189)
    10.2.1　海上货物运输保险概述 ………………………………………… (189)
    10.2.2　海上货物运输保险种类 ………………………………………… (192)
    10.2.3　海上保险合同 …………………………………………………… (193)
    10.2.4　被保险人的义务 ………………………………………………… (195)
    10.2.5　保险人的责任 …………………………………………………… (196)
    10.2.6　保险标的的损失和委付 ………………………………………… (196)
    10.2.7　保险赔偿的支付 ………………………………………………… (197)
  任务三　陆上货物运输保险法律法规 …………………………………………… (197)
    10.3.1　陆上货物运输保险合同 ………………………………………… (197)
    10.3.2　被保险人的义务 ………………………………………………… (199)
    10.3.3　索赔期限 ………………………………………………………… (199)
  任务四　航空货物运输保险 ……………………………………………………… (199)
    10.4.1　航空货物运输保险的概念 ……………………………………… (199)
    10.4.2　航空货物运输保险一般条款 …………………………………… (200)
    10.4.3　国内航空货物运输保险的具体条款 …………………………… (201)
  任务五　仓储货物保险 …………………………………………………………… (203)
    10.5.1　仓储货物保险的保险标的 ……………………………………… (203)
    10.5.2　仓储货物保险的保险责任和附加责任 ………………………… (203)
    10.5.3　仓储货物保险的除外责任 ……………………………………… (203)

参考文献 …………………………………………………………………………………… (205)

项目一

物流法规基础知识

知识目标

掌握物流法规的概念、特点，物流法的调整对象，物流法的渊源，物流服务提供者民事法律责任的归责原则；了解物流法律关系的主体、客体和内容，物流法律关系的变更和终止，以及物流法律关系产生、变更和消灭的条件。

技能目标

能通过本项目的学习，利用民事责任的归责原则相关理论，分析物流服务提供者在物流活动中的民事责任。

导入案例

【案情】

2011年10月16日，A贸易公司委托B货代公司订舱，货物为红富士苹果，目的地为雅加达。B货代公司接受委托后，及时向C船公司订舱，并根据A贸易公司的委托，代其委托D公司报关报检。由于商检环节有问题，导致该票货物未能及时装船运输。2011年10月26日A贸易公司指示B货代公司雇拖车将该集装箱拉至E站场。B货代公司告知A贸易公司，由于站场原因该集装箱不能插电，希望A贸易公司能尽快处理这票货物。其间A贸易公司曾想把该票货物运至东营，或运至其在平度的工厂。直到2011年11月23日，B货代公司按照A贸易公司的要求，重新订舱出口雅加达，并于23日当天对货物进行了查验，粘贴了标签。11月25日，集装箱在站场插电。11月29日，货物装船运输。A、B公司之间实行费用月结的方式，所以B货代公司代A贸易公司垫付运费及杂费（其中包含集装箱超期使用费）共计美元3 400元，人民币36 800元。

B货代公司取得正本提单后，转交A贸易公司。后A贸易公司以苹果在目的港脱水、腐烂变质为由拒绝偿还B货代公司代垫的费用。

【分析】

B货代公司是否应对A贸易公司的损失承担责任？首先分析B货代公司和A贸易公司之间的法律关系，再分析B货代公司在该法律关系中的权利和义务。通过案例所述，B货代公司和A贸易公司之间建立了民事代理法律关系，B货代公司是代理人，A贸易公司是被代理人。根据《民法通则》第六十三条规定："代理人在代理权限内，以被代理人的名义实施民事法律行为。被代理人对代理人的代理行为，承担民事责任。"第六十六条规定："没有代理权、超越代理权或者代理权终止后的行为，只有经过被代理人的追认，被代理人才承担民事责任。未经追认的行为，由行为人承担民事责任。本人知道他人以本人名义实施民事行为而不作否认表示的，视为同意。代理人不履行职责而给被代理人造成损害的，应当承担民事责任。代理人和第三人串通、损害被代理人的利益的，由代理人和第三人负连带责任。"

本案中，B货代公司是否要承担责任关键看B货代公司是否尽到了代理人的职责。争议的焦点问题是在站场期间集装箱未能插电是不是B货代公司的责任。从案例可以看出，站场不能插电，B货代公司及时告知了A贸易公司，并且集装箱在站场期间A贸易公司工作人员到过站场现场，对于站场不能插电是知情的且没有提出异议，通过实际行动对此进行了确认。故B货代公司没有责任。

任务一 物流法规概述

物流活动被誉为"第三利润源泉"，涉及采购、运输、仓储、生产、流通加工、配送、销售等环节，在经济活动中发挥着越来越重要的作用。但由于物流业在我国起步较晚，物流法律制度建设存在滞后性，缺乏与之相配套的完善的法律体系，条块分割严重，效力层次也比较低，并且国际物流方面还涉及国际公约和国际惯例等。

1.1.1 物流法规的概念和特点

物流法规是指调整在物流活动中产生的以及与物流活动相关的社会关系的法律规范的总称。与其他法律规范相比较，具有明显特征：

(1) 广泛性。

物流活动具有广泛性，涉及采购、运输、仓储、生产、流通加工、配送、销售等方面，而物流活动的各个领域均存在有关的法律、法规或公约。同时，物流活动的过程、参与者、内容涉及的行业以及表现形式多种多样，既要受社会经济活动的一般准则制约，又要受到行业法规和惯例的制约。还有，国家为促进物流业的发展及规范物流市场秩序，颁布了涉及多项物流功能相互之间关系的综合性政策、法律、法规。

(2) 技术性。

由于物流活动是由采购、运输、仓储、装卸、搬运、包装和加工、销售等多个技术性较强的物流环节组成的，而物流法律制度作为调整物流活动、规范物流市场的法律规范，必然涉及从事物流活动的专业用语、技术标准、设备标准以及操作规程等，因而具有较强的技术性特点。

(3) 多样性。

物流法规法律的多样性是指物流法规在形式上表现为各种法律、法规和公约。法律法规有许多表现形式，有最高国家权力机关制定的宪法、法律，有地方国家权力机关制定的地方法规，有国务院发布的行政法规，也有各级政府和各主管部门规定的规章、办法，还有有关的技术标准、技术法规和行业惯例。这些不同的法律法规的表现形式使物流法律制度的层次、效力有高有低。

此外，当物流活动在世界范围内进行时，既涉及多个其他国家的国内法，还要受到国际公约的制约，并应遵守相应的国际惯例。

（4）综合性。

物流法律法规的综合性是指各种和物流相关的法律、法规之间存在着相互协调、相互配合的关系。现代物流是综合物流，是将多种功能组合起来的一项经济活动，涵盖了从采购原材料到半成品、产品的生产，直至最后产品通过流通环节到达消费者手上的全过程；同时，还包括物品的回收和废弃物的处理过程，涉及采购、运输、仓储、装卸、搬运、包装、流通加工、配送、信息处理等环节。物流法律法规应当对所有这些环节中产生的关系进行调整，因此反映综合物流的物流法律法规自然也具有综合性的特点。

1.1.2 物流法规的调整对象

物流法规的调整对象是指物流法律规范所调整的社会关系，主要包括以下两个方面：

（1）物流活动当事人之间的民事法律关系。

物流活动当事人可以是自然人、法人和其他组织。他们具有平等的民事法律地位，依据平等自愿原则就物流活动达成协议，规范和明确各自的权利义务，通过履行协议实现各自的权利。他们的权利义务关系是一种横向的法律关系，属于民法范畴。

（2）国家行政机关与物流活动当事人之间的行政法律关系。

物流活动是一种经济活动，物流活动的主体就是市场经济活动的主体，国家行政机关需要依据法律的授权，对市场主体的经营行为进行管理和监督。国家行政机关与物流活动当事人之间的关系表现为纵向的法律关系，属于行政法范畴。

1.1.3 物流法规的渊源

法律渊源，就是指法律的表现形式。对物流法规而言，是指不同国家机关依法制定或认可的具有不同法律效力的有关物流活动的规范性文件。

（1）国内法的渊源。

① 宪法。

我国的宪法是由全国人民代表大会制定的国家根本大法，具有最高法律效力。宪法关于经济制度和经济管理的规定，是对物流关系进行法律调整的根本依据。

② 法律。

法律是指由全国人民代表大会及其常务委员会按照立法程序制定和颁布的文件。

③ 行政法规。

行政法规是指由最高国家行政机关即国务院根据宪法和法律制定的规范性文件，其法律地位和法律效力仅次于宪法和法律。

④ 部门规章。

部门规章是指由国务院所属各部、各委员会根据法律和国务院的行政法规决定、命令，在本部门的权限内制定的法律文件。

⑤ 地方法规和政府规章。

享有立法权的地方人民代表大会和地方人民政府，在法律规定的权限内制定的调整物流关系的地方性法规和政府规章，同样是物流法律制度的渊源。

⑥ 技术标准。

技术标准一般由国家技术监督管理部门组织制定、批准和发布，包括强制性标准和推荐性标准两种。

（2）国际法渊源。

① 国际条约。

涉及物流活动的国际条约很多，但并非所有国际条约都无条件在任何一个国家生效。根据国际法和国家主权原则，只有经过一国政府签署、批准或加入的有关物流的国际条约，才对该国具有法律约束力，从而成为该国物流法规的渊源。在涉外物流法律关系中，当我国批准或加入的国际条约与我国国内法之间存在冲突时，优先适用该国际条约，除非我国在批准或加入该条约时有声明保留的条款。

② 国际惯例。

与物流活动相关的国际惯例是指在物流活动中，对同一性质的问题采取的类似行动，经过长期反复实践逐渐形成，为大多数国家所接受的，具有法律约束力的不成文的行为规则。

我国《民法通则》第一百四十二条第三款规定："中华人民共和国法律或中华人民共和国缔结或参加的国际条约没有规定的，可以适用国际惯例。"我国海商法也做了与上述内容相同的规定。所以，国际惯例也是我国物流法规的渊源之一，但是用国际惯例不得违背我国的社会公共利益。

任务二　物流法律关系

法律关系是指受法律规范调整的社会关系。物流法律关系即物流法律规范所调整的具有权利义务内容的社会关系。物流法律关系包括主体、客体和内容三个要素。

1.2.1　物流法律关系的主体

物流法律关系的主体，即物流法律关系中权利和义务的承担者。它分为权利主体和义务主体。其中，在物流法律关系中享有权利的一方为权利主体，在物流法律关系中负有义务的一方为义务主体。物流法律关系的主体包括：

（1）自然人。

自然人是指生物学意义上的基于出生而取得民事主体资格的人。与之相对应的概念为法人，即法律拟制为"人"的组织。自然人包括本国公民、外国人和无国籍人。自然人具有民事主体资格，可以作为物流法律关系的主体。

自然人作为民事法律关系的主体，必须具有相应的民事权利能力和民事行为能力。

自然人的民事权利能力，是指自然人依法享有民事权利和承担民事义务的资格。我国《民法通则》第九条规定："公民从出生时起到死亡时止，具有民事权利能力，依法享有民事权利，承担民事义务。"

自然人的民事行为能力是自然人以自己的行为取得民事权利、承担民事义务的资格。自然人的民事行为能力以年龄和精神智力状态为标准可以分为无民事行为能力、限制民事行为能力和完全民事行为能力三种。

① 无民事行为能力是不能独立实施民事法律行为的能力。民法通则规定，不满十周岁的未成年人和不能辨认自己行为的精神病人是无民事行为能力人。无民事行为能力人参与民事活动，须有法定代理人代理，其自己不能独立参与民事活动，为民事法律行为。

② 民法通则对限制民事行为能力人的规定分为两类。对年满十周岁以上的未成年人，即认定其为限制民事行为能力人，采取年龄主义；对成年人，是指不能完全辨认自己行为的精神病人。

限制民事行为能力是指能独立实施与年龄智力相适应的民事法律行为的能力。既言限制，意味着这种行为能力并不完全，就限制的范围而言，只能独立实施与年龄及智力相适应的行为，否则须经法定代理人同意或由法定代理人代理。《合同法》第四十七条规定："限制行为能力人订立的纯获利益的合同或者与其年龄、智力、精神健康状况相适应而订立的合同，不必经法定代理人追认。"

③ 我国《民法通则》第十一条第一款规定："十八周岁以上的公民是成年人，具有完全民事行为能力，可以独立进行民事活动，是完全民事行为能力人。"《民法通则》第十一条第二款规定："十六周岁以上不满十八周岁的公民，以自己的劳动收入为主要生活来源的，视为完全民事行为能力人。"

但自然人作为物流法律关系的主体必须注意以下两点：

① 由于物流是商业活动，并且法律对一些物流行业的主体有特殊规定，因此，一般而言，自然人成为物流服务的提供者将受到很大的限制。

② 现代物流涉及的领域较为广泛，自然人在一些情况下可以通过接受物流服务，而成为物流法律关系的主体。

（2）法人。

根据我国《民法通则》第三十六条规定："法人是指具有民事权利能力和民事行为能力，依法享有民事权利和承担民事义务的组织。"法人是社会组织在法律上的人格化。法人的构成应具备以下条件：

① 依法成立。指法人依照法律的规定成立。

② 有必要的财产或经费。法人的财产或经费是法人以自己的名义占有、使用、处分的财产或经费。法人的财产和经费不仅独立于创立人的财产，而且与法人成员的财产相分离。

③ 有自己的名称、组织机构和场所。

④ 能独立承担民事责任。

法人是物流法律关系主体的主要组成部分，随着国际物流和区域物流以及国内物流活动的发展，法人在物流活动中占有越来越重要的地位。依据是否以营利为目的可以将法人划分为企业法人、机关事业单位法人和社会团体法人，其中，企业法人是物流活动的最主要参与者。

（3）其他组织。

其他组织是指合法成立、有一定组织机构和财产，但不具备法人资格，不能独立承担民事责任的组织。其他组织作为民事主体，在我国合同法中已得到明确的认可，从而为其成为

物流法律关系的主体提供了基本的条件。在我国,其他组织包括:
  a. 依法登记领取营业执照的个体工商户、个人独资企业、合伙组织。
  b. 依法登记领取营业执照的合伙型经营企业。
  c. 依法登记领取我国营业执照的中外合作经营企业、外资企业。
  d. 经民政部门批准登记领取社会团体登记证的社会团体。
  e. 依法设立并领取营业执照的法人分支机构。
  f. 经核准登记领取营业执照的乡镇、街道、村办企业其他组织必须符合相应的法律规定,取得一定的经营资质,才能从事物流业务。

1.2.2 物流法律关系的客体

  法律关系的客体是指法律关系主体的权利和义务所指向的对象。物流法律关系的客体,即物流法律关系的主体享有的权利和承担的义务所共同指向的对象。物流法律关系的多样性,决定了成为物流法律关系的客体的广泛性。物流法律关系的客体通常为物、行为和智力成果,如运输公司的运送行为,工商行政管理部门对设立物流企业的审核、批准行为等。

1.2.3 物流法律关系的内容

  物流法律关系的内容,是指物流法律关系主体在物流活动中享有的权利和承担的义务。权利(civil rights)是指权利主体能够凭借法律的强制力或合同的约束力,在法定限度内自主为或不为一定行为以及要求义务主体为或不为一定行为,以实现其实际利益的可能性;义务(duty)是指义务主体依照法律规定或应权利主体的要求必须为或不为一定行为,以协助或不妨碍权利主体实现其利益。

1.2.4 物流法律关系的发生、变更和终止

1.2.4.1 物流法律关系的发生

  物流法律关系的产生,是指物流法律关系的主体之间形成了一定的权利和义务关系。如某仓储公司与其他公司签订了仓储服务合同,主体双方就产生了相应的权利和义务。此时,受物流法律规范调整的物流法律关系即告产生。

1.2.4.2 物流法律关系的变更

  物流法律关系的变更,是指物流法律关系的三个要素发生变化。
  (1)物流法律关系主体变更。
  主体变更,是指法律关系主体数目增多或减少,也可以是主体改变。在合同中,客体不变,相应权利义务也不变,此时主体改变也称为合同转让。
  (2)物流法律关系客体变更。
  客体变更,是指法律关系中权利义务所指向的事物发生变化。客体变更可以是其范围变更,也可以是其性质变更。
  (3)物流法律关系内容变更。
  物流法律关系内容的变更是指物流法律关系主体所享有的权利和义务发生改变。物流法律关系主体与客体的变更,必然导致相应的权利和义务的改变,即物流法律关系内容的变更。

1.2.4.3 物流法律关系的终止

物流法律关系的终止,是指物流法律关系主体之间的权利义务不复存在,彼此丧失了约束力。

(1) 自然终止。

物流法律关系的终止,是指物流法律关系所规范的权利义务顺利得到履行,物流法律关系主体取得了各自的利益,从而使该物流法律关系达到完结。比如储存期限届满,存货人将货物取回导致仓储合同的自然终止。

(2) 协议终止。

物流法律关系协议终止,是指物流法律关系主体之间协商解除物流法律关系规范的权利和义务,致使物流法律关系归于终止。比如在运输合同签订以后尚未履行之前,托运人与承运人经过协商,解除货物运输合同,致使该货物运输合同协议终止。

(3) 违约终止。

物流法律关系违约终止,是指物流法律关系主体一方违约,或发生不可抗力,致使物流法律关系规范的权利义务不能实现。比如在货物运输合同签订后,一方未按照合同约定的期限履行合同,经另一方催告后,在合理期限内仍未履行,则另一方有权解除货物运输合同。

1.2.4.4 物流法律关系产生、变更和消灭的条件

物流法律关系只有在一定的情况下才能产生,同样,物流法律关系的变更和消灭也要满足一定的条件。这种引起物流法律关系产生、变更和消灭的情况称为物流法律事实。物流法律事实是物流法律关系产生、变更和消灭的原因。

法律事实按是否包含当事人的意志分为两类。

(1) 事件。

事件是指不以当事人意志为转移而产生的法律事实,包括自然事件、社会事件、意外事件。

(2) 行为。

行为是指人的有意识的活动。行为包括积极的作为和消极的不作为。

任务三 物流服务提供者的法律责任

法律责任是指因违反了法定义务或约定义务,或不当行使法律权利所产生的,由行为人承担的不利后果。物流服务提供者的法律责任是指物流服务提供者因违反法律规定或违反合同约定所应承担的法律责任。根据法律关系的不同,物流服务提供者的法律责任可以分为物流服务提供者的民事法律责任、物流服务提供者的行政法律责任和物流服务提供者的刑事法律责任。根据法律依据和归责原则的不同,物流服务提供者的民事法律责任可以分为违约责任和侵权责任。

1.3.1 物流服务提供者的民事法律责任

物流服务提供者的民事法律责任是指物流服务提供者违反民事法律规范,无正当理由不履行民事义务或因侵害他人合法权益所应承担的法律责任。

1.3.1.1 物流服务提供者民事法律责任的归责原则

所谓归责原则（criterion of liability），就是确定责任归属所必须依据的法律准则。物流服务提供者的侵权责任一般适用过错责任，少数适用过错推定责任；而物流服务提供者的违约责任一般适用严格责任。民事法律责任的归责原则有过错责任原则、过错推定责任原则、严格责任原则、无过错责任原则和不完全过错责任原则。

（1）过错责任原则（principle of liability for fault）。

过错责任原则亦称过失责任原则，是指以行为人的主观过错作为民事责任的最终构成要件的归责原则。简言之，有过错才有责任，无过错即无责任；过错大，责任大；过错小，责任小。在民事责任的构成要件中，相对于行为人的违法行为、损害事实以及违法行为与损害事实之间因果关系的构成要件而言，行为人的主观过错是民事责任的最终构成要件。对行为人的主观过错，根据"谁主张，谁举证"原则，应由受害人负责举证。只有行为人被确认主观有过错才承担民事责任；反之，则不承担民事责任。

过错责任的构成要件一般有四个：

① 违法行为。
② 损害事实。
③ 违法行为与损害事实之间有因果联系。
④ 行为人主观上有过错。

（2）过错推定责任原则（principle of liability for fault presumption）。

过错推定责任原则仍以过错作为承担责任的基础，因而它不是一项独立的归责原则，而只是过错责任原则的一种特殊形式。过错责任原则一般实行"谁主张，谁举证"的原则，但在过错推定责任的情况下，对过错的认定则实行举证责任倒置原则。受害人只需要证明加害人实施了加害行为，造成了损害后果，加害行为与损害后果存在因果关系，无须对加害人的主观过错情况进行证明，就可推定加害人主观上有过错，应承担相应的责任。加害人要想免除其责任，则需要证明自己主观上无过错。

（3）严格责任原则（principle of strict liability）。

严格责任原则是指不论违约方主观上有无过错，只要其不履行合同债务给对方当事人造成了伤害，就应当承担合同责任。严格责任原则意味着在违约发生以后，非违约方只需证明违约方的行为已经构成违约，而不必证明违约方主观上出于故意或过失。

严格责任原则是既不同于绝对责任又不同于无过错责任的一种独立的归责形式，与其他归责原则相比，其具有以下特点：

第一，严格责任原则的成立以债务不履行以及该行为与违约后果之间具有因果关系为要件，而并非以债务人的过错为要件，这是其区别于过错责任原则的最根本的特征。因而在严格责任原则下，债权人没有对债务人有无过错进行举证的责任，而债务人以自己主观上无过错并不能阻碍责任归加。在这一点上，似乎有理由认为严格责任原则与过错责任原则中的举证责任倒置——过错推定相一致。但是，过错推定的目的在于确定违约当事人的过错，而严格责任原则考虑的则是因果关系而并非违约方的过错。例如，在严格责任原则下第三人的原因导致违约并不能免除债务人的违约责任，而此种情形无论如何不能推定债务人存在过错。

第二，严格责任原则虽不以债务人的过错为承担责任的要件，但并非不考虑债权人的过错。如果因债权人的原因导致合同不履行，则往往成为债务人得以免责或减轻责任的事由。

第三，严格责任原则虽然严格，但并非绝对。在严格责任原则下，并非表示债务人就其债务不履行行为产生的损害在任何情况下均应负责，比如因不可抗力导致的违约可以免责。

(4) 无过错责任原则（principle of liability without fault）。

无过错责任原则，也叫无过失责任原则，是指没有过错造成他人损害的依法律规定应由与造成损害原因有关的人承担民事责任的确认责任的准则。无过错责任原则是一项侵权责任的归责原则，其构成要件有：

① 损害事实的客观存在。

② 特殊侵权行为的法定性。包括侵权行为的法定性和免责事由的法定性。没有法律条款的明文规定，不能构成无过错责任；同时，没有法定的免责事由不能免责。

③ 特殊侵权行为与损害事实之间存在因果关系。

与过错责任原则相比较，行为人不必过错。责任的承担不考虑行为人是否具有过错，在认定责任时无须受害人对行为人具有过错提供证据，行为人也无须对自己没有过错提供证据，即使提供出自己没有过错的证据也应承担责任。

(5) 不完全过错责任原则（principle for liability with liability with limitations）。

不完全过错责任又称为不完全过失责任或有限制的过错责任，是由《海牙规则》首先确立的一项承运人承担民事责任的归责原则。《海牙规则》第四条第二款第一项规定："船长、船员、引航员或承运人的其他受雇人员在驾驶船舶或管理船舶中的行为、疏忽或不履行职责所造成的货物灭失或损坏，承运人免于承担赔偿责任；第二项规定：火灾引起的货物灭失或损坏，包括船长、船员等雇佣人员的过失引起的火灾，承运人可以免责。"这应是不完全过失责任原则的主要出处。我国《海商法》采用的是不完全过错责任原则。

1.3.2 物流服务提供者的行政法律责任

物流服务提供者的行政责任是指物流服务提供者违反国家有关物流监管的规定所应承担的法律责任。国家对物流市场的监管主要体现在对物流活动的主体的市场准入的要求、对主体实施物流活动的监督和管理、公平和公开竞争的物流市场环境和规则的确立等。通过国家相应的主管机关对物流活动的有效监管，有助于培育物流市场健康、有序地发展。如我国对某些物流领域规定了市场准入条件，只有在符合条件且按照法律规定之程序取得经营资格的主体才能够从事相应的物流活动，否则就应该承担相应的行政责任。再如，法律禁止物流企业之间的不正当竞争行为，如果物流活动主体实施了不正当竞争行为，则会受到应有的惩罚。

物流企业所受到的行政处罚包括以下几个方面：

(1) 停止违法经营活动。没有取得相应资格而从事物流经营的企业，行政主管机关依法要求其停止经营。

(2) 没收违法所得。从事违法经营的物流企业如有违法所得，行政机关依法予以没收，以示惩罚。

(3) 罚款。对违反物流法律法规的物流企业所给予的一种经济上的处罚。

(4) 撤销经营资格。如《中华人民共和国国际海运条例》第十四条规定："国际船舶运输经营者、无船承运业务经营者、国际船舶代理经营者和国际船舶管理经营者将其依法取得的经营资格提供给他人使用的，由国务院交通主管部门或者其授权的地方人民政府交通主管部门责令限期改正，逾期不改正的，撤销其经营资格。"

(5) 吊销营业执照。这是因物流企业从事违法行为而由工商行政管理机关将其营业执照予以吊销的一种处罚。

1.3.3 物流服务提供者的刑事责任

物流服务提供者的刑事责任是指在物流活动中，由于物流企业的行为触犯了我国刑事法律规定，情节较为严重，构成犯罪时所应承担的刑事法律责任。本部分内容不是本教材重点，不予展开。

本章小结

物流法规是指调整在物流活动中产生的以及与物流活动相关的社会关系的法律规范的总称，与其他法律规范相比较，具有广泛性、技术性、多样性、综合性等特征。物流法的渊源包括宪法、法律、行政法规、部门规章、地方法规和政府规章、技术标准等国内法渊源，也包括国际条约、国际惯例等国际法渊源。物流法律关系构成要素包括物流法律关系的主体（自然人、法人和其他组织）、物流法律关系的客体和物流法律关系的内容。物流企业在物流活动中极有可能承担民事法律责任和行政法律责任，也有可能承担刑事法律责任。物流企业在承担民事法律责任时的归责原则有过错责任原则、过错推定责任原则、严格责任原则、无过错责任原则、不完全过错责任原则等。

思考与练习

一、名词解释

1. 物流法规　2. 法律渊源　3. 国际条约　4. 国际惯例　5. 法律关系　6. 法律事实　7. 归责原则　8. 过错责任　9. 过错推定责任　10. 严格责任　11. 无过错责任　12. 不完全过错责任　13. 物流法律关系　14. 自然人　15. 法人　16. 法律事实　17. 法律责任

二、简答题

1. 物流法规的特征是什么？
2. 物流法规的渊源有哪些？
3. 民事责任的归责原则有哪些？
4. 物流法律关系的构成要素是什么？
5. 自然人的民事行为能力是如何分类的？
6. 法人的构成应具备的条件是什么？

三、思考案例

案例一

A物流公司司机张某驾驶机动车送货途中，遇行人李某闯红灯乱穿马路躲闪不及，致李某受伤，共花费医药费、护理费、营养费等3万元，李某还要求A物流公司和司机张某赔偿误工费3 000元。

请回答下列问题：
1. 肇事责任应该由谁来承担？为什么？
2. 该案中应适用哪种归责原则？

案例二

上海某制衣厂于 2006 年 11 月 11 日与中国某财产保险公司的代理人签订了包括自燃等保险事故在内的企业财产保险合同。根据保险合同，该厂将自有的固定资产和流动资产全部投入保险，保险费 3 万元，保险期限一年。在财产保险合同、保险单及所附财产明细表中，均写明投保的流动资产包括产成品、原材料和产品存放在本厂库房，并标明了位置。投保后，制衣厂先后于 2007 年 7 月 8 日、12 日两次将保险产成品发往其驻南京的销售部，共计 2 000 件，价值 35 万元。2007 年 8 月 10 日，南京连日持续高温，引起南京库房的货物自燃，全部被毁。对此损失，保险公司拒绝赔偿。

请回答下列问题：
1. 本案物流保险合同关系中的主体、客体和内容分别是什么？
2. 本案中引起物流保险法律关系产生、变更和终止的法律事实是什么？

物流企业法律制度

知识目标

掌握有限责任公司和股份有限公司设立的条件,有限责任公司和股份有限公司的组织机构,物流企业的变更,物流企业变更后责任的承担;了解物流企业的清算。

技能目标

能起草、制定设立有限责任公司需要的相关材料。

导入案例

大学毕业生李华决定自主创业,准备与同学赵胜利一起注册一家物流企业。请你帮助李华解答如下问题:

(1) 注册的物流企业可以采取哪种企业形式?你建议李华采取哪种形式?为什么?

(2) 前期需要哪些准备工作?

(3) 注册物流企业的程序有哪些?

结合相关法律规定,建议李华设立有限责任公司形式的物流企业。原因有三点:首先,相对于个体工商户、合伙企业而言,公司是目前治理最先进的一种企业形式;其次,作为提供物流服务的企业不仅设立时具有一定的门槛,而且在业务活动中也有限制,设立公司形式的物流企业可以更好地开展业务;最后,李华、赵胜利作为公司的股东,承担的是有限责任,风险较小。

前期的准备工作除了需要进行调研之外,还需要拟订公司名称、确定经营范围、起草公司章程、按照《公司法》和相关法律法规的要求筹措出资、根据相关法律法规的要求获得相关部门的核准文件、公司选址、签订办公场所的租赁合同等。

注册物流公司需要按照下列程序进行:

1) 名称核准

2) 确定公司住所

3）起草公司章程
4）刻法定代表人和股东个人名章（私章）
5）开设验资账户，出资
6）验资
7）办理工商登记，领取营业执照
8）刻章（公章）
9）办理企业组织机构代码证
10）办理税务登记
11）开立公司基本账户
12）申请领购发票

任务一　物流企业概述

2.1.1　物流企业的概念

国家《物流术语》中给出的物流企业（logistics enterprise）的含义是：从事物流活动的经济组织。实务中，一般认为物流企业指至少从事运输（含运输代理、快递）或仓储的一种经营业务，并能够按照客户物流需求对运输、储存、装卸、包装、流通加工、配送等基本功能进行组织和管理，具有与自身业务相适应的信息管理系统，实行独立核算、独立承担民事责任的经济组织。（物流企业分类与评估指标）

2.1.2　物流企业的类型

《物流企业分类与评估指标》界定了物流服务，规定了物流企业的三种类型，以及每种类型的特点和基本要求。物流服务（logistics service）即物流供应方通过对运输、储存、装卸、搬运、包装、流通加工、配送和信息管理等基本功能的组织与管理来满足客户物流需求的行为。物流企业有三种类型，即运输型、仓储型和综合服务型。

从法律的角度出发，根据企业的形式，物流企业可以分为两种，即有限责任公司类型的物流企业和股份有限公司类型的物流企业。

任务二　物流企业的市场准入

物流企业市场准入制度是指国际从社会整体利益出发，依据本国的法律、法规、政策的规定与国际条约的有关承诺，对物流相关主体进入物流市场、从事物流活动所应具备的条件、方式、程序予以规范的法律制度。该制度主要包括物流市场的入市条件、资格、入市方式、入市程序、入市中的禁止事项和禁止行为、入市监管主体的监管权限和程序等内容。

我国现行物流市场准入立法，从法律效力角度来看，可分为以下三类：一是法律，即最高国家立法机关颁布实施的规范性文件，如《邮政法》《民用航空法》等；二是行政法规，即国务院颁布实施的规范性文件，如《水路运输管理条例》《国际海运条例》等；三是中央各部委颁布的部门规章,如《水路运输管理条例实施细则》等。除此之外,还有地方性法规以及物流技术规范和标准等。

从适用范围上看,我国的《公司法》《合伙企业法》《独资企业法》及《中外合资经营企业法》《中外合作经营企业法》《外资企业法》等法律,因其并非针对物流市场准入的专门立法,可视为一般的物流市场准入立法;而专门对进入特定物流市场从事活动所必需条件和程序进行规定的法律,如《道路运输条例》《外商投资民用航空业规定》等,可视为特殊的物流市场准入立法。

从投资者角度看,我国现行物流市场准入立法可分为内资物流企业市场准入立法和外资物流企业市场准入立法。前者如《水路运输管理条例》《国内投资民用航空业规定》,后者如《外商投资道路运输业管理规定》《关于进一步对外开放道路运输投资领域的通知》《外商投资国际海运业管理规定》《关于开展试点设立外商投资物流企业工作有关问题的通知》等。

从我国物流市场准入制度所涉及的主要领域来看,现行物流市场准入立法主要涉及交通运输业(含公路运输、铁路运输、航空运输、水路运输、海上运输等)、站场管理及货物运输代理等方面,如《道路货物运输及站场管理规定》《外商投资国际货物运输代理企业管理办法》等。同时,政府对综合物流发展的重视程度逐步提高,相继制定了一些促进现代物流业发展的产业政策,如《关于促进我国现代物流业发展的指导意见》《物流业调整和振兴规划》等,这些规定属于政策性文件,并没有上升为法律规范,但对于我国物流市场准入制度具有宏观政策引导作用。

任务三　物流企业的设立、变更、消灭与清算

2.3.1　物流企业的设立

物流企业的设立是指物流企业的创立人为使企业具备从事物流活动的能力,取得合法的主体资格,依照法律规定的条件和程序所实施的一系列行为。

2.3.1.1　物流企业设立条件

设立物流企业必须具备实质要件和形式要件。实质要件即设立物流企业必须具备的条件。实质要件与物流企业的市场准入相关联。

(1) 设立物流企业应具备的实质要件。

《物流企业分类与评估指标》关于物流企业必须能够独立承担民事责任的界定,物流企业只能是有限责任公司形式和股份有限公司形式。根据物流企业的市场准入制度的规定,设立物流企业必须具备的实质要件有:

1) 有与物流经营活动相适应的财产和必要的生产经营条件。
2) 有相应的企业组织机构。
3) 有固定的生产经营场所以及与生产相适应的从业人员等。

(2) 设立物流企业应具备的形式要件。

形式要件是指设立物流企业时依照法律规定的程序履行申报、审批和登记手续,依法取得从事物流活动主体资格的过程。

2.3.1.2 有限责任公司设立的条件

（1）股东符合法定人数。有限责任公司由五十个以下股东出资设立。

（2）有符合公司章程规定的全体股东认缴的出资额。有限责任公司的注册资本为在公司登记机关登记的全体股东认缴的出资额。法律、行政法规以及国务院决定对有限责任公司注册资本实缴、注册资本最低限额另有规定的，从其规定。

股东可以用货币出资，也可以用实物、知识产权、土地使用权等可以用货币估价并可以依法转让的非货币财产作价出资；但是，法律、行政法规规定不得作为出资的财产除外。股东应当按期足额缴纳公司章程中规定的各自所认缴的出资额。股东以货币出资的，应当将货币出资足额存入有限责任公司在银行开设的账户；以非货币财产出资的，应当依法办理其财产权的转移手续。

（3）股东共同制定公司章程。公司章程主要包括：公司名称和住所；公司经营范围；公司注册资本；股东的姓名或者名称；股东的出资方式、出资额和出资时间；公司的机构及其产生办法、职权、议事规则；公司法定代表人；股东会会议认为需要规定的其他事项。股东应当在公司章程上签名、盖章。

（4）有公司名称，建立符合有限责任公司要求的组织机构。

有限责任公司名称一般由四部分组成：行政区划＋字号＋行业特点＋有限责任公司。

有限责任公司的组织机构有股东会、董事会、监事会和经理。有限责任公司的股东会由全体股东组成，是有限责任公司的权力机构。董事会成员中的非职工代表董事由股东会选举产生，董事会是有限责任公司的执行机构。有限责任公司设董事会，其成员为三至十三人。董事任期由公司章程规定，但每届任期不得超过三年。董事任期届满，连选可以连任。股东人数较少或者规模较小的有限责任公司，可以设一名执行董事，不设董事会。执行董事可以兼任公司经理。有限责任公司设监事会，其成员不得少于三人。股东人数较少或者规模较小的有限责任公司，可以设一至二名监事，不设监事会。监事会应当包括股东代表和适当比例的公司职工代表，其中职工代表的比例不得低于三分之一，具体比例由公司章程规定。监事会中的职工代表由公司职工通过职工代表大会、职工大会或者其他形式民主选举产生。监事的任期每届为三年。监事任期届满，连选可以连任。

有限责任公司可以设经理，由董事会决定聘任或者解聘。

（5）有公司住所。公司住所即公司的主要办事机构所在地。公司主要办事机构一般是指公司董事会等重要机构，因为董事会是公司的经营管理决策机构，对外代表公司的。公司可以建立多处生产、营业场所，但是经公司登记机关登记的公司住所只能有一个，并且这个公司住所应当是在为其登记的公司登记机关的辖区内。

2.3.1.3 股份有限公司设立的条件

设立股份有限公司，应当具备下列条件：

（1）发起人符合法定人数。设立股份有限公司，应当有二人以上二百人以下为发起人，其中须有半数以上的发起人在中国境内有住所。

股份有限公司的设立，可以采取发起设立或者募集设立的方式。发起设立，是指由发起人认购公司应发行的全部股份而设立公司。募集设立，是指由发起人认购公司应发行股份的一部分，其余股份向社会公开募集或者向特定对象募集而设立公司。

（2）有符合公司章程规定的全体发起人认购的股本总额或者募集的实收股本总额。股份有限公司采取发起设立方式设立的，注册资本为在公司登记机关登记的全体发起人认购的股本总额。在发起人认购的股份缴足前，不得向他人募集股份。股份有限公司采取募集方式设立的，注册资本为在公司登记机关登记的实收股本总额。法律、行政法规以及国务院决定对股份有限公司注册资本实缴、注册资本最低限额另有规定的，从其规定。

发起人可以用货币出资，也可以用实物、知识产权、土地使用权等可以用货币估价并可以依法转让的非货币财产作价出资；但是，法律、行政法规规定不得作为出资的财产除外。对作为出资的非货币财产应当评估作价，核实财产，不得高估或者低估作价。法律、行政法规对评估作价有规定的，从其规定。

(3) 股份发行、筹办事项符合法律规定。以发起设立方式设立股份有限公司的，发起人应当书面认足公司章程规定其认购的股份，并按照公司章程规定缴纳出资。以非货币财产出资的，应当依法办理其财产权的转移手续。发起人不依照章程规定缴纳出资的，应当按照发起人协议承担违约责任。

发起人认足公司章程规定的出资后，应当选举董事会和监事会，由董事会向公司登记机关报送公司章程以及法律、行政法规规定的其他文件，申请设立登记。以募集设立方式设立股份有限公司的，发起人认购的股份不得少于公司股份总数的百分之三十五，法律、行政法规另有规定的，从其规定。

发起人向社会公开募集股份，必须公告招股说明书，并制作认股书。认股书应当载明本法第八十七条所列事项，由认股人填写认购股数、金额、住所，并签名、盖章。认股人按照所认购股数缴纳股款。

(4) 发起人制订公司章程，采用募集方式设立的经创立大会通过。发起人应当自股款缴足之日起三十日内主持召开公司创立大会。创立大会由发起人、认股人组成。创立大会应有代表股份总数过半数的发起人、认股人出席，方可举行。

(5) 有公司名称，建立符合股份有限公司要求的组织机构。

股份有限公司名称一般由四部分组成：行政区划＋字号＋行业特点＋股份有限公司。

股份有限公司的组织机构包括股东大会、董事会、监事会和经理。

股份有限公司股东大会由全体股东组成，股东大会是公司的权力机构。股份有限公司设董事会，其成员为五人至十九人，由股东大会选举产生，是股份有限公司的执行机构。董事会成员中可以有公司职工代表。董事会中的职工代表由公司职工通过职工代表大会、职工大会或者其他形式民主选举产生。

股份有限公司设监事会，是股份有限公司的监督机构，其成员不得少于三人。监事会应当包括股东代表和适当比例的公司职工代表，其中职工代表的比例不得低于三分之一，具体比例由公司章程规定。监事会中的职工代表由公司职工通过职工代表大会、职工大会或者其他形式民主选举产生。董事、高级管理人员不得兼任监事。

股份有限公司设经理，由董事会决定聘任或者解聘。

(6) 有公司住所。

2.3.2 物流企业的变更

物流企业的变更是指已经登记注册的物流企业在其存续期间，由于企业本身或其他主客观情况的变化，物流企业在组织机构上或其他登记事项上发生改变。物流企业的变更包括物流企业组织的变更、责任形式的变更和企业登记事项的变更。

2.3.2.1 物流企业组织的变更

(1) 物流企业的合并。

物流企业的合并是指两个或两个以上的物流企业依照法律规定的条件和程序，通过订立合并协议，共同组成一个物流企业的法律行为。物流企业的合并可分为吸收合并和新设合并两种形式。吸收合并又称存续合并，是指通过将一个或一个以上的物流企业并入另一个物流企业的方式而进行物流企业合并的一种法律行为。并入的物流企业解散，其物流主体资格消灭。接受合并的物流企业继续存在，并办理变更登记手续。新设合并是指两个或两个以上的物流企业以消灭各自的物流活动主体资格为前提而合并组成一个物流企业的法律行为。其合并结果，原有物流企业均告消灭。新组建的物流企业办理设立登记手续而取得物流活动主体资格。

(2) 物流企业的分立。

物流企业分立是指一个物流企业依照有关法律、法规的规定，分立为两个或两个以上的物流企业的法律行为。以原有物流企业是否消灭为标准，可分为新设分立和派生分立两种。

新设分立，又称解散分立。指一个物流企业将其全部财产分割，解散原企业，并分别归入两个或两个以上新物流企业中的行为。在新设分立中，原物流企业的财产按照各个新成立的物流企业的性质、宗旨、业务范围进行重新分配组合。同时原物流企业，债权、债务由新设立的物流企业分别承受。

派生分立，又称存续分立。是指一个物流企业将一部分财产或营业依法分出，成立两个或两个以上物流企业的行为。在存续分立中，原物流企业继续存在，原物流企业的债权债务可由原物流企业与新物流企业分别承担，也可按协议由原物流企业独立承担。

2.3.2.2 物流企业责任形式的变更

即物流企业在存续状态下，由一种责任形式变更为其他责任形式的一种法律行为。如有限责任公司变更为股份有限公司。

2.3.2.3 物流企业登记事项的变更

《企业法人登记管理条例》第十七条规定："企业法人改变名称、住所、经营场所、法定代表人、经济性质、经营范围、经营方式、注册资金、经营期限，以及增设或者撤销分支机构，应当申请办理变更登记。"

2.3.3 物流企业的消灭

物流企业的消灭又称物流企业的终止，是指已经设立的物流企业因企业章程或法律规定事由的发生，丧失法律主体资格，导致其权利能力和行为能力的终止。

物流企业消灭的原因有：

(1) 依法被撤销。
(2) 解散。
(3) 破产。
(4) 其他原因。

2.3.4 物流企业的清算

物流企业的清算是指物流企业解散或被宣告破产后,依照一定程序了结物流企业事务,收回债权、清偿债务并且分配财产,最终使物流企业消灭的活动。

在清算期间,物流企业只能为消极行为,不能为积极行为,全部活动应局限于清理物流企业已经发生但尚未了结的事务,包括清偿债务、实现债权、处理企业内部事务以及分配剩余财产等,不得再从事物流经营活动。

公司的财产在分别支付了清算费用、职工工资、社会保险费用和法定补偿金,缴纳了所欠税款,清偿公司债务后的剩余财产,有限责任公司按照股东的出资比例,股份有限公司按照股东持有的股份的比例进行分配。

本章小结

物流企业是物流法律关系主体的重要组成,是物流法律关系中权利义务的重要承担者,是物流服务的提供者,在民商事物流法律关系中,物流法律关系的主体包括自然人、法人和其他组织,行政管理物流法律关系中主体不仅包括物流企业,而且包括参与物流行政管理的国家行政机关。

虽然我国《公司法》对于物流企业的设立规定了具体设立条件,但是由于物流行业的特殊性,在设立物流企业时,不仅要满足《公司法》的要求,而且还要满足相关法律法规的规定。物流企业的变更包括物流企业的合并、分立以及责任形式的变更等。物流企业在解散或宣告破产后,需要依照一定的程序进行物流企业的清算,并对清算财产进行处理。

思考与练习

一、名词解释

1. 物流企业变更 2. 物流企业合并 3. 物流企业分立 4. 物流企业消灭 5. 物流企业清算

二、简答题

1. 有限责任公司设立的条件是什么?
2. 股份有限公司设立的条件是什么?
3. 物流企业变更的形式有哪些?
4. 物流企业清算后财产应如何处理?

项目三

物流服务合同制度

知识目标

掌握物流服务合同的概念、特征，物流服务合同的订立方式，物流服务合同的成立时间，物流服务合同的主要条款，物流服务合同的效力种类，物流服务合同履行中的抗辩权即约定不明的处理规则，违约责任的构成要件以及承担违约责任的方式，物流服务合同的担保方式。了解要约及要约的撤回、撤销，承诺及承诺的撤回，缔约过失责任等。

技能目标

起草物流服务合同。

导入案例

【案情】

天意快递服务部是被告游敏的姐姐于 2008 年开办的个体经营户，对外以其加盟的网络"中通速递"名义开展快递服务业务，游敏是该服务部的工作人员。2010 年 12 月 10 日，彭夏与游敏联系称有包裹需要快递，游敏通知其他工作人员为彭夏办理，填写了中通速递手续，收取了服务费 10 元，没有办理保价，彭夏包裹内装手机一部。过后，经双方查实，该快递包裹丢失。

扫一扫，百度一下

2010 年 3 月 31 日，被告游敏以天意快递服务部的名义与重庆信雅达快递服务有限公司签订了网络加盟合同书。2011 年 2 月 25 日，以游敏为负责人的重庆信雅达快递服务有限公司江津营业部成立，对外仍以其加盟的网络"中通速递"名义开展快递服务业务。

2011 年 4 月 1 日，原告彭夏曾以重庆市中通速递江津区分公司为被告向法院起诉过，经查明，被告公司没有注册登记，被告主体错误，遂裁定驳回了原告的起诉。同年 7 月 28 日，原告彭夏以游敏为被告向法院起诉，要求被告赔偿手机价款 3 000 元和服务费 10 元。

【审判】

重庆市江津区人民法院经审理认为，被告游敏于 2010 年 12 月 10 日成为天意快递服务部的工作人员，以"中通速递"名义承接原告的快递服务业务。快递运单是邮寄合同的凭证，从法理上讲，原告彭夏是与中通速递签订的邮寄服务合同，天意快递服务部是中通速递的授权经营者，被告游敏的行为非个人行为，原告彭夏与被告游敏之间不存在快递服务合同关系，遂依法判决驳回原告彭夏的诉讼请求。

判决后，原告未上诉，现判决已生效。

【分析】

近年来，快递业如雨后春笋般发展起来，而特许加盟以其成本和风险优势已经成为民营快递企业销售物流服务的主要运营模式。快递特许加盟关系包括特许总部、被特许加盟公司、次加盟商及承包人等主体，由于快递运营网络复杂，在发生寄递物品丢失时，消费者往往因无法确定合同主体而出现起诉被告错误。

（1）快递服务合同主体的认定

快递公司提供快递服务通常提供的是快递运单，该运单是快递服务合同，且是格式合同，是约定寄件人与邮寄人权利义务关系的民事协议。《合同法》第九条规定："当事人订立合同，应当具有相应的民事权利能力和民事行为能力。当事人依法可以委托代理人订立合同。"而《邮政法》第五十二条规定："申请快递业务经营许可，应当具备的条件之一是符合企业法人条件。"由此可以看出，个人不得独立对外经营快递业务，快递企业对外签订快递服务合同应以自己的名义或委托他人代为订立合同。本案中，快递单是"中通速递"总公司的格式合同，详情单背面约定了双方的权利义务，且运输服务线路也是"中通速递"的网络。虽然被告游敏在快递详情单上签字，但现行法律禁止个人独立经营快递业务，且游敏是以天意快递服务部对外承接业务的，而天意快递服务部又是中通速递的授权经营者，不管是从签订合同的表征还是从合同履行的内容来讲，彭夏实质上都是与中通速递总公司签订的快递服务合同。

（2）快递服务合同纠纷责任主体的认定

就法律关系而言，快递特许总部与被特许经营者是相互独立的民事主体，双方内部订立的加盟合作协议是取得法律联系的基础，共同对寄件人提供邮寄服务。目前在快递业经营中，寄件人一般是在快递被特许经营者处寄递物品，在快件发生丢失时，需区分为两种情形分析快递特许总部和被特许经营者的外部责任：（1）寄件人付款时没有向快递被特许经营者索要发票，快递总部的运单上也没有快递被特许经营者的签章，依交易习惯，寄件人是与快递被特许经营者签订了寄递合同，但依法律分析，寄件人是与快递特许总部签订了快递服务合同。快递特许总部从法律上应对寄件人负全责，承担责任后，可以根据其与快递被特许经营者签订的内部加盟合作协议行使追偿权。（2）寄件人付款时被特许经营者出具了发票，且快递运单上有快递被特许经营者的签章，这样寄件人和两个主体签订了合同关系，获利主体和运输主体明确。寄件人可以快递特许总部和快递被特许经营者为共同被告，由双方承担连带责任。

本案中，天意快递服务部与中通速递公司签署了加盟合作协议，明确了各自对外承接快递业务的权利义务，且进行了工商登记，有经营许可证和营业执照，其工作人员在彭夏填写的"中通速递"运单上签字确认并出具发票，彭夏可以双方为共同被告起诉，要求双方承担连带责任。

本案案号：（2011）津法民初字第 4958 号
案例编写人　重庆市江津区人民法院　李亮　蔚琼琼
发表于 2012 年 9 月 20 日《人民法院报》第 6 版

任务一　物流服务合同概述

3.1.1　物流服务合同的概念

物流服务合同是无名合同，《合同法》并未对物流服务合同作出明确的规定。《物流服务合同准则》（标准编号：GB/T 30333-2013，是国家标准化管理委员会批准的国家标准制修订计划中的标准项目，由上海市标准化研究院牵头，联合浙江省标准化研究院共同起草。2013 年 12 月 31 日经国家质检总局、国家标准委联合发布，2014 年 7 月 1 日起实施。）规定了物流服务合同的基本要求、条文编排和主要内容，规定了物流服务合同的基本构成要素、不同类型物流服务内容的条款设计、质量检验与结果处理、费用与结算表述、违约条款设计、不可抗力识别及保险和理赔等物流服务合同的各主要方面和关键事项，是编写包括运输、储存、装卸、搬运、包装、流通加工、配送、信息处理及方案设计和规划等各种物流服务合同文件的指导性规范。

对于物流服务合同的定义，学者有很多见解，有的学者将其界定为："专业物流服务企业按照与物流需求企业所达成的，在特定的时间段内，由专业物流服务企业向物流需求企业提供系列化的物流服务，物流需求企业支付报酬的协议。"还有学者认为："所谓的第三方物流合同，就是第三方物流活动的当事人之间设立、变更、终止权利义务关系的协议。"也有学者认为：物流服务合同是指物流经营人与物流用户约定，由物流经营人为后者提供全部或部分物流服务，而由后者向物流经营人支付报酬的合同。三种定义并无本质区别，但第三种更为简洁明确。

根据第三种定义，我们可以明确物流服务合同的主体和标的：
（1）物流服务合同主体——物流服务的提供者，即物流经营人。
（2）物流服务合同主体——物流服务的需求者，即物流用户。
（3）物流服务合同标的——物流服务。

3.1.2　物流服务合同的特征

（1）物流服务合同是双务有偿合同。双务是指合同双方当事人互相享有权利，同时又互负义务；有偿则是指当事人在享有合同权利的同时必须偿付相应的代价。物流企业以收取服务费用来盈利，所以服务不能是无偿的。

（2）物流服务合同是诺成合同。相对于实践性合同而言，只要合同双方当事人就合同的内容协商一致，合同即告成立，而无须以交付标的物为合同成立的要件。

（3）物流服务合同是提供劳务的合同。物流合同的标的不是物，而是物流企业向物流服务需求者提供物流服务的行为。虽然在物流企业为用户提供服务的整个过程中，经常会出现用户的货物被物流企业实际占有的情况（如保管、运输等），但货物的所有权并不发生转移，物流企业没有处理货物的权利，必须按物流服务需求者的要求完成物流服务项目。

（4）物流服务的一方是特定主体。合同的主体是两方或多方当事人，根据合同自由的原则，法律对于合同当事人没有过多的限制性要求。但基于订立合同的要求，物流合同的一方应是特定主体，即依法成立，专门提供物流服务并收取报酬的企业法人或其他组织。

（5）物流服务合同对第三方有约束作用。根据合同相对性的原则，合同通常只对双方当事人具有约束作用，但物流合同有其特殊性。物流企业作为服务商，在订立合同的另一方当事人并非收货人的情况下，通常要向第三方——收货方交付货物，收货方可以直接取得合同规定的利益，同时也应自觉受到合同规定的收货期限、地点等条款的约束。

（6）物流服务合同通常是格式合同。格式合同是当事人为了重复使用而预先拟定，并在订立合同时未与对方协商的合同（条款）。在交易频繁的商业、服务业、公用事业等领域，服务商不可能与个别消费者逐一订立合同，因此，格式合同被广泛采用。

（7）物流服务合同是无名合同。物流服务合同不是《合同法》下的一类有名合同，因其可能包含了多个有名合同或无名合同的内容或要素，不能用某一个有名合同予以概括，其实是一种混合合同。有学者认为，物流服务合同的说法不是一个严谨周密的法律概念，它可能包含某一个或多个有名合同，如单纯的一个第三方仓储合同也是一个物流服务合同，在这种情况下，它应定性为仓储合同还是物流服务合同？再如，包含了仓储、运输、加工承揽等多项功能的合同，若定性为物流服务合同，是否要对其功能之下的权利和义务再进行描述，还是作为法条参照适用处理？若是参照适用，那么物流服务合同名下除了定义也就没有实质内容了。其实，归结到底，所谓物流服务合同只是一个功能性的衍生物，由于它包含了诸多有名合同或无名合同下的要素，并通过实践将各要素打造成了有机结合的系统，所以才赋予了这类合同新的生命力。但它不能脱离这些要素而存在，同时这些要素又具有不可消除的独立性。比如，在中国法律调整下，物流服务合同中有关仓储的条款就要依照《合同法》下仓储合同一节进行权利和义务的判别，即使仓储只是整个物流服务合同中的一个部分或是一个要素。而WTO协议中规定的服务合同，用在这里也是不合适的，因为在WTO协议下服务协议包含范围极广，它与贸易协议、知识产权协议处于并列地位，第三方物流服务仅仅是GATS下的一个分支，在《合同法》下引用服务合同来定义物流服务合同，显然在范围上是不匹配的。所以，完全可以将物流服务合同作为一种综合性的无名合同来处理，无须单独创立一个新的有名合同。

（8）物流服务合同是综合性的合同。物流服务合同是综合性合同，不能将其单一定性为运输合同、仓储合同、委托代理合同等。

现代物流企业提供的第三方物流服务包括了物资从供应地到接收地之间实体流动的各个环节，即运输、储存、配送、装卸、搬运、包装、加工、信息处理等环节，此外，还可能涉及一些集疏港、订舱配载、报关报验、签发和传递相关单证等更为细节化的内容。因此，所谓的物流服务合同，应当是融合多种合同为一体的综合性合同，其下形成以各种有名合同或无名合同为形式的多种法律关系，多种法律关系之间可能存在关联性，也可能就是独立的，这应当是物流服务合同的法律性质，不能将其单一定性为运输合同、仓储合同、委托代理合同等。

3.1.3 物流服务合同的法律适用

在目前没有可直接适用的第三方物流立法的情况下，宜采取以下步骤来解决物流服务合同的法律适用问题。

首先,根据《合同法》原则,在不违反公序良俗和法律禁止性规定的前提下,物流服务合同中双方当事人的约定应作为解决纠纷的首要依据,即只要物流服务合同合法有效,当事人有约定的应当从约定。

其次,根据特别法优先的原则,凡是涉及第三方物流过程(环节)中有相关特别法(部门法)加以调整的,应首先适用该法律来确定当事人双方的权利义务和赔偿责任、范围、限额等问题。例如,涉及海上运输的,应该适用《海商法》;涉及航空运输的,应该适用《民用航空法》。

再次,应根据物流服务合同下的内容是否涉及《合同法》相关有名合同规定的情况,分别适用《合同法》分则加以调整。

最后,如果既没有当事人的约定和特别法的规定可以适用,也无法按照《合同法》分则的规定来确定当事人的权利和义务,应按照《合同法》总则的相关规定加以适用。《合同法》第一百二十四条规定,本法分则或者其他法律没有明文规定的合同,适用本法总则的规定,并可以参照本法分则或者其他法律最相类似的规定。

任务二 物流服务合同的订立及效力

3.2.1 物流服务合同的订立

物流合同的订立即物流合同签订的程序,是指物流合同当事人对合同的内容进行协商,取得一致意见,并签署书面协议的过程。具体包括以下步骤。

3.2.1.1 要约

(1)要约的概念和构成要件。

所谓要约,是指一方当事人以缔结合同为目的,向对方当事人所作的意思表示。所有合同的成立必须经过要约和承诺程序。

要约是订立合同的必经阶段,否则合同不能成立;要约邀请是当事人订立合同的预备阶段,不是订立合同的必经阶段。

要约的主要构成要件是:
1)要约必须是特定人向相对人发出的意思表示。
2)要约必须以缔结合同为目的。
3)要约内容必须具体确定,足以成立合同。

(2)要约邀请。
1)要约邀请的概念。

所谓要约邀请又称为要约引诱,是指希望他人向自己发出要约的意思表示。

2)要约和要约邀请的区别。

在合同实务中,要注意要约与要约邀请的区别。要约邀请,是一方当事人邀请另一方当事人向自己发出要约。要约是以订立合同为目的具有法律意义的意思表示行为,一经发出就产生一定的法律效果。而要约邀请的目的是让对方对自己发出要约,是订立合同的一种预备行为,在性质上是一种事实行为,并不产生任何法律效果,即使对方依邀请对自己发出了要约，自己也没有承诺的义务。因此，要约邀请本身不具有法律意义。在实际生活中，拍卖公告、招标公告、寄送的价目表、招股说明书、商业公告、广告等，都属于要约邀请。

(3) 要约的法律效力。

要约的法律效力分为对要约人的约束力和对受要约人的约束力。

要约对要约人的约束力又称为要约的形式约束力，是指要约一经生效，要约人即受到要约的约束，不得随意撤销或对受要约随意加以限制、变更和扩张。保护受要约人的利益，维护正常的交易安全。

要约对受要约人的约束力又称为要约的实质约束力，在民法中也称为承诺适格，即受要约人在要约生效时即取得依其承诺而成立合同的法律地位。具体表现在：要约生效以后，只有受要约人才享有对要约作出承诺的权利。

(4) 要约的生效时间。

要约的生效即要约产生法律上的约束力。《合同法》第十六条规定："要约到达受要约人时生效。"

需要说明的是，要约"到达受要约人时"并不是指一定实际送达到受要约人或者其代理人手中，要约只要送达到受要约人通常的地址、住所或者能够控制的地方（如信箱等）即为送达。在对话要约时，以采用"其意思表示以相对人了解时发生效力"的解释较为妥当。采用数据电文形式订立合同，收件人指定特定系统接收数据电文的，该数据电文进入该特定系统的时间，视为到达时间；未指定特定系统的，该数据电文进入收件人任何系统的首次时间，视为到达时间。

(5) 要约的撤回与撤销。

要约的撤回是指要约人在发出要约以后，未生效前，宣告取消要约，使其不发生法律效力。要约可以撤回。撤回要约的通知应当在要约到达受要约人之前或者与要约同时到达受要约人。

要约的撤销是指要约人在要约已经到达受要约人并生效以后，在受要约人发出承诺通知之前将该项要约取消，从而使要约的效力归于消灭。撤销要约的通知应在受要约人发出承诺通知之前到达受要约人。

由于要约撤销时已经生效，因此对要约的撤销必须有严格限定，如果因为撤销要约而给受要约人造成损害，要约人应负赔偿责任。而对要约的撤回并没有这些限制。根据合同法规定，下列要约不得撤销：要约人确定了承诺期限或者以其他形式明确要约不可撤销；受要约人有理由认为要约是不可撤销的，并已经为履行合同做了准备工作。

(6) 要约的失效。

要约失效，即要约丧失其法律效力，要约人和受要约人均不再受其约束。

要约失效的原因有：

1) 拒绝要约的通知到达要约人。
2) 要约人依法撤销要约。
3) 承诺期限届满，受要约人未作出承诺。
4) 受要约人对要约的内容作出实质性变更。

3.2.1.2 承诺

(1) 承诺的概念和构成要件。

所谓承诺，是指受要约人同意要约的意思表示。在承诺中，承诺既可以通知的方式作出，也可以行为的方式作出。有效的承诺，应当在要约确定的期限内到达要约人。

有效承诺的构成要件：

1）必须是受要约人作出的。
2）必须在要约确定的承诺期限内到达。
3）不得对要约的内容作出实质性变更。

（2）承诺期限。

要约以信件或者电报作出的，承诺期限自信件载明的日期或者电报交发之日开始计算。信件未载明日期的，自投寄该信件的邮戳日期开始计算。要约以电话、传真等快速通信方式作出的，承诺期限自要约到达受要约人时开始计算期限。

（3）承诺生效的时间。

《合同法》第二十六条规定，承诺通知到达要约人时生效。承诺不需要通知的，根据交易习惯或者要约的要求作出承诺的行为时生效。采用数据电文形式订立合同，收件人指定特定系统接收数据电文的，该数据电文进入该特定系统的时间，视为到达时间；未指定特定系统的，该数据电文进入收件人的任何系统的首次时间，视为到达时间。

（4）承诺的撤回。

承诺的撤回是受要约人（承诺人）在发出承诺之后并且在承诺生效之前采取一定的行为将承诺取消，使其失去效力。

（5）承诺生效的法律后果。

在民事法律中，意思表示有相对人的时候，原则上是到达相对人时生效。承诺的通知到达要约人的时候承诺生效。承诺生效产生的法律后果：承诺生效的时候，合同正式成立。对于承诺只能撤回，不能撤销。因为承诺生效的时候，合同已经成立了。

承诺生效之前，会有承诺撤回问题。承诺的撤回与要约的撤回相同，只要在时间点遵循这样的标准，即撤回承诺的通知与承诺同时或者承诺到达之前到达要约人的时候，这个承诺都是可以撤回的承诺。

要约的撤回与撤销、承诺的撤回关系见下图：

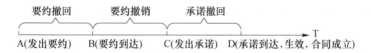

3.2.1.3 合同成立的时间和地点

承诺生效的地点就是合同成立的地点，承诺生效的时间一般就是合同成立的时间。

以合同书形式订立合同的，自双方当事人在合同书上签字或者盖章时合同成立。

如果采用信件、数据电文等形式订立合同的，可以在合同成立之前要求签订确认书。签订确认书时合同成立。

法律、行政法规定或者当事人约定采用书面形式订立合同，当事人未采用书面形式但一方已经履行主要义务，对方接受的，该合同成立。采用合同书形式订立合同，在签字或者盖章之前，当事人一方已经履行主要义务，对方接受的，该合同成立。

3.2.1.4 合同内容

合同的内容，即合同的当事人订立合同的各项具体意思表示，具体体现为合同的各项条款。《合同法》第十二条规定，合同的内容由当事人约定，一般应包括以下条款：

(1) 当事人的名称或者姓名和住所。
(2) 标的。
(3) 数量。
(4) 质量。
(5) 价款或者报酬。
(6) 履行期限、地点和方式。
(7) 违约责任。
(8) 解决争议的方法。

3.2.2 缔约过失责任

缔约过失责任指在合同订立过程中,一方因违背其诚实信用原则所应尽的义务,而致另一方的信赖利益损失,则应承担民事责任。

1. 缔约过失责任的主要类型

(1) 假借订立合同,恶意进行磋商。
(2) 故意隐瞒与订立合同有关的重要事实或提供虚假情况。

2. 缔约过失责任的构件要件

(1) 缔约过失责任发生在合同订立阶段。
(2) 一方当事人违反了依据诚实信用原则所应尽的义务。
(3) 造成了另一方信赖利益的损失。
(4) 合同义务与损失之间有因果关系。
(5) 一方当事人违反依据诚实信用原则所产生的义务有过错。

3.2.3 物流服务合同的效力

合同的效力是指法律赋予依法成立的合同约束当事人乃至第三人的强制力。

(1) 合同生效的条件。

合同成立后,能否产生法律效力,能否产生当事人所预期的法律后果,要视合同是否具备生效要件。合同生效应当具备以下要件:

1) 合同当事人具有相应的民事权利能力和民事行为能力。

合同当事人必须具有相应的民事权利能力和民事行为能力以及缔约能力,才能成为合格的合同主体。若主体不合格,合同不能产生法律效力。

2) 合同当事人意思表示真实。

当事人意思表示真实,是指行为人的意思表示应当真实反映其内心的意思。合同成立后,当事人的意思表示是否真实往往难以从其外部判断,法律对此一般不主动干预。缺乏意思表示真实这一要件即意思表示不真实,并不绝对导致合同一律无效。

3) 合同不违反法律或者社会公共利益。

合同不违反法律和社会公共利益,主要包括两层含义:一是合同的内容合法,即合同条款中约定的权利、义务及其指向的对象即标的等,应符合法律规定和社会公共利益的要求。二是合同的目的合法,即当事人缔约的原因合法,并且是直接的内心原因合法,不存在以合法的方式达到非法目的等规避法律的事实。

4）合同的内容必须确定或可能。

"依法成立之契约，于当事人之间犹如法律"。因此，作为确定当事人各自权利义务依据的合同内容对于判断合同是否生效、生效后如何履行，以及发生纠纷时判断孰对孰错具有重大意义。合同内容确定，是指合同内容在合同成立时必须确定，或者必须处于在将来履行时可以确定的状态。合同的内容可能，是指合同所规定的特定事项在客观上具有实现的可能性。如果合同内容属于事实不能、自始不能、客观不能、永久不能及全部不能中的任何一种情形，则合同无效。

5）具备法律、行政法规规定的合同生效必须具备的形式要件。

所谓形式要件，是指法律、行政法规对合同形式上的要求，形式要件通常不是合同生效的要件，但如果法律、行政法规规定将其作为合同生效的条件时，便成为合同生效的要件之一，不具备这些形式要件，合同不能生效。当然法律另有规定的除外。

（2）合同生效和合同成立的区别。

合同生效是指已经成立的合同开始发生以国家强制力保障的法律约束，即合同发生法律效力。

合同成立是生效的前提，合同不成立就无所谓生效问题。当事人订立合同就是要使其生效，实现合同利益和权利，不生效就是一纸空文。

一般的合同成立时即生效，但有时合同成立未必生效，如需要批准或登记的合同等。

1）二者的构成条件不同。

与合同生效要件不同的是，合同成立的条件包括：订约主体存在双方或多方当事人，当事人就合同的主要条款达成合意。至于当事人意思表达是否真实，则不考虑。成立要件着眼于表意行为的构成事实；生效要件着眼于当事人意思表示的效力。

2）二者的法律意义不同。

合同成立与否基本上取决于当事人双方的意志，体现的是合同自由原则，意义在于表明当事人双方已就特定的权利义务关系取得共识。

而合同能否生效则取决于是否符合国家法律的要求，体现的是合同守法原则，意义在于表明当事人的意志已与国家意志和社会利益实现了统一，合同内容有了法律的强制保障。

成立着眼于民事行为因符合法律的构成要素，被视为一种客观存在；生效着眼于民事行为符合法定的有效条件，取得法律认可的效力。

3）二者的阶段作用不同。

合同成立标志着当事人双方经过协商一致达成协议，合同内容所反映的当事人双方的权利义务关系已经明确。

而合同生效表明合同已获得国家法律的确认和保障，当事人应全面履行合同，以实现缔约目的。

合同的成立标志着合同订立阶段的结束，合同的生效则表明合同履行阶段即将开始。

4）效力不同。

成立即生效合同的当事人受意思表示约束，负约定义务，承担违约责任；成立后不能生效或被撤销或成立后未生效之前，负法定义务，承担缔约过失责任。

（3）无效合同。

所谓无效合同是相对于有效合同而言的，是指合同虽然成立，但因其违反法律、行政法规、社会公共利益，被确认为无效。可见，无效合同是已经成立的合同，只是由于欠缺生效要件，不具有法律约束力的合同，不受国家法律保护。无效合同自始无效，合同一旦被确认无效，就产生溯及既往的效力，即自合同成立时起不具有法律约束力，以后也不能转化为有效合同。

根据《合同法》的规定，有下列情形之一的，可认定合同或者部分合同条款无效：
1）一方以欺诈、胁迫的手段订立的损害国家利益的合同。
2）恶意串通，并损害国家、集体或第三人利益的合同。
3）合法形式掩盖非法目的的合同。
4）损害社会公共利益的合同。
5）违反法律和行政法规的强制性规定的合同。
6）对于造成对方人身伤害或者因故意或重大过失造成对方财产损失免责的合同条款。
7）提供格式条款一方免除责任、加重对方责任、排除对方主要权利的条款无效。

(4) 可变更、可撤销合同。

可变更、可撤销合同是基于法定原因，当事人有权诉请法院或仲裁机构予以变更、撤销的合同。

可变更、可撤销合同的种类有：
1）因重大误解订立的合同。
2）订立合同时显失公平的。
3）一方以欺诈、胁迫的手段或乘人之危，使对方在违背真实意思的情况下订立的合同，受损害方有权请求人民法院或仲裁机构变更或撤销。

(5) 效力待定合同。

所谓效力待定合同，是指合同虽然已经成立，但因其不完全符合有关生效要件的规定，因此其效力能否发生，尚未确定，一般须经有权人表示承认才能生效。

《合同法》将效力待定合同规定为三类：
1）限制民事行为能力人订立的合同。
2）无权代理人以本人名义订立的合同。
3）无处分权人处分他人财产而订立的合同。

任务三　物流服务合同的履行及违约责任

3.3.1　物流服务合同的履行

合同的履行即合同义务的执行，指当事人按照合同约定完成合同所要求事项的行为。任何合同规定义务的执行，都是合同的履行行为；相应地，凡是不执行合同规定义务的行为，都是合同的不履行。因此，合同的履行，表现为当事人执行合同义务的行为。当合同义务执行完毕时，合同也就履行完毕。

3.3.1.1　物流服务合同履行的原则

合同履行的基本原则不是仅适用于某一类合同履行的准则，而应是对各类合同履行普遍适用的准则，是各类合同履行具有的共性要求或反映，物流服务合同也不例外。物流服务合

同履行的基本原则包括:

(1) 全面履行原则。

《合同法》第六十条第一款规定:"当事人应当按照约定全面履行自己的义务。"这一规定,确立了全面履行原则。全面履行原则,又称适当履行原则或正确履行原则。它要求当事人按合同约定的标的及其质量、数量,合同约定的履行期限、履行地点、适当的履行方式、全面完成合同义务。如果在合同生效后,当事人就质量、价款或者报酬、履行地点等内容没有约定或者约定不明确的,可以协议补充;不能达成补充协议的,按照合同有关条款或者交易习惯确定;仍然不能确定的,则按照下列规定履行:

1) 质量要求不明确的,按照国家标准、行业标准履行;没有国家标准、行业标准的,按照通常标准或者符合合同目的的特定标准履行。

2) 价款或者报酬不明确的,按照订立合同时履行地的市场价格履行;依法应当执行政府定价或者政府指导价的,按照规定履行。

3) 履行地点不明确,给付货币的,在接受货币一方所在地履行;交付不动产的,在不动产所在地履行;其他标的,在履行义务一方所在地履行。

4) 履行期限不明确的,债务人可以随时履行,债权人也可以随时要求履行,但应当给对方必要的准备时间。

5) 履行方式不明确的,按照有利于实现合同目的的方式履行。

6) 履行费用的负担不明确的,由履行义务一方负担。

执行政府定价或者政府指导价的,在合同约定的交付期限内政府价格调整时,按照交付时的价格计价。逾期交付标的物的,遇价格上涨时,按照原价格执行;价格下降时,按照新价格执行。逾期提取标的物或者逾期付款的,遇价格上涨时,按照新价格执行;价格下降时,按照原价格执行。

(2) 诚实信用原则。

《合同法》第六十条第二款规定:"当事人应当遵循诚实信用原则,根据合同的性质、目的和交易习惯履行通知、协助、保密等义务。"此规定可以理解为在合同履行问题上将诚实信用作为基本原则的确认。从字面上看,诚实信用原则就是要求人们在市场活动中讲究信用,恪守诺言,诚实不欺,在不损害他人利益和社会利益的前提下追求自己的利益,以"诚实商人"的形象参加经济活动。从内容上看,诚实信用原则并没有确定的内涵,因而有无限的适用范围。即它实际上是一个抽象的法律概念,内容极富弹性和不确定,有待于就特定案件予以具体化,并随着社会的变迁而不断修正自己的价值观和道德标准。

(3) 协作履行原则。

协作履行原则,是指当事人不仅适当履行自己的合同债务,而且应基于诚实信用原则的要求协助对方当事人履行其债务的履行原则。合同的履行,只有债务人的给付行为,没有债权人的受领给付,合同的内容仍难以实现。不仅如此,在建筑工程合同、技术开发合同、技术转让合同、提供服务合同等场合,债务人实施给付行为也需要债权人的积极配合,否则,合同的内容也难以实现。因此,履行合同,不仅是债务人的事,也是债权人的事,协助履行往往是债权人的义务。

(4) 情势变更原则。

合同有效成立以后,若非因双方当事人的原因而构成合同基础的情势发生重大变更,致使继续履行合同将导致显失公平，则当事人可以请求变更和解除合同。

情势变更原则实质上是诚实信用原则在合同履行中的具体运用，其目的在于消除合同因情势变更所产生的不公平后果。我国法律虽然没有规定情势变更原则，但在司法实践中，这一原则已为司法裁判所采用。因此，情势变更原则，既是合同变更或解除的一个法定原因，更是解决合同履行中情势发生变化的一项具体规则。

3.3.1.2 物流服务合同履行中的抗辩权

在双方合同中，合同当事人都承担义务，往往一方的权利与另一方的义务之间具有相互依存、互为因果的关系。为了保证双务合同中当事人利益关系的公平，法律做出了规定：当事人一方在对方未履行或者不能保证履行时，一方可以行使不履行的保留性权利，这就是对抗对方当事人要求履行的抗辩权。物流服务合同均是双务合同，所以当一方当事人没有履行合同，或没有适当履行合同时，另一方当事人享有履行抗辩权。合同履行中的抗辩权有下列几种：

（1）同时履行抗辩权。

当事人互负债务没有先后履行顺序的，应当同时履行。一方在对方履行之前或对方履行债务不符合约定时，有权拒绝其履行的要求。

同时履行抗辩权的适用条件为：

1）由同一双务合同产生的互负债务，且双方债务有对价关系。

2）债务同时到期，可以同时履行；双方的对等给付是可能履行的义务。

3）当事人一方的履行不符合约定，即瑕疵履行的另一方可对有瑕疵的履行部分行使抗辩权。

（2）先履行抗辩权。

先履行抗辩权又叫后履行抗辩权，在双务合同中，有先后履行顺序，先履行一方未履行的，后履行一方有权拒绝其履行的要求；先履行一方不符合约定的，后履行一方有权拒绝其相应的履行要求。

先履行抗辩权的适用条件为：

1）由同一双务合同产生的互负债务。

2）债务有先后履行顺序，这种顺序一般由当事人在合同中约定，或按交易习惯能够确定。应先履行的债务有履行可能。

3）应先履行一方未履行或履行不符合约定，即全部或部分瑕疵履行。

（3）不安抗辩权。

不安抗辩权是指在双务合同中，应当先履行的当事人有证据证明对方不能履行义务，或者有不能履行合同义务的可能时，在对方没有履行或者提供担保之前，有权中止履行合同义务。

不安抗辩权是预防性的保护措施，当一方情况发生变化，另一方先履行会造成损失时，法律依据公平原则作出上述规定。为防止不安抗辩权的滥用，法律规定当事人在行使此项权利时，一定要有确切的证据。《合同法》规定，应当先履行债务的当事人，有确切证据证明对方有下列情形之一的，可以中止履行：

1）经营状况严重恶化。

2）转移财产、抽逃资金以逃避债务。

3）丧失商业信誉。

4）有丧失或者可能丧失履行债务能力的其他情形。

当事人没有确切证据中止履行的，应当承担违约责任。当事人依法中止履行的，应当及时通知对方。对方提供适当担保时，应当恢复履行。中止履行后，对方在合理期限内未恢复履行能力并且未提供适当担保的，中止履行的一方可以解除合同。

3.3.2 物流服务合同的违约责任

3.3.2.1 违约责任的概念

违约责任，是指当事人不履行合同义务或者履行合同义务不符合约定时，而向对方承担的民事责任。违约责任既是违约行为的法律后果，同时也是合同效力的表现。

3.3.2.2 违约责任的构成要件

（1）有违约行为。

违约责任只有在存在违约行为的情况下才有可能产生，当事人不履行或者不完全履行合同义务，是违约责任的客观要件。违约行为一般包括拒绝履行、不完全履行、迟延履行、质量瑕疵、不正确履行等几种情况。

（2）有损害事实。

损害事实是指当事人违约给对方造成了财产上的损害和其他不利的后果。从权利角度考虑，只要有违约行为，合同债权人的权利就无法实现或不能全部实现，其损失即已发生。在违约人支付违约金的情况下，不必考虑对方当事人是否真的受到损害及损害的大小；而在需要支付赔偿金的情况下，则必须考虑当事人所受到的实际损害。

（3）违约行为与损害事实之间存在因果关系。

违约当事人承担的赔偿责任，只限于因其违约而给对方造成的损失。对合同对方当事人的其他损失，违约人自然没有赔偿义务。违约行为造成的损害包括直接损害和间接损害，对这两种损害违约人都应赔偿。

（4）无免责事由。

违约责任的构成还需要具备另一消极要件，即不存在法定和约定的免责事由。《合同法》第一百一十七条规定，"因不可抗力不能履行合同的，根据不可抗力的影响，部分或全部免除责任，但法律另有规定的除外。当事人迟延履行后发生不可抗力的，不能免除责任。"这里的"不可抗力"就是法定的免责事由。除法定的免责事由外，当事人如果约定有免责事由，那么免责事由发生时，当事人也可以不承担违约责任，当然，当事人免责的前提条件是当事人约定免责事由的条款本身是有效的。

3.3.2.3 违约责任归责原则

违约责任的归责原则是基于一定的归责事由确定违约责任承担的法律原则。我国合同法以严格责任作为一般的归责原则，以过错责任作为特殊的归责原则。具体内容前文已经叙述，在此不再赘述。

3.3.2.4 免责事由

所谓免责事由，是指免除违反合同义务的债务人承担违约责任的原因和理由，包括法定的免责事由和约定的免责事由。具体内容如下：

(1) 法定免责事由。

1) 不可抗力 (force majeure)。

所谓不可抗力，是指不能预见、不能避免并不能克服的客观情况。不可抗力主要包括以下几种情形：

① 自然灾害、如台风、洪水、冰雹。

② 政府行为，如征收、征用。

③ 社会异常事件，如罢工、骚乱。

对于因不可抗力导致的合同不能履行，应当根据不可抗力的影响程度，部分或全部免除有关当事人的责任。但迟延履行期间发生的不可抗力不具有免责效力。

此外，对于不可抗力免责，还有一些必要条件，即发生不可抗力导致履行不能时，债务人须及时通知债权人，还须将有关机关证实的文书作为有效证明提交债权人。

2) 债权人过错。

债权人的过错致使债务人不履行合同，债务人不负违约责任，我国法律对此有明文规定的有合同法货运合同部分及保管合同部分等。

3) 其他法定免责事由。

主要有两类：

① 对于货物的自然损耗，债务人可以免责。

② 未违约一方未采取适当措施，导致损失扩大的，债务人对扩大的损失部分免责。

(2) 约定免责事由。

约定免责事由，又称免责条款，是当事人以协议排除或限制其未来责任的合同条款。我国合同法从反面对免责条款作了规定。《合同法》第五十三条规定了两种无效免责条款：第一，造成对方人身伤害的；第二，因故意或者重大过失造成对方财产损失的。此外，格式合同或格式条款的提供方免除其责任的，该免责条款无效。

3.3.2.5 违约责任的形式

违约责任的形式，即承担违约责任的具体方式。对此，《民法通则》第一百一十一条和《合同法》第一百零七条做了明文规定。如《合同法》第一百零七条规定："当事人一方不履行合同义务或者履行合同义务不符合约定的，应当承担继续履行、采取补救措施或者赔偿损失等违约责任。"据此，违约责任有三种基本形式，即继续履行、采取补救措施和赔偿损失。当然，除此之外，违约责任还有其他形式，如违约金和定金责任。

(1) 继续履行。

继续履行也称强制实际履行，是指违约方根据对方当事人的请求继续履行合同规定的义务的违约责任形式。其特征为：

1) 继续履行是一种独立的违约责任形式，不同于一般意义上的合同履行。具体表现在：继续履行以违约为前提；继续履行体现了法的强制；继续履行不依附于其他责任形式。

2) 继续履行的内容表现为按合同约定的标的履行义务，这一点与一般履行并无不同。

3) 继续履行以对方当事人（守约方）请求为条件，法院不得径行判决。

继续履行的适用，因债务性质的不同而不同：对于金钱债务，无条件适用继续履行。金钱债务只存在迟延履行，不存在履行不能。因此，应无条件适用继续履行的责任形式。而对于非金钱债务，原则上可以请求继续履行，但下列情形除外：

① 法律上或者事实上不能履行（履行不能）。

② 债务的标的不适用强制履行或者强制履行费用过高。

③ 债权人在合理期限内未请求履行（如季节性物品之供应）。

（2）采取补救措施。

采取补救措施作为一种独立违约责任形式，是指矫正合同不适当履行（质量不合格）、使履行缺陷得以消除的具体措施。这种责任形式，与继续履行和赔偿损失具有互补性。

关于采取补救措施的具体方式，我国相关法律做了如下规定：

1）《合同法》第一百一十一条规定为：修理、更换、重作、退货、减少价款或者报酬等。

2）《消费者权益保护法》第四十四条规定为：修理、重作、更换、退货、补足商品数量、退还货款和服务费用、赔偿损失。

3）《产品质量法》第四十条规定为：修理、更换、退货。

在采取补救措施的适用上，应注意以下几点：

① 采取补救措施的适用以合同对质量不合格的违约责任没有约定或者约定不明确，而依《合同法》第六十一条仍不能确定违约责任为前提。换言之，对于不适当履行的违约责任形式，当事人有约定者应依其约定；没有约定或约定不明者，首先应按照《合同法》第六十一条规定确定违约责任；没有约定或约定不明又不能按照《合同法》第六十一条规定确定违约责任的，才适用这些补救措施。

② 应以标的物的性质和损失大小为依据，确定与之相适应的补救方式。受害方对补救措施享有选择权，但选定的方式应当合理。

（3）赔偿损失。

赔偿损失，在合同法上也称违约损害赔偿，是指违约方以支付金钱的方式弥补受害方因违约行为所减少的财产或者所丧失的利益的责任形式。赔偿损失的确定方式有两种：法定损害赔偿和约定损害赔偿。

1）法定损害赔偿。

法定损害赔偿是指由法律规定的，由违约方对守约方因其违约行为而对守约方遭受的损失承担的赔偿责任。根据《合同法》的规定，法定损害赔偿应遵循以下原则：

① 完全赔偿原则。违约方对于守约方因违约所遭受的全部损失承担的赔偿责任。具体包括：直接损失与间接损失。《合同法》第一百一十三条规定，损失"包括合同履行后可以获得的利益"，可见其赔偿范围包括现有财产损失和可得利益损失。前者主要表现为标的物灭失、为准备履行合同而支出的费用、停工损失、为减少违约损失而支出的费用、诉讼费用等；后者是指在合同适当履行后可以实现和取得的财产利益。

② 合理预见规则。违约损害赔偿的范围以违约方在订立合同时预见到或者应当预见到的损失为限。

③ 减轻损失规则。一方违约后，另一方应当及时采取合理措施防止损失的扩大，否则，不得就扩大的损失要求赔偿。

2）约定损害赔偿。

约定损害赔偿是指当事人在订立合同时，预先约定一方违约时应当向对方支付一定数额的赔偿金或约定损害赔偿额的计算方法。它具有预定性（缔约时确定）、从属性（以主合同的有效成立为前提)、附条件性(以损失的发生为条件)。

(4) 支付违约金。

违约金是指当事人一方违反合同时应当向对方支付的一定数量的金钱或财物。

根据《合同法》的规定,违约金是在合同中预先约定的,在一方违约时向对方支付的一定数额的金钱,是对承担赔偿责任的一种约定。

违约金是对损害赔偿额的预先约定,既可能高于实际损失,也可能低于实际损失,畸高和畸低均会导致不公平的结果。为此,我国《合同法》规定:以约定违约金"低于造成的损失"或"过分高于造成的损失"为条件,经当事人请求,由法院或仲裁机构"予以增加"或"予以适当减少"。

(5) 定金责任。

定金应当以书面形式约定,定金的数额由当事人约定,但不得超过主合同标的额的20%。

合同中既约定违约金又约定定金的,当事人一方违约,违约金条款和定金条款不能同时适用,只能选择其中一种适用。

任务四　物流服务合同的担保

3.4.1　物流服务合同担保的概念

合同担保指合同当事人依据法律规定或双方约定,由债务人或第三人向债权人提供的以确保债权实现和债务履行为目的的措施。

3.4.2　物流服务合同担保方式

合同担保的方式有五种:保证、抵押、质押、留置、定金

3.4.2.1　保证(guarantee)

保证是债的担保方式的一种,是指保证人和债权人约定,当债务人不履行债务时,保证人按照约定履行债务或者承担责任的行为。由此可见,第一,保证是一种双方的法律行为;第二,保证是担保他人履行债务的行为;第三,保证是就主债务履行负保证责任的行为。

3.4.2.2　抵押(mortgage)

抵押担保是指债务人或者第三人不转移对某一特定物的占有,而将该财产作为债权的担保,债务人不履行债务时,债权人有权以该财产折价或者以拍卖、变卖该财产的价款优先受偿。

抵押担保需要订立抵押合同,在抵押合同中,抵押权人是接受担保的债权人,抵押人是提供抵押物的债务人或者第三人,抵押物是作为担保债权履行而特定化了的财产。

抵押担保有以下特点:

(1) 抵押人可以是第三人,也可以是债务人自己。这与保证不同,在保证担保中,债务人自己不能作为担保人。

(2) 抵押物是动产,也可以是不动产。这与质押不同,质物只能是动产。

(3) 抵押人不转移抵押物的占有,抵押人可以继续占有、使用抵押物。这也与质押不

同，质物必须转移于质权人占有。

（4）抵押权人有优先受偿的权利。抵押担保是以抵押物作为债权的担保，抵押权人对抵押物有控制、支配的权利。所谓控制权，表现在抵押权设定后，抵押人在抵押期间不得随意处分抵押物。所谓支配权，表现在抵押权人在实现抵押权时，对抵押物的价款有优先受偿的权利。优先受偿，是指当债务人有多个债权人，其财产不足以清偿全部债权时，有抵押权的债权人优先于其他债权人受偿。

3.4.2.3 质押（pledge）

质押是指债务人或者第三人将其动产移交债权人占有，或者将其财产权利交由债权人控制，将该动产或者财产权利作为债权的担保。债务人不履行债务时，债权人有权依照担保法的规定以该动产或者财产权利折价，或者以拍卖、变卖该动产或者财产权利的价款优先受偿。

质押分为动产质押和权利质押两种。动产质押是指可移动并因此不损害其效用的物的质押；权利质押是指以可转让的权利为标的物的质押。

据《物权法》第二百二十三条规定，债务人或者第三人有权处分的下列权利可以出质：
（1）汇票、支票、本票。
（2）债券、存款单。
（3）仓单、提单。
（4）可以转让的基金份额、股权。
（5）可以转让的注册商标专用权、专利权、著作权等知识产权中的财产权。
（6）应收账款。
（7）法律、行政法规规定可以出质的其他财产权利。

以汇票、支票、本票、债券、存款单、仓单、提单出质的，当事人应当订立书面合同。质权自权利凭证交付质权人时设立；没有权利凭证的，质权自有关部门办理出质登记时设立。

以基金份额、股权出质的，当事人应当订立书面合同。以基金份额、证券登记结算机构登记的股权出质的，质权自证券登记结算机构办理出质登记时设立；以其他股权出质的，质权自工商行政管理部门办理出质登记时设立。

以注册商标专用权、专利权、著作权等知识产权中的财产权出质的，当事人应当订立书面合同。质权自有关主管部门办理出质登记时设立。

以应收账款出质的，当事人应当订立书面合同。质权自信贷征信机构办理出质登记时设立。

3.4.2.4 留置（lien）

留置是指在保管合同、运输合同、加工承揽合同中，债权人依照合同约定占有债务人的动产，债务人不按照合同约定的期限履行债务的，债权人有权依照担保法规定留置该财产，以该财产折价或者以拍卖、变卖该财产的价款优先受偿。

留置是我国经济生活中较普遍存在的一种合同担保形式。其设定的目的，是督促债务人及时履行义务，在债务人清偿债务之前，债权人有占有留置物的权利。当规定的留置期限届满后，债务人仍然不履行债务的，债权人可以依照法律规定折价或者拍卖、变卖留置物，并从所得价款中得到清偿。如果债务人在规定期限内履行了义务，债权人应当返还留置物，不得滥用留置权。

留置担保具有以下特点：
（1）留置担保，依照法律规定直接产生留置权，不需要当事人之间有约定为前提。
（2）被留置的财产必须是动产。
（3）留置的动产与主合同有牵连关系，即必须是因主合同合法占有的动产。
（4）留置权的实现，不得少于留置财产后两个月的期限。
（5）留置权人就留置物有优先受偿的权利。

3.4.2.5 定金（deposit）

定金是指合同当事人一方为了担保合同的履行，预先支付另一方一定数额的金钱的行为。债务人履行债务后，定金应当抵作价款或者收回。给付定金的一方不履行合同约定的债务的，无权要回定金；收受定金的一方不履行合同约定的债务的，应当双倍返还定金。

定金担保应注意以下事项：
（1）定金应当以书面形式约定。
（2）定金合同从实际交付定金之日起生效。即使当事人已签订了定金合同，如果未实际交付定金，定金合同也不能生效。
（3）当事人约定的定金数额不得超过主合同标的额的百分之二十。

本章小结

物流服务合同是指物流经营人与物流用户约定，由物流经营人为后者提供全部或部分的物流服务，而由后者向物流经营人支付报酬的合同。物流服务合同的订立一般采取要约和承诺的方式。按照效力的不同，物流服务合同可以分为无效合同、效力待定合同和可撤销可变更合同。在双务合同中，合同当事人享有同时履行抗辩权、后履行抗辩权、不安抗辩权、代位权和撤销权。依法成立的合同受法律保护，违反合同约定要承担违约责任。承担违约责任的方式主要有继续履行、采取补救措施、赔偿损失和支付违约金。为了保证合同的履行，可以设定合同的担保。合同的担保方式有保证、抵押、质押、留置和定金五种。

思考与练习

一、名词解释

1. 物流服务合同　2. 要约　3. 承诺　4. 缔约过失责任　5. 同时履行抗辩权　6. 先履行抗辩权　7. 不安抗辩权　8. 违约责任　9. 不可抗力　10. 保证　11. 抵押　12. 质押　13. 留置　14. 定金

二、简答题

1. 物流服务合同的特征有哪些？
2. 要约的构成要件是什么？
3. 要约失效的原因有哪些？
4. 有效承诺的构成要件是什么？
5. 合同生效的条件是什么？
6. 无效合同的种类有哪些？

7. 可变更、可撤销合同的种类有哪些？
8. 效力待定合同的种类有哪些？
9. 行使不安抗辩权的条件有哪些？
10. 违约责任的构成要件有哪些？
11. 合同履行中免责事由有哪些？
12. 违约责任的形式有哪些？
13. 物流服务合同担保方式有哪些？

三、案例分析

案例一

某房地产开发公司用招标方式发包一项工程。在招标通告规定的投标起讫日期内，共有10家建筑公司（队）向开发公司投标，依照招标通告的规定，1999年1月20日，开发公司会同各有关单位，当众开标。在10家投标者中，只有甲建筑队和乙建筑公司的报价低于开发公司的标底。其中，甲建筑队报价87万元，乙建筑公司报价88万元。甲建筑队以为自己一定中标，在未定标前便开始了工程准备工作。但是，开发公司开标后，会同有关单位对这两个投标单位的投标进行了严格的评查。评标时发现，甲建筑队报价虽低，但施工方案不太合理，技术力量也比较薄弱。如果将工程交由甲建筑队承揽，工程质量和工期很难保证。所以定标时将乙建筑公司选为中标人，并依法与乙建筑公司签订了基建承揽合同，此时，甲建筑队方知自己并未中标。但是，他们已为完成该工程预订了相当数量的物资，如果退货，势必造成损失。为此，甲建筑队以自己报价最低，工程应由它承揽为理由起诉到法院。

扫一扫，百度一下

请问，甲建筑队的主张是否符合法律规定？为什么？

案例二

1999年10月7日，B向A发盘如下："300吨C514（某农副产品代号），即期装船，不可撤销即期信用证付款，每吨CIF鹿特丹\$1 900，10月25日以前电复有效。"

原告A于10月22日复电如下："贵司10月7日发盘，我司接受300吨，即期装船，不可撤销即期信用证付款，每吨CIF鹿持丹\$1 900。除通用单证外，需提供产地证、植物检疫证明书、适合海洋运输的良好包装。"因产品C514的主要产地巴西遭到严重自然灾害，国际市场价格急剧上涨。被告B于10月25日回电称："贵司22日复电已知悉，但是十分抱歉，由于世界市场价格发生变动，在收到贵司接受电报之前，货已售出。"

原告A认为其10月22日的承诺已经生效，合同也已经成立，双方须受合同约束，被告B要么按照约定价格履行合同，要么偿付国际市场价格和合同约定价格的差额。

请问，A、B之间的合同是否成立？为什么？

项目四

货物运输法律制度

知识目标

掌握各种运输合同的主要内容；掌握各种运输合同当事人的主要权利、义务和法律责任；掌握船舶的概念、船舶物权相关规定；了解各种运输方式；了解各种运输合同的形式；了解各种运输的相关法律体系。

技能目标

通过本项目的学习，能够起草各种运输合同，能够分析解决各种运输合同法律纠纷，能够解决船舶物权法律纠纷，能够分清各种运输方式下合同当事人的法律责任。

任务一 货物运输法律概述

4.1.1 物流中的运输及其地位

（1）物流运输的概念及其特点。

根据《国家标准物流术语》的解释，运输是指用设备和工具，将物品从一地点向另一地点运送的物流活动。其中包括集货、分配、搬运、中转、装入、卸下、分散等一系列操作。物流运输具有以下两个基本特征：

1）物流运输是利用一定的交通设备和装货设备对货物进行的空间移动。

社会化生产，在生产与消费之间形成了三种分离，即空间分离、时间分离和社会性分离。运输解决了生产与消费的空间分离，仓储解决了生产与消费的时间分离，贸易则解决了生产与消费的社会性分离。随着现代运输工具的发明和普及，对货物进行的空间转移已经突破了外部自然条件和货物难传送等方面的局限，形成了以船舶、火车、汽车运输为主体，配以飞机、管道运输等多层次、多渠道的运输体系，从而保障了世界各地的贸易自由往来，使生产过程继续下去。

2）物流运输是对货物进行的有组织、成批量、大范围的空间移动。

运输通常包括对人和物的载运及输送，但物流运输仅针对"物"的载运和输送，而且它强调将货物按照一定类别、一定距离、一定数量合理配置运力，以实现低成本、高质量的运输。当现代物流运输融入了管理技能之后，它就不再是一项简单的载运服务，它区别于在同一区域内对物进行的搬运服务或者短距离、零散的货物配送服务。当然，三者在物流过程中又有密切联系，因为运输往往与搬运、配送等行为衔接在一起，才能圆满地完成改变货物空间状态的全部任务。

（2）物流运输的分类。

物流运输根据不同的标准可以划分为不同的种类。

1）按运输方式的不同，可以分为公路运输、铁路运输、水路运输、航空运输和管道运输等。

① 公路运输。这是主要使用汽车在公路上进行货物运输的一种方式。公路运输主要承担近距离、小批量的货运和水运、铁路运输难以到达地区的长途、大批量货运及铁路、水运优势难以发挥的短途运输。公路运输主要优点是灵活性强，投资较低，可以采取"门到门"运输形式，而不需转运或反复装卸搬运。

② 铁路运输。这是使用铁路列车运送货物的一种运输方式。铁路运输主要承担长距离、大批量的货运，在没有水运条件地区，几乎所有大批量货物都依靠铁路，是在干线运输中起主力运输作用的运输形式。铁路运输的优点是速度快，运输不大受自然条件限制，载运量大，运输成本较低。主要缺点是灵活性差，只能在固定线路上实现运输，需要以其他运输手段配合和衔接。

③ 水路运输。这是使用船舶或其他航运工具运送货物的一种运输方式。水路运输是一种古老的运输方式，水运的主要优点在于大批量、远距离运输成本低。水运的缺点主要是运输速度慢，受港口、水位、季节、气候影响较大。

④ 航空运输。这是使用飞机或其他航空器进行运输的一种形式。航空运输的主要优点是速度快，运输货损率低，货物包装要求不高且不受地形的限制，其缺点是运输成本高，可达性差，易受天气条件影响。鲜活易腐，季节性很强，价值贵重或者紧急需要的物资适合采用航空运输方式。

⑤ 管道运输。这是利用管道输送气体、液体和粉状固体的一种运输方式。其主要优点是运量大、运输成本低，且由于采用密封设备，在运输过程中可避免散失、丢失等损失，不存在其他运输设备本身在运输过程中消耗动力所形成的无效运输问题。缺点是运输货物品种单一、灵活性差。

2）按运输是否需要中转，可以分为直达运输和联合运输，后者又有单式联运和多式联运两种类型。

① 直达运输。所谓直达运输是指物品由发运地到接收地，中途不需要换装和在储存场所停滞的一种运输方式。直达运输是追求运输合理化的重要形式，由于中转过程减少，从而提高了运输速度，节省了装卸费用，降低了中转货损。此外，在生产资料、生活资料运输中，通过直达，建立起了稳定的产销关系和运输系统，也有利于提高运输的计划水平和运输效率。

② 联合运输。所谓联合运输是指一次委托，由两家以上的运输企业或用两种以上运输

方式共同将某一批物品运送到目的地的运输方式。单式联运是指由两个以上的承运人以同一种运输方式将货物运送到目的地的一种运输方式。多式联运是指采用两种或两种以上的运输手段、多环节、多区段地将货物运送到目的地的一种综合性运输方式。

联合运输尤其是多式联运具有手续简单且责任统一，既节约时间又降低成本且运输效率较高等优点，在国际货运市场上深受青睐。

3) 按运输对象不同，可以分为普通货物的运输、危险品运输和鲜货运输等。不同的货物有不同的包装要求、运输标准，承运人与托运人之间的权利义务和责任也不相同。

4.1.2　物流运输中法律关系的类型及其构成

运输中的法律关系主要是指与提供运输服务行为密切相关的各类主体之间发生的权利义务关系。在物流活动中，能够向他人提供运输服务的主体通常有两类：一类是直接向客户提供运输服务的物流企业，比如专业运输企业；另一类是不拥有运输工具，但与客户签订了涵盖运输一切环节的物流服务合同，把运输服务环节交由专业运输企业完成的物流企业，比如综合物流公司、货运代理公司和无船承运人。由此看出，发生在运输当事人之间的法律关系主要是运输合同关系，但又不局限于运输合同关系，还可能有租赁关系等。

4.1.2.1　货物运输合同（Cargo Carriage Contracts）

（1）货物运输合同的概念及特点。

货物运输合同是指承运人将托运人交付运输的货物运送到指定地点，托运人为此支付运费的协议。货物运输合同具有以下几个突出特点：

1) 多为诺成性合同。根据合同的成立是否以交付标的物为其要件可以将合同分为诺成性合同和践成性合同。诺成性合同是指经双方协商一致即可成立的合同，又称不要物合同；而践成性合同是指合同的成立除双方协商一致以外，还必须交付标的物才能成立的合同，又称要物合同。货物运输合同如无特殊约定，应属于诺成性合同。

2) 一般写有格式条款。格式合同或是具有格式条款的合同指一方当事人为了重复使用而预先拟定好内容，并在订立合同时未与对方协商的合同或合同条款。运输合同中的承运人为了简化手续，提高交易效率，常常以统一的货运单或者提单记载主要运输条款，经客户填写并经双方签字作为运输合同的一部分或作为对运输合同确认的证据。

3) 合同效力常常涉及第三人。运输合同的收货人，可能是托运人本人，也可能是托运人以外的第三人。前者享有运输合同中规定的权利并承担相应的义务，后者并非合同的主体，但运输合同对其也产生一定效力，比如领取货物的权利。但收货人就货物迟延或者损坏而向承运人进行的索赔则不是基于运输合同产生的，而是一种侵权关系。

4) 货物运输合同的标的是运输行为。合同的标的是指合同中权利义务指向的对象，合同标的可以是物、行为或智力成果。当合同标的是行为时，则要注意区分合同标的和与标的相关的具体物。比如货物运输合同中的标的是承运人的运输行为本身，而不是被运送的货物。

5) 作为承运人一方的货物运输合同主体应具备运输资质。合同主体是签订合同的当事人。货物运输合同的一方当事人是具有运输资质的承运人，另一方当事人是托运人，即要求他人将货物以约定的方式运往一定目的地的人，除普通的个人或者企业之外，托运人还可能是物流公司、国际货运代理公司，无船承运人。但是这几类主体的身份比较特殊，如果他们在物流服务中以自己的名义向客户签发了提单或其他运输凭证时,他们对客户而言就成为名义上的承运人,然后他们再与具有运输资质的人签订运输合同,他们对该承运人而言又成为托运人。

(2) 货物运输合同的主要内容。

合同的内容是指合同主体之间的权利义务关系,合同条款中大部分都是有关内容的规定。具体而言,一份运输合同的基本内容大致包括以下几个方面:

1) 当事人条款。主要是关于托运人、承运人以及收货人姓名、地址和联系方式的说明。

2) 货物的名称,规格、性质、数量、重量的情况说明。

3) 包装要求。当事人对货物的包装标准或要求做出的约定。

4) 货物的起运点和目的地。

5) 货物的运输期间。如果需要货物在一定期限内送达目的地,则要在条款中注明。

6) 运输中各方的权利和义务。此项内容以规定承运人的责任及其范围为核心,由承运人的权利义务、托运人的权利义务和收货人的权利义务三大部分组成。

7) 违约责任及合同争议的解决办法。如果当事人就违约责任有特殊约定的,按约定处理。无特别约定,则按照国内的合同法的相关规定处理。如果适用国际条约时,根据条约中的规定承担相应责任。

8) 其他条款。根据当事人的特殊要求,可以在合同中给予专门约定。

4.1.2.2 运输工具的租赁合同

(1) 运输工具租赁合同的概念及种类。

运输工具的租赁合同是指运输工具的所有权人或者使用权人将其运输工具或者运输工具上一定的空间位置交由承租人使用、收益,承租人支付租金的合同。

常见的运输工具租赁合同有汽车租赁合同和船舶租赁合同,船舶租赁合同又可分为定期租船合同和租赁合同。(航次租船合同一般被视为货物运输合同)

(2) 运输工具租赁合同的内容。

不同运输工具的租赁合同有其具体条款内容,但是一般而言,该类合同应包括以下一些基本条款:

① 合同当事人情况。运输工具租赁合同的当事人即运输工具租赁合同的主体。当物流企业向客户承诺提供包括运输在内的一系列物流服务时,通常被称为第三方物流。如果他们通过租赁运输工具来完成运输任务,即成为租赁合同中的承租人。租赁合同中的出租人是运输工具的所有者和经营者。

② 合同的标的。与运输合同的标的为运输行为不同,租赁合同的标的为租赁物本身。在运输工具的租赁中,即为各类被租赁的运输工具,如汽车、船舶或者船舶中的部分舱位。

③ 租赁工具的用途。承租人必须按照约定的用途使用租赁的运输工具,否则就是违约,出租人还可以要求解除合同。

④ 租金条款。

⑤ 承、租双方的权利义务。主要包括是否由出租人配备运输工具的操作人员和其他工作人员;是否允许转租;租赁物的维修费用的承担。

⑥ 运输工具的交接条款。

⑦ 租赁物的保险条款。主要是对运输工具发生交通事故时保险金缴纳和索赔方面的规定。

⑧ 违约责任条款。包括违约责任及不可抗力造成损害时的责任承担等问题。

⑨ 合同争议的解决办法。

任务二 道路货物运输法律

导入案例

《重庆晨报》2011年11月26日报道,孙先生委托物流公司托运价值4万多元的货物到新疆,结果中途货物丢了。孙先生起诉到法院,法院认定,孙先生在托运时,没有对货物保价,按照法律规定,只能按照托运费的3倍赔偿,只能获赔400多元。25日渝中区法院对此案进行了一审宣判。

扫一扫,百度一下

货物丢了 他拿着收据却被拒

去年7月22日,孙先生从朝天门批发市场,批发了4.6万元的货物,委托重庆市某物流公司运到新疆。在委托时,物流公司问他,需不需要对托运物品保价,孙先生拒绝了。

于是物流公司在《托运单》上进行了"特别约定",托运货物参加保价运输的,承运人对货物承担赔偿责任;但未保价的货物一旦发生丢失,损坏最高按运费3倍赔偿。孙先生付了运费140元给物流公司。

他以前找过这家公司托运过物品,没发生过问题。没想到,这次问题来了。过了一个月,对方还没收到货物。物流公司回话,这批货物已经丢失了。

孙先生很是气愤,拿着《托运单》还有购货发票,找到物流公司,要求原价赔偿。

物流公司指着"特别约定",让孙先生看清楚,"你这属于未保价的货物,只能按运费3倍赔偿"。物流公司负责人说,根据规定只能赔420元给孙先生。孙先生哪里肯干,将物流公司告到渝中区法院。

没有保价4.6万元货物只获赔420元

"虽然他觉得很亏,但是我们是签订了协议的。"在庭审中,物流公司聘请的律师说,在签订托运合同时,已经向孙先生明确告知了对保价货物承担赔偿责任,否则属普通货物,最高按运价的3倍赔偿。上述约定符合法律规定,应属有效。

物流公司方称,况且当时孙先生进行托运时,没说运输的货物是什么,也没有说具体价值多少。现在虽然他拿着4万多元的购货发票来,但是并不能证明,就是丢失的货物。

渝中区法院经过审理后查明,当时孙先生是委托朋友何某来托运的。当时物流公司工作人员询问,是否按照托运货物价值的千分之三收取保费。但何某回答,是帮别人代办的,不需要保价。

物流公司作为格式条款提供的一方,在《托运单》上拟定了保人选择栏,是否保价为选择性条款。

而且物流公司在《托运单》上以具有区别性的加粗字体将"特别约定"及"未保价货物丢失损坏最高按运费3倍赔偿"印制于托运人签名处正上方。

法院据此认为,物流公司已经以合理的方式,提醒了托运人,注意上述格式条款,托运人对此已予以接受。

故渝中区法院做出一审判决，物流公司按照托运费的3倍，即420元赔偿给孙先生。

4.2.1 汽车货物运输合同

4.2.1.1 汽车货物运输合同的概念

汽车货物运输合同是指货物托运人与公路运输承运人，就用汽车运输方式将托运的货物运送到约定地点，托运人支付相应报酬，所达成的明确相互之间权利义务关系的协议。

4.2.1.2 汽车货物运输合同的形式

《汽运规则》第二十四条规定："汽车货物运输合同可采用口头、书面或者其他形式。"书面形式的运输合同分为定期运输合同、一次性运输合同和道路货物运单三种类型。类型不同，其运单是否可以直接为合同的书面形式也有所不同。比如定期运输合同和一次性运输合同中，既可能有单独的运输合同，也有运单，在这种情况下，运单只能作为证明运输合同成立的凭证。区分两者的意义在于当运单记载的内容与合同不一致时，如无相反证明，可视为对运输合同的实质性变更。但在只有道路货物运单的情况下，道路货物运单就是道路货物运输合同。

4.2.1.3 道路货物运输合同条款

不同类型的合同，其条款的内容也不尽相同。定期运输合同较为复杂，仅有运单不足以明确完整地表述当事人之间的权利义务关系，所以在运单之外，还需要签订书面合同，合同至少要具备以下条款：

（1）托运人、收货人和承运人的名称（姓名）、地址（住所）、电话、邮政编码。
（2）货物的种类、名称、性质。
（3）货物重量、数量或月、季、年度货物批量。
（4）起运地、到达地。
（5）运输质量。
（6）合同期限。
（7）装卸责任。
（8）货物价值，是否保价、保险。
（9）运输费用的结算方式。
（10）违约责任。
（11）解决争议的方法。

一次性货物运输中，当事人可以另行签订运输合同，但双方的权利义务基本记载于运单之上。一次性货物运输的运单内容与定期运输合同的不同之处主要在于：

（1）没有货物月、季、年度运输批量的记载。
（2）起运地、运输地条款改为装货地点、卸货地点、运距。
（3）合同期限条款变为承运日期和运到日期。
（4）增加了有关货物包装方式的说明。

未单独签订运输合同的，根据《货运规则》第二十九条的规定，托运人应按以下要求填写运单：

(1) 准确表明托运人和收货人的名称（姓名）、地址、电话、邮政编码。
(2) 准确表明货物的名称、性质、件数、重量、体积以及包装方式。
(3) 准确表明运单中的其他有关事项。
(4) 一张运单托运的货物，必须是同一托运人、收货人。
(5) 危险货物与普通货物以及性质相互抵触的货物不能用一张运单。
(6) 托运人要求自行装卸的货物，经承运人确认后，在运单内注明。
(7) 应使用钢笔或圆珠笔填写，字迹清楚，内容准确，需要更改时，必须在更改处签字盖章。

单独签订定期运输合同和一次性运输合同的，运单托运人的签字处还应写明合同的序列号。

4.2.2 汽车货物运输合同双方当事人的主要义务与责任

4.2.2.1 托运人的义务

(1) 汽车货物运输合同（运单）内容与实物相符。托运货物的名称、性质、件数、质量、体积、包装方式应当与汽车货物运输合同或汽车货物运单记载的内容相符。

(2) 办理有关审批文件并交于承运人。货物需要具备准运证、审批或检验手续的，由托运人办理完成后交由承运人，随货同行。

(3) 不得在托运货物中夹带其他货物。在托运货物中，不得夹带危险货物、鲜活货物、易腐货物、易污染货物、货币、有价证券以及政府禁止或限制运输的货物。

(4) 使用正确的包装方式和运输标志。货物的包装由双方约定。没有约定或约定不明确的，可以补充协议；不能达成协议的，按照通用方式包装。没有通用方式的，应在足以保证运输、搬运、装卸作业安全和货物完好的原则下进行包装。依法应当执行特殊包装标准的，按照规定执行。

(5) 特种货物应明确告知运输条件。对于冷藏保温的货物，托运人应提供货物的冷藏温度和在一定时间内保持温度的要求；鲜活货物，托运人应提供最长运输期限及途中管理、照料事宜的说明书；托运危险货物，按交通部《汽车危险货物运输规则》办理；采用集装箱运输的货物，按交通部《集装箱汽车运输规则》办理；对于大型、特型笨重物件，应提供货物性质、重量、外廓尺寸及运输要求的说明书。

(6) 特殊物品随车押运。运输生物、植物、尖端精密产品、稀有珍贵物品、文物、军械弹药、有价证券、重要票证和货币等，必须派人押运。在运单上注明押运人的姓名及必要情况。押运人员须遵守运输和安全规定，并在运输过程中负责货物的照料、保管和交接。

4.2.2.2 托运人的责任

(1) 托运人不如实填写运单，错报、误填名称或装卸地点，造成承运人错送、装货落空以及由此引起其他损失的，应负赔偿责任。

(2) 托运人未按合同约定的时间和要求，备好货物和提供装卸条件，以及货物运达后无人收货或拒绝收货，而造成承运人车辆放空、延滞及其他损失的，托运人应负赔偿责任。

(3) 因托运人的下列过错，造成承运人、站场经营人、搬运装卸经营人的车辆、机具、设备等损坏、污染或人身伤亡以及因此而引起第三方损失的，由托运人负责赔偿：

1）在托运的货物中有故意夹带危险货物和其他易腐蚀、易污染货物以及禁运、限运货物等行为。

2）错报、匿报货物的重量、规格、性质。

3）货物包装不符合标准，包装、容器不良，而从外部无法发现。

4）错用包装、储运图示标志。

4.2.2.3 承运人的义务

（1）承运人应根据受理货物的情况和性质，合理安排运输车辆。货物装卸重量以车辆额定的吨位为限。轻泡货物以折算重量装卸。不得超过车辆的额定吨位和长、宽、高的装载规定。

（2）承运人在受理整批或零担货物时，应根据运单记载货物名称、数量、包装方式等，在核对无误后，方可办理交接手续。如果发现与运单填写不符或可能危及运输安全的情况，不得办理交接手续。

（3）承运人受理凭证运输或需有关审批、检验证明文件的货物后，应在有关文件上注明已托运货物的数量、运输日期，加盖承运章，并随货同行，以备查验。

（4）承运人应与托运人约定运输路线。起运前运输路线发生变化必须通知托运人，并按最后确定的路线运输。承运人未按约定路线运输增加的运输费用，托运人或收货人可以拒绝支付增加部分的运输费用。

（5）承运人应在约定的时间内将货物运达。零担货物按批准的班期时限运达，快件货物按规定的期限运达。运输期限由承托双方约定后在运单上注明。

（6）整批货物运抵前，承运人应当及时通知收货人做好接货准备；零担货物运达目的地后，应在 24 小时内向收货人发出到货通知或按托运人的批示及时将货物交给收货人。

（7）装载有毒、易污染货物的车辆卸载后，承运人应对车辆进行清洗和消毒。但因货物自身的性质，应托运人要求，需对车辆进行特殊清洗和消毒的，由托运人负责。

4.2.2.4 承运人的责任

（1）承运人未按约定的期限将货物运达，应负违约责任；因承运人责任将货物错送或错交，应将货物无偿运到指定的地点，交给指定的收货人。

（2）承运人未遵守承托双方商定的运输条件或特约事项，由此造成托运人的损失，应负赔偿责任。

（3）货物在承运责任期间和站场存放期间发生毁损或灭失，承运人、站场经营人应负赔偿责任。在责任承担上，视委托人而有所不同。如果是由托运人直接委托站场经营人装卸货物造成货物损坏的，由站场经营人负责赔偿；由承运人委托站场经营人组织装卸的，承运人应先向托运人赔偿，再向站场经营人追偿。

4.2.2.5 承运人的免责事由

（1）不可抗力。

（2）货物本身的自然性质变化或者合理损耗。

（3）包装内在缺陷，造成货物受损。

（4）包装体表面完好而内装货物毁损或灭失。

（5）托运人违反国家有关法令，致使货物被有关部门查扣、弃置或作其他处理。

(6) 押运人员责任造成的货物毁损或灭失。
(7) 托运人或收货人过错造成的货物毁损或灭失。

4.2.3 汽车货物运输合同的变更、解除以及责任承担

4.2.3.1 合同当事人引起的合同变更或解除的情形

(1) 在承运人未将货物交付收货人之前，托运人要求承运人中止运输、返还货物、变更到达地或者将货物交付其他收货人的。
(2) 由于合同当事人一方的原因，在合同约定的期限内确实无法履行运输合同的。
(3) 合同当事人违约，使合同的履行成为不可能或不必要的。
(4) 合同双方协商变更或解除合同的。

由当事人的原因引起的合同变更或者解除，有过错的一方应当承担赔偿责任。但发生交通肇事造成货物损坏或灭失而引起的合同变更或解除，承运人应先行向托运人赔偿，再由其向肇事的责任方追偿。如果是承运人提出协商解除合同的，承运人应退还已收的运费。

4.2.3.2 由不可抗力造成合同的变更或解除

所谓不可抗力是指不能预见、不可避免、不能克服的客观情况。遇到不可抗力后，发生不可抗力的一方当事人应及时与对方联系，并提供发生不可抗力的证明。如果货物已经交运，发生的货物装卸、接运和保管费用按以下规定处理：

(1) 接运时，货物装卸、接运费由托运人负担，承运人收取已完成的运输里程的运费，返还未完成运输里程的运费。
(2) 回运时，收取已完成运输里程的运费，回程运输免收。
(3) 托运人要求绕道行驶或改变到达地点时，收取实际运输里程的运费。
(4) 货物在受阻处存放，保管费用由托运人负担。

4.2.4 货运事故及违约责任的处理

4.2.4.1 货运事故处理的原则

货运事故是指货物在运输过程中发生毁损或灭失。货运事故和违约行为发生后，承托双方及有关方应编制货运事故记录，货运事故记录是双方责任认定的主要依据，原则上应由承运人、托运人和收货人三方签字确认；当无法找到收货人、托运人时，承运人可邀请2名以上无利害关系的人签注货运事故记录。

承运人、托运人、收货人及有关方在履行运输合同或处理货运事故时，发生纠纷、争议，应及时协商解决或向县级以上人民政府交通主管部门申请调解；当事人不愿和解、调解或者和解、调解不成的，可依仲裁协议向仲裁机构申请仲裁；当事人没有订立仲裁协议或仲裁协议无效的，可以向人民法院起诉。

4.2.4.2 货运事故和违约责任的诉讼时效

所谓的诉讼时效是指权利人在法定期限内不行使权利，就丧失了诉权的法律制度。国内汽车运输合同纠纷的诉讼时效为2年。时效的起算点从权利人知道或应当知道权利受到侵犯时算起。有关货物赔偿时效从收货人、托运人得知货运事故信息或签注货运事故记录的次日起计算。在约定运达时间的30日后未收到货物，视为灭失，自31日起计算货物赔偿时效。

4.2.4.3 货运事故和违约责任的赔偿办法

货运事故赔偿分为限额赔偿和实际损失赔偿两种。法律、行政法规对赔偿责任限额有规定的,依照其规定;尚未规定赔偿责任限额的,按货物的实际损失赔偿。承运人或托运人发生违约的,违约责任有约定的从约定;没有约定的,按实际损失进行赔偿。所谓实际损失应包括货物损失、运费损失和其他杂费损失,货物损失按照交付或应当交付时货物到达地的市场价格计算。

货物价格中未包括运杂费、包装费以及已付的税费时,应按承运货物的全部或短少部分的比例加算各项费用。另外,在以下情况时需要特别注意赔偿额的确定:

(1) 由于承运人责任造成货物灭失或损失,以实物赔偿的,运费和杂费照收;按价赔偿的,退还已收的运费和杂费;被损货物尚能使用的,运费照收。

(2) 丢失货物赔偿后,又被查回,应送还原主,收回赔偿金或实物;原主不愿接受失物或无法找到原主的,由承运人自行处理。

(3) 承托双方对货物逾期到达、车辆延滞、装货落空都负有责任时,按各自责任所造成的损失相互赔偿。

(4) 在保价运输中,货物全部灭失,按货物保价声明价值赔偿;货物部分毁损或灭失,按实际损失赔偿;货物实际损失高于声明价值的,按声明价值赔偿;货物能修复的,按修理费加维修取送费赔偿。保险运输按投保人与保险公司商定的协议办理。

任务三　铁路货物运输法律

导入案例

【案情】

铁路运输法院经审理查明:2007 年 12 月 16 日 A 公司以 D 面粉厂的名义从 C 铁路局 E 站将 60 吨小麦面粉运往 B 铁路局的 G 站。货票记载:面粉 2 400 件,重量 6 万公斤,运输号码为 12H00276629,票号 C012913,车号 132199,托运人为 D 面粉厂,收货人为 F 厂陈某,费用合计人民币 8 638.50 元。并办理了国内铁路货物运输保险,保险金额人民币 5 万元。E 站承运后,于 2007 年 12 月 17 日随 45503 次小运转列车挂运 E 东站,发往 G 站。2007 年 12 月 22 日该货到达 G 站后,G 站口头通知运单内记载的收货人;收货人凭身份证和 H 公司的担保书将货物提走,货票(丁联)记载收货人签字"陈某"、领货人身份证号码"320241967101048l0"。后因陈某未向 A 公司支付货款,A 公司遂到 G 站查询货物交付情况,发现提货人陈某留存在货票(丁联,票号 C12913)上的身份证号码缺一位数。

原告诉称:2007 年 12 月 16 日其从 E 站将 60 吨小麦面粉运往 B 局所属的 G 火车站,指定收货人为 F 厂陈某,经多方联系得知该批货物被 G 火车站错误交付给第三人,收货人未收到货物,故请求判令三被告返还 60 吨小麦面粉或赔偿损失人民币 13 万元。

被告 C 铁路局及 E 站辩称:C 铁路局所属 E 站在履行运输合同过程中,严格按照铁路局有关规章办理,完整无缺地将货物运抵目的地,不存在过

扫一扫,百度一下

错,不应承担赔偿责任。

被告 B 铁路局辩称:原告不是铁路运输合同法律关系中的任何一方主体,不是适格的当事人,请求法院驳回原告对 B 铁路局的诉讼请求。

【审判】

E 铁路运输法院认为,A 公司是涉案货物的所有者及实际托运人,且经缔约托运人的权利转让,其诉讼主体适格。D 厂与铁路企业签订的铁路货物运输合同合法有效,当事人均应全面履行合同规定的义务。C 铁路局及 E 站承运该批货物后依约发往到 G 站,已履行了承运人应尽的义务,并无过错,不应承担赔偿责任。B 铁路局及所属 G 站,在收货人 F 厂陈某没有持领货凭证来领取货物的情况下,依据陈某的个人身份证和 H 公司出具的担保书将货物交付,其行为符合相关规定,由于该站审查身份证号码不谨慎,原本应当为 18 位数的身份证号码,在货票丁联上仅有 17 位,且担保书上的身份证号码也是 17 位,依据货票丁联上的身份证号无法查找收货人"陈某",该轻率的作为应属重大过失,该过失行为是导致涉案货物产生误交付的直接原因,B 铁路局辩称已按照合同约定将涉案货物交付收货人陈某的理由依据不足;B 铁路局未能履行将货物交付给收货人,属违约行为,对此给 A 公司造成的损失予以赔偿。鉴于该批货物已被他人提走,A 公司诉称损失人民币 13 万元,但自始未能提交能够证明其损失人民币 13 万元的有效证明,从公平角度出发,只能在其投保人民币 5 万元和已支付的铁路运输费用范围内予以保护,其要求支付短途运输费用 3 600 元,因证据不足,难以支持,鉴于短途运输费用确已发生,酌情认定短途运输费用 2 000 元。据此,E 铁路运输法院依照《中华人民共和国合同法》第一百零七条、第三百一十一条,《中华人民共和国铁路法》第十七条第一款第(二)项,《最高人民法院关于审理铁路运输损害赔偿案件若干问题的解释》第二条、第八条之规定,判决,一、B 铁路局赔偿 A 公司面粉款人民币 5 万元,铁路运杂费人民币 8 638.50 元,短途运输费人民币 2 000 元,三项共计人民币 60 638.50 元,于判决生效之日起十日内付清;二、驳回 A 公司的其他诉讼请求。

一审宣判后,A 公司不服提起上诉称:价格认定中心的《价格鉴定结论书》是关于同期面粉价格的认定而不是单纯关于面粉价值的鉴定,因该批面粉已经灭失,直接对该批面粉进行价值鉴定已经不可能,若以此作为否定该证据效力的理由实有强人所难之嫌。根据国家发改委等部门联合发布的《2007 年小麦最低收购价执行预案》,白麦每斤人民币 0.72 元,红麦、混麦每斤人民币 0.69 元,面粉的价格竟然比小麦还便宜 39%,这怎么说都不叫公平。保险价值并不等于实际价值,而且绝对不能与实际价值混淆。原审法院关于价格或价值的认定存在严重错误,请求撤销原判,依法改判,支持其一审的全部诉讼请求。

B 铁路局答辩称:上诉人的诉讼请求无事实和法律依据,首先,B 铁路局不构成误交付,一审判决已认定 B 铁路局交付符合相关交付程序,相关担保书也充分说明;其次,B 铁路局也没有重大过失行为,一审法院依据身份证缺位就认为 B 铁路局具有重大过失有失公平。

C 铁路局及 E 站称:A 公司在上诉请求中未向其提出请求,因此不提出相关意见。

除一审法院查明的事实外,C 铁路运输中级人民法院另查明:收货人 F 厂并未向工商行政管理部门进行登记,公安机关证实在云南省宣威市并无"陈某"此人。A 公司自述与收货人 F 厂陈某未直接接触,而是通过面粉中间人联手介绍,双方也无书面合同,但曾口头约定货装上车后由对方打钱过来后再发货,但始终未打钱,货物发出后 A 公司曾通知中间人告知其联系收货人领货，领货凭证曾由 A 公司保管但后弄丢了。

  C 铁路运输中级人民法院认为，二审期间，双方的主要争议是涉案面粉的价格如何确定。上诉人二审时申请证人时某和唐某出庭做证。时某证明：涉案面粉是其受 A 公司委托运至 E 站，共运了 60 吨，面粉包装袋上显示为特一级，运费为每吨 60 元，运费未开具发票。证人唐某称，一斤小麦能生产出 0.7 斤面粉，这批面粉的出厂价为每斤 0.94 元，销售到云南为每斤 1.07 元，给时某的运费是 3 600 元，没有开具发票。托运时办理的保险是车站人员代办。二审法院认为，虽然两证人早已存在，但 A 公司为补充其证据而要求两证人出庭做证，故可以作为二审期间的新证据。两证人证言均证明本次运输的面粉包装物标明为特一粉，但 A 公司在一审期间提供的泗洪县价格认证中心出具的《关于对特二面粉单价鉴定结论书》表明，该公司在送检样品时的面粉等级为特二级，其委托代理人表示是申请鉴定时自行降了一个档次。二审认为，两证人证言与《关于对特二面粉单价鉴定结论书》关于面粉等级、价格的内容存在矛盾之处，由于涉案货物已被交付，且无其他直接证据可以证明该批面粉的等级，而两证人证言对面粉等级的陈述可以相互印证，故可以认定涉案面粉为 A 公司自行确定的特一级面粉。根据唐某的证言，A 公司并不生产特二级面粉，故以特二级面粉送检所作出的价格认定明显不足，不应被采纳。在面粉价格采用市场调节价没有政府指导价的情况下，对面粉价格和价值的认定应以相对合理的标准予以确定。原审法院以 A 公司保险价值认定该批面粉的价值，导致面粉价格明显低于小麦的价格，不符合常理，故对此应予纠正。而唐某作为 A 公司的员工证明该批面粉的出厂价为每斤 0.94 元，应当具有一定的可信性。因此，二审认为涉案面粉的价格可按每斤 0.94 元予以确定。

  综合本案查明的事实来分析，A 公司指定的收货人 F 厂并未向工商行政管理部门进行登记，云南省宣威市也无"陈某"此人，而身份证又明显是伪造的，故 A 公司的损失是由"陈某"实施的诈骗行为所造成的。本案双方当事人之间存在铁路货物运输合同关系，向承运人提供收货人的真实信息是托运人的义务，本案中的收货人"F 厂陈某"是 A 公司指定的收货人，而"陈某"又是在中间人告知领货信息后去领货的，故将货物交给该收货人是托运人在铁路货物运输合同中的意思表示。铁路运输企业作为承运人不具有审查托运人指定收货人是否真实的义务，也无须审查托运人与收货人之间的交易和付款的方式，因指定收货人不真实而产生的相应法律后果理应由托运人自行承担。A 公司作为货物的所有权人对买家的真实情况并不了解，而轻信了中间人的介绍，向承运人指定的收货人提供的信息实际虚假，过错在于中间人自身，而该过错是导致货物被"陈某"领走的主要原因。而 B 铁路局作为承运人，在领货凭证未到的情况下，要求收货人提供担保并写下收货人身份证号码进行交付的行为符合《铁路货物运输规程》的规定，且根据中间人自述的相关事实分析，实际最终领取货物之人应当是 A 公司指定的收货人"陈某"，也是其曾经希望交易的对方，只是在提取货物后对方未能付款才导致 A 公司发现为受骗上当，故实际收货人即是托运人指定的收货人，本案并不存在误交付。收货人"陈某"应当是 A 公司货物损失的责任主体。但是，由于"陈某"在提货时所持的身份证号码仅为 17 位，存在明显的瑕疵，只要 B 铁路局所属 G 站的有关工作人员稍加注意，完全有可能发现该身份证系伪造，从而可以避免损失。铁路承运人在货物交付过程中具有确保货物安全的责任，但因承运人未能尽到谨慎的注意义务，使"陈某"以明显的假身份证提走了面粉，故作为承运人的 B 铁路局也对 A 公司的损失发生存在一定的过错，应当承担相应的赔偿责任。二审认为，本案是由第三人的侵权权行为引发的纠纷,在铁路货物运输合同关系中,A公司的过错是导致损失发生的主要原因,B铁路局的过错是损失发生的次要原因。原审判决认定B铁路局构成误交付且具有重大过失的依据不足,应当予以纠正。

一审判决确定的赔偿金额虽高于二审认定的B铁路局实际应承担的金额,但由于B铁路局并未提起上诉,表明其对原判认定的赔偿数额予以认可,上诉人要求支持全部诉讼请求的上诉请求也应予以驳回,故二审综合考虑各方利益和案件处理的实际效果,可判决维持原判确定的赔偿金额。据此,依照《中华人民共和国民事诉讼法》第一百五十八条、《中华人民共和国合同法》第一百二十条、第三百零四条第一款的规定,判决:

驳回上诉,维持原判。

4.3.1 国内铁路货物运输

4.3.1.1 国内铁路货物运输合同的订立

(1) 国内铁路货物运输合同的当事人。

国内铁路运输合同的一方当事人是托运人、个人和企业以及其他社会团体,另一方当事人是铁路运输企业,根据《铁路法》第七十二条的规定,是指铁路局和铁路分局。

(2) 国内铁路货物运输合同的形式。

铁路运输合同原则上是不要式合同,法律没有明确其是否必须为书面形式。但是铁路运输涉及按季度、半年度、年度或更长期限的运输任务时,往往以月度用车计划表作为运输合同,交运货物时同时交货运单。

《铁路法》第十一条明确规定,行李票、包裹票和货物运单是合同或者合同的组成部分;另根据铁道部有关《铁路货物运输服务订单和铁路货运延伸服务订单使用试行办法》的规定,铁路服务订单亦为铁路运输合同的组成部分。因此,铁路运输中货物运单与运输合同之间的关系与前面提到的公路货物运输略有不同。

(3) 国内铁路货物运输合同的内容。

根据《货物运单和货票填制办法》中的相关规定,铁路货物运单大致包括以下一些条款:

1) 托运人、收货人的名称和地址以及联系方式等。

2) 货物的基本情况说明:包括货物的名称、规格、件数、重量、用途、性质、价格、包装等。

3) 货物的运输线路:包括货物的始发站、到达站、运输的总里程以及主管铁路局。

4) 货物的运输价格:铁路货物的运价受到国家统一的价格管理,运费主要根据《货物运价分类表》和《货物运价率表》计算得出。

5) 货物的承运期限:指承运日期和运到日期的记载。

6) 货物保价方式:托运货物时,托运人可以选择是否保价运输,是由铁路运输部门保价还是自行向保险公司办理货物保险。

7) 特殊记载的事项:按整车办理的货物必须填写车种、车号和货车标重;施封货车和集装箱的施封号码。

8) 其他需要记载的事项:承托双方如果有运单中没有规定的其他运输要求,可以在承运人和托运人记载事项栏中给予说明。

4.3.1.2 国内铁路运输合同双方当事人的主要义务和责任

铁路运输合同双方当事人的义务和责任与汽车运输合同的基本相同,在此不再赘述。下面对铁路运输合同中有关货物交付的特殊规定作介绍,即《铁路法》第二十二条规定托运物到达目的站后,承运人对托运物享有的权利和义务:

(1) 以适当方式通知相关人。对于铁路运输企业发出领取货物通知之日起满30日仍无人领取的货物或者收货人书面通知铁路运输企业拒绝领取的货物,铁路运输企业应当通知托运人。如果托运物是包裹或行李,铁路企业应自通知之日起90日内或者到站之日起90日内公告。

(2) 以适当的方式处置托运物。对于在上述情况下采取了相应的告知义务仍无人领取的托运物,铁路运输企业可以进行变卖。对于危险物品和规定限制运输的物品,应当移交公安机关或者有关部门处理;变卖托运物所得的价款扣除保管等费用后尚有余款的,应退还托运人。无法退还或者自变卖之日起180日内托运人未领回的,上缴国库。

4.3.1.3 国内铁路货物运输合同当事人的权利和义务

(1) 托运人的义务。

1) 按照合同的约定向铁路承运人提供运输的货物。

2) 如实申报货物的品名、重量和性质。

3) 对货物进行包装,以适应运输安全的需要。对于包装不良的,铁路承运人有权利要求其加以改善,如果拒不改善,或者改善后仍不符合运输包装要求的,铁路承运人有权拒绝承运。

4) 托运零担货物应当在每一件货物两端各粘贴和钉固一个用坚韧材料制作的清晰明确的标签(货签),还应当根据货物的性质,按照国家标准,在货物包装上做好储运图示标志。

5) 按照约定或规定支付运费。双方可以约定由托运人在货物发运前支付运费,也可以约定在到站后由收货人支付运费。但铁路运费通常都是由托运人在发运站承运货物的当日支付。如果托运人不支付运费,铁路承运人可以不予承运。

(2) 承运人的义务。

1) 及时运送货物。铁路承运人应当按照铁路运输的要求,及时组织调度车辆,做到列车正点到达。铁路承运人应当按照全国约定的期限,或者国务院铁路主管部门规定的期限将货物运到目的站。

2) 妥善处理承运的货物,保证货物运输的安全。铁路承运人对承运的易腐烂货物和活动物,应当按照国务院铁路主管部门的规定和双方的约定,采取有效的保护措施。

3) 货物运抵到站以后,及时通知收货人领取货物,并将货物交付收货人。

4.3.2 国际铁路货物运输

4.3.2.1 国际铁路货物运输合同的订立

《国际铁路货物联运协定》(简称《国际货协》)是参加国际货物联运协定各国铁路和发收货人办理货物联运所必须共同遵守的基本文件,我国是该协定的成员,因此《国际货协》自然就成为调整我国与其他参加国之间铁路货物运输方面的主要法律依据。凡《国际货协》有规定,而国内规章也有规定时,不论两者是否相同,应适用《国际货协》的规定,两邻国铁路间有特殊规定的除外。《国际货协》中没有规定的事项,才能适用国内铁路规章。《国际货协》自1951年签订以后经过多次修改和补充,现行的是1971年4月经铁合作组织核准，并从 1974 年 7 月 1 日起生效的文本。协定共 8 章 40 个条款，第一章为总则；第二至四章是关于运送合同的规定；第五章是有关铁路承运人的责任规定；第六章是关于赔偿、诉讼和时效的规定；第七章是各铁路间的清算问题；第八章为一般性规定。

根据《国际货协》的规定，运单是国际铁路货物联运的运送合同。发货人在运单上签字，始发站在运单上加盖戳记即视为合同成立并生效。运单全程附送，最后交收货人。运单除了作为运输合同以外，还具有以下功能：

（1）运单是铁路承运货物并向收货人核收运费和交货的凭证。

（2）运单副本是卖方通过有关银行向买方结汇的主要单据之一。

4.3.2.2 合同的变更

《国际货协》规定，发货人和收货人都有权对运输合同作必要的变更，但其次数仅限一次，而且变更合同时，不准将同一批货物分开办理。铁路在下列情况下，有权拒绝变更运输合同或延缓执行这种变更。

（1）应执行变更运输合同的铁路车站，接到申请书或发站或到站的电报通知后无法执行时。

（2）这种变更超出铁路营运管理时。

（3）与参加运送的铁路所属国家现行法令和规章有所抵触时。

（4）在变更到站的情况下，货物的价值不能抵偿运到新指定的到达站的一切费用时，但能立即交付或能保证支付这项变更费用者除外。

铁路对要求变更运输合同的有权按有关规定核收各项运杂费用。

4.3.2.3 运费的支付和结算

根据《国际货协》的规定，运费的支付方式为：

（1）发送国铁路的运送费用，按照发送国的国内运价计算，在始发站由发货人支付。

（2）到达国铁路的费用，按照到达国铁路的国内运价计算，在终点站由收货人支付。

（3）如果始发站和终点站属于两个相邻国家，无须经由第三国过境运输，而这两个国家的铁路有直通运价规程时，则按运输合同订立当天最新的直通运价规程计算。

（4）如果货物需经第三国过境运输，过境铁路的运输费用，应按运输合同订立当天有效的《国际货协》统一运价规程的规定计算，可由始发站向发货人核收，也可以由终点站向收货人核收。但如果按统一货价的规定，各过境铁路的运送费用必须由发货人支付时，则这项费用不准转由收货人支付。

为了保证国际铁路运输费用的分配，《国际货协》专门规定了各国铁路之间的清算办法。其主要原则是，每一铁路在承运或交付货物时向发货人或收货人按合同规定核收运费和其他费用之后，必须向参加这次运输业务的各铁路支付其应得部分的运送费用。

4.3.2.4 铁路方的责任

（1）责任的承担。《国际货协》规定，铁路从承运货物时起，至到站交付货物时止，对于货物运到逾期及因货物部分或全部灭失、毁损而产生的损失承担连带责任，并对发货人在运单内所记载并添附的文件由于铁路的过失而遗失的后果和由于铁路的过失未能执行有关要求变更运输合同的申请书的后果负责。

（2）责任的限额。根据《国际货协》的规定，铁路对货物损失的赔偿金额，在任何情况下，不得超过货物全部灭失时的金额。铁路对货物损失的赔偿金额，仅以相当于货物价格减损的金额予以赔偿,其他损失不予赔偿。对于逾期交货的,铁路以所收运费为基础,按逾期长短,向收货人支付规定的罚金。逾期不超过总期限的1/10时,支付相当于运费6%的罚款;逾期超过总期限的4/10时,支付相当于运费30%的罚款。

(3) 责任的免除。以下情况,免除承运人的责任:

1) 铁路不能预防和不能消除的情况。
2) 因货物的特殊自然性质引起的自燃、损坏、生锈、内部腐坏及类似结果。
3) 由于发货人或收货人的过失或要求而不能归咎于铁路者。
4) 因发货人或收货人装、卸车原因造成。
5) 由发送铁路规章许可,使用敞车类货箱运送货物。
6) 由于发货人或收货人的货物押运人未采取保证货物完整的必要措施。
7) 由于承运时无法发现的容器或包装缺点。
8) 发货人用不正确、不确切或不完全的名称托运违禁品。
9) 发货人在托运时需按特定条件承运货物时,未按本协定规定办理。
10) 货物在规定标准内的途耗。

4.3.2.5 关于赔偿请求和诉讼时效

(1) 提出的主体和方式。《国际货协》第二十八条规定:"发货人和收货人有权根据运输契约提出赔偿请求。在提出赔偿请求时,应附有相应根据并注明款额,以书面方式由发货人向发货站提出,或由收货人向收货站提出。铁路自有关当事人向其提出赔偿请求之日起,必须在180天内审查赔偿请求,并予以答复。索赔人也可以直接向受理赔偿请求的铁路所属国家的有管辖权的法院提出诉讼。"

(2) 提出的期限。当事人依据运输契约向铁路提出的赔偿请求和诉讼,以及铁路对发货人或收货人关于支付运送费用、罚款和赔偿损失的要求和诉讼,均应在9个月内提出;有关货物运到逾期的赔偿请求和诉讼,应在2个月内提出。

具体诉讼时效的起算点如下:

1) 关于货物毁损或部分灭失以及运到逾期的,自货物交付之日起算。
2) 关于货物全部灭失的赔偿,自货物运到期限届满后30日起算。
3) 关于补充运费、杂费、罚款的要求,或关于退还此项款额的赔偿请求,或纠正错算运费的要求,应自付款之日起算;如未付款时,应自交货之日起算。
4) 关于支付变卖货物余款的要求,自变卖货物之日起算。
5) 在其他所有情况下,自确定赔偿请求成立之日起算。时效期间已过的赔偿请求和要求,不得以诉讼形式提出。

任务四 水路货物运输法律

导入案例

【案情】

1992年2月11日,华中航运(集团)公司海运分公司(下称华中公司)所属"黄鹤8

号"轮在汕头港装载厦门越兴贸易公司（下称越兴公司）购买的白板纸 350 件。其中"红象"牌白板纸 219 件，每件净重 0.611 吨，每吨单价 4 350 元，"永丰余"牌白板纸 131 件，每件净重 0.493 5 吨，每吨单价 4 410 元。同船还装有沙市印刷包装物资供销公司（下称沙市公司）购买的"永丰余"牌白板纸 150 件，每件净重 0.493 5 吨，每吨单价 4 300 元。"黄鹤 8 号"轮于当月 25 日抵武汉港，并向收货人发出到货通知。26 日，沙市公司委托沙市第二货运公司到码头提货，华中公司将承运数如数发给其运走，但其中 146 件错发为"红象"牌。沙市公司收货后即全发往各购货单位。后沙市公司发现货物错交，即派员与华中公司协商处理。华中公司提出先由沙市公司将错发的货物返回，所需运费以后协商，沙市公司要求华中公司先付运费再将货物返回。双方未能达成一致意见。由于错发的货物未能返回，越兴公司提货不成，经与华中公司协商同意，即将沙市公司 146 件"永丰余"牌白板纸提走，力争按每吨价格在 4 650 元以上先行处理，余下问题三方面再协商。至此，越兴公司共提走"红象"牌白板纸 73 件，"永丰余"牌白板纸 277 件（其中沙市公司的 146 件）。嗣后，三方当事人多次协商未成。于是，越兴公司、沙市公司各自处理货物，各获得一定利润。

扫一扫，百度一下

越兴公司于 1992 年 5 月 18 日向武汉海事法院起诉称，华中公司将其 146 件"红象"牌白板纸错发给了沙市公司，而将沙市公司的 146 件"永丰余"牌白板纸给了我们。由于华中公司的错误，造成我公司货差损失、价差损失、货款银行利息损失及差旅费共计 124 216.73 元，应由华中公司赔偿。

华中公司辩称：我公司已按运单上的规定件数交货，两家收货人都在运单上签收。沙市公司得知所提货物不属于自己后，不但不把货物退给越兴公司，反将其占为己有，并以高出货物到岸价卖出，属不当得利，沙市公司应将多收货物退还给越兴公司。

沙市公司在被追加为第三人后辩称：货物错发是华中公司工作不认真造成的，应由其承担全部责任，与我公司无关。

【审判】

审理过程中，越兴公司和华中公司在案外进行了和解，由华中公司将自己的 17 件白板纸（每吨净重 0.493 5 吨，单价 4 750 元，共计 39 853.36 元）交给原告作抵押。因双方未能达成和解协议，越兴公司变卖了该 17 件白板纸。

武汉海事法院经审理认为：越兴公司与华中公司签订的水路货物运输合同有效。华中公司将越兴公司的货物错交给沙市公司后，未积极采取措施追回，继而又将沙市公司应收货物交越兴公司处理，违反了运输合同的规定，应承担违约责任，并赔偿由此造成的经济损失。沙市公司多提走的部分货物属不当得利，应按该批货物销售的平均价返还给越兴公司。越兴公司应退还华中公司交其作抵押的 17 件白板纸。越兴公司的其他诉讼请求本院不予支持。依照《中华人民共和国经济合同法》第六条，《中华人民共和国民法通则》第九十二条，《水路货物运输规则》第五十三条的规定，武汉海事法院于 1993 年 4 月 26 日判决如下：一、华中公司赔偿越兴公司损失 5 344 元，支付违约金 2 408.56 元，两项共计 7 752.56 元；二、沙市公司返还给越兴公司多提的货物价款 77 754.79 元；三、越兴公司返还给华中公司 17 件白板纸，折款 39 853.36 元，资金利息 2 869.44 元（从 1992 年 6 月 6 日至 1993 年 4 月 26 日，月利率千分之七点二），两项共计 42 722.80 元。以上三项自判决书生效之日起，十日内一次付清。

判决宣判后,当事人均未上诉。

【分析】

本案处理主要涉及两个问题:

一、对承运人华中公司的违约责任的认定。《水路货物运输规则》第五十三条规定:"承运人责任造成货物错运、错交,应负责将货物追回,运至原定的交货地点交给指定的收货人,因而发生的调运费用由承运人负责。"本案承运人华中公司在知道货物错交后,因不愿承担错交货物的返回运费,没有履行无偿追回货物的职责,造成不能如约向越兴公司交货,是一种严重的违约行为。根据《中华人民共和国经济合同法》第三十五条的规定,华中公司违约,即应承担违约责任并赔偿损失。故武汉海事法院认定华中公司应承担违约责任并赔偿损失,是正确的。

二、对沙市公司多提取部分货物属不当得利的认定。在本案中,沙市公司提取的货物件数和其托运的件数并无错误,但其应提的是"永丰余"牌白板纸,其每件重量为 0.493 5 吨,每吨单价 4 300 元;而华中公司错交给沙市公司的 146 件"红象"牌白板纸,每件重量 0.611 吨,每吨单价 4 350 元。这样,从重量上计算,沙市公司错提 146 件"红象"牌白板纸,比应提 146 件"永丰余"牌白板纸多出 17.155 吨纸,按每吨 4 350 元计算,价值 74 624.25 元。同时两种纸每吨价差为 50 元,沙市公司还多得两种纸的均吨价差款。这两部分都属沙市公司多得的利益。对此,它是属于不当得利还是侵权得利,处理中有两种意见。一种意见认为,沙市公司提货时,没有按《水路货物运输规则》第三十二条的规定履行验货义务,是一种不作为,主观上存在过错;提错货后又不主动退货,构成对越兴公司的侵权。另一种意见认为,不当得利和侵权的区别主要在于行为人的行为是否违法。不当得利的利益取得往往是受害方或第三方的过错造成的,而不是不当得利人的违法行为所致,即不当得利人取得该利益只是被动、消极的不作为。而侵权则是行为人对受害人实施了违法行为,是主动的、积极的作为。本案沙市公司提货时未认真验货,主观上确有疏忽大意,但首先是华中公司错交货物,沙市公司提货时对错提货物并不知情,且其发现错提后,已主动向华中公司要求解决,只是华中公司不愿承担法律规定应由其承担的费用而未得到解决。因此,沙市公司没有恶意占有这批货物的主观故意,应是一种善意占有,其多得利益应属不当得利。武汉海事法院采纳了后一种意见,认定沙市公司的行为属不当得利,应返还给原财产所有人,这样处理是符合法律规定的。

4.4.1 国内水路运输法律概述

在国内水运方面,2001 年 1 月 1 日生效的《国内水路货物运输规则》(简称《水运货规》)是规范我国沿海、江河、湖泊以及其他通航水域中从事营业性水路货物运输合同的基本规则。《水运货规》中没有规定的,可以适用《民法通则》和《合同法》中的相关原则或有关运输合同的一般性规定。另外,《水路危险货物运输规则》是专门调整水上危险品运输方面的规范。

4.4.2 国内水路货物运输合同

我国国内水路货物运输中有关当事人的权利、义务关系,不属于《海商法》的调整范围,而《合同法》中运输合同分则又不能很好地体现水上货物运输的特点,为此交通部专门颁布了《水运货规》以调整国内水路运输中有关班轮运输和航次运输中当事人之间的主要法律问题。本节以介绍班轮运输合同为主。

所谓班轮运输是指在特定的航线上按照预订的船期和挂靠港从事有规律的水上货物运输的运输形式。

4.4.2.1 水路货物运输合同的订立

（1）合同主体。水路货物运输合同的主体是承运人和托运人。承运人不一定具备运输工具，当承运人以租赁形式完成运输任务时，就会出现签约承运人和实际承运人的分离。

按照《水运货规》规定，签约承运人是指与托运人订立运输合同的人，而实际承运人是指接受承运人委托或者接受转委托从事水路货物运输的人。实际承运人不是合同当事人，但它对运输货物亦承担一定责任，这种责任并非基于合同产生，而是由法律直接规定的。

（2）合同形式。订立水路运输合同可以采用书面形式、口头形式和其他形式。水路运输当事人除了有运输合同之外，还有运单。对于二者的关系，按照《水运货规》第五十八条规定"运单是运输合同的证明，是承运人已经接收货物的收据"。此规定中并没有区分运输的具体形式，这就使得交通部1987年颁布并实施的《水路货物运输合同实施细则》（简称《细则》）第四条中有关"零星货物运输和计划外的整批货物运输，以货物运单作为运输合同"的规定得不到落实。根据《水运货规》第九十六条规定"凡本规则施行前交通部发布的其他与本规则不一致的相关规定同时废止"的精神，认为《细则》第四条已经失效。所以，在水路运输合同中，运单已不再是运输合同的形式，而是水路货物运输合同的证明。而且在效力上运单既不是承运人据以交付货物的凭证，也不是收货人提货的凭证，收货人接受货物时只需证明其身份，无须持有运单。运单只是承运人接收货物后签发的一种凭证，如果是由载货船船长签发的，视为代表承运人签发。

（3）合同条款。班轮运输合同一般包括承运人、托运人和收货人的名称，货物名称、件数、重量、体积，运输费用及其结算方式，船名、航次，起运港（站、点）、中转港（站、点）和到达港（站、点），货物交接的地点和时间，装船日期，运到期限，包装方式，识别标志，违约责任，解决争议的方法。

4.4.2.2 国内水路货物运输合同当事人的权利义务和责任

（1）合同双方当事人的主要义务与责任。

1）托运人的权利义务与责任。

① 托运人办理相关货物的运输手续、提供按合同约定的货物、对托运物进行妥善包装和制作运输标识，以及对特殊物品和贵重物品派专人照料和押运的义务。

② 托运危险物的告知义务及其相关责任。在托运危险货物时，托运人应当按照有关危险货物运输的规定进行包装，制作危险品的标志和标签，并将其正式名称和危险性质以及必要时应当采取的预防措施书面通知承运人。未通知承运人或者通知有误的，承运人可以在任何时间、任何地点根据情况需要将危险货物卸下、销毁或使之不能为害，而不承担赔偿责任。承运人知道危险货物的性质并同意装运的，仍可以做出上述行为而不承担赔偿责任，但是不影响共同海损的分摊。

③ 托运人负责笨重、长大货物和舱面货物所需要的特殊加固、捆扎、烧焊、衬垫、苫盖物料和人工，在卸船时拆除和收回相关物料；需要改变船上装置的，在货物卸船后应当恢复船的原状。

④ 托运木（竹）排应当按照与承运人商定的单排数量、规格和技术要求进行编扎。在船舶或者其他水上浮物上加载货物，应当经承运人同意，并支付运输费用。在航行中，木（竹）排、船舶或者其他水上浮物上的人员应当听从承运人的指挥，配合承运人保证航行安全。

⑤ 除另外约定外，托运人应当预付运费。因货物性质发生的下列洗舱费用，由托运人承担：

a. 托运人提出变更合同约定的液体货物品种；装运特殊液体货物（如航空汽油、煤油、变压器油、植物油等）需要的特殊洗舱；装运特殊污秽油类（如煤焦油等），卸后须洗刷船舱的。

b. 在承运人已履行了《水运货规》规定的适货义务的前提下，因货物的性质或者携带虫害等情况，需要对船舱或者货物进行检疫、洗刷、熏蒸、消毒的，应当由托运人或者收货人负责，并承担船舶滞期费等有关费用。

2）承运人的权利义务与责任。

① 保证船舶适航。所谓适航是指船舶可以抵御航行的风险并适合水路货物运输的能力或状态，一般包括三个方面：船舶适航、装备船舶和船舶适货。适航适货的含义是相对的，需要根据各航次的情况具体分析。

② 接收和照管货物。承运人应当妥善装载、搬移、积载、运输、保管、照料和卸载所运货物。

③ 不得绕航。承运人应按三种可能的航线完成货物运输，其选择顺序依次是：按照双方约定的航线，未作约定时按照习惯航线，不具备约定及习惯航线时按照地理上的航线，将货物运往到达港。

如果船舶驶离上述三种可能航线即构成绕航。同时，《水运货规》也规定了一些可以绕航的例外，即为救助人命或财产而发生绕航或者为了避开水上风险而驶离正常航线。

④ 按时交付货物。承运人应当在约定期间或者没有约定时在合理期间将货物安全运送到约定地点。承运人在货物抵达后的 24 小时内向收货人发出到货通知。通知形式不局限于信函，也可以是电传、电报或资料电文等形式。承运人发出到货通知后，应当每 10 日催提一次。满 30 日收货人不提取或者找不到收货人，承运人应当通知托运人，托运人在接到通知后 30 日不处理或者找不到托运人的，承运人可将货物提存。

如果承运人没有履行上述义务导致收货人没有在约定时间或者合理期间收到货物的，视为承运人迟延交付货物，承运人为此应当承担违约责任。承运人未能在约定期限届满 60 日内交付货物的，收货人或者托运人可以认为货物已经灭失。

但因不可抗力致使船舶不能在合同约定时间在到达港卸货的，除另有约定外，承运人可以将货物在到达港邻近的安全港口或者地点卸载，视为履行合同。但承运人这样做应当考虑托运人或收货人的利益，并及时通知托运人或收货人。

⑤ 委托港口作业权。在运输合同由收货人委托港口作业的情况下，货物抵达港口后，如果收货人没有及时委托作业，为了降低承运人因船舶滞留港口而发生的费用，允许承运人委托港口进行作业，由此产生的费用和风险由收货人承担。

⑥ 留置权。除非合同另有约定，否则承运人在没有结清运费、保管费、滞期费、共同海损的分摊和承运人为货物垫付的必要费用以及其他运输费用，又没有得到有关人员的适当担保时，可以留置相应的货物作为其利益实现的保障。

4.4.2.3 货物的接收与交付

（1）货物的交接。如无特别规定，散装货物按重量交接；其他货物按件数交接。特种货物，按相关规定的特殊方式进行交接。交接时的计量方法由承运人和托运人约定；没有约定的，按船舶水尺数计量；不能按船舶水尺数计量的，运单中载明的货物重量对承运人不构成其交接货物重量的证据。

（2）货物的提取和验收。收货人接到到货通知后，应当及时提货，并对货物进行验收。如货物正常，收货人在运单上签字视为承运人交付货物。如果货物有损坏、灭失或者《水运货规》第七十条规定的其他异常情形时，交接双方应在当时编制货运记录或者普通记录，以用为对运输期间发生的有关货物运输的一种客观记载，作为司法证据使用。

4.4.2.4 责任范围、索赔及其时效

（1）货损责任。承运人承担货物迟延、损坏或者灭失等赔偿责任的范围限于货物的实际损失以及运输中发生的其他运输费用，对于不能预见的损失不予赔偿。另外承运人在下列情况下造成货物损坏、灭失或者迟延交付的，可以免责：不可抗力；货物的自然属性和潜在缺陷；货物的自然减量和合理损耗；包装不符合要求；包装完好但货物与运单记载内容不符；识别标志、储运标志不符合《水运货规》第十八、第十九条的规定；托运人申报货物重量不准确；托运人押运过程中的过错；普通货物中夹带危险、流质、易腐货物；托运人、收货人的其他过错。对于免责事由，承运人应负举证责任。

（2）运费责任。不可抗力造成的运费损失，《水运货规》作出了特别规定：如果承运人未收取运费的，承运人不得要求支付运费；已收取运费的，托运人可以要求返还；货物在运输过程中因不可抗力部分灭失的，承运人按照实际交付的货物比例收取运费。

（3）索赔。对于货损责任，可以由托运人基于货物运输合同提出，也可以由收货人基于侵权而提出。当运输中有实际承运人时，如合同中没有排除规定，有权提出赔偿的人既可以向签约承运人提出也可以向实际承运人提出或者向二者同时提出。承担责任的赔偿人可以就其多承担的部分向其他责任人追偿。

（4）时效。有关水路运输纠纷的索赔时效，按照国务院《细则》第三十一条的规定，为货运记录交给托运人或收货人的次日起算不超过180日。赔偿要求应以书面形式提出，对方应在收到书面赔偿要求的次日起60日内处理。

任务五　航空货物运输法律

导入案例

【案情】

2010年7月9日至7月30日期间，A公司委托B公司空运四票货物，第一票货物起运港厦门，于卢森堡中转到目的港汉堡，第二票货物起运港厦门，于卢森堡中转到目的港苏黎世，第三、第四票货物均是起运港厦门，于卢森堡中转到目的港汉堡。B公司接受委托后以自己的名义与C公司签订《货物托运书》，委托C公司出运，C公司则向A公司开具了对应的4份

扫一扫，百度一下

以 A 公司为托运人、D 公司为实际承运人的航空货运提单。C 公司接受 B 公司委托后，发运了货物。之后 B 公司没有向 C 公司支付运费，C 公司于 2010 年 9 月 25 日起诉 B 公司，要求 B 公司支付讼争的 4 份空运提单项下的运费。法院受理后，C 公司还提交了 4 份与 B 公司签订的《货物托运委托书》，该委托书从内容和形式上表明托运人为 B 公司。C 公司于 2010 年 11 月 26 日申请撤回对 B 公司的起诉。2011 年 1 月 7 日，C 公司转而起诉 A 公司，要其支付运费，理由是 B 公司作为 A 公司的受托人虽然以自己的名义向 C 公司出具《货物托运委托书》，但航空货运单托运人一栏是 A 公司，因此，本案航空货物运输合同关系的当事人是 C 公司与 A 公司。而 A 公司则辩称：讼争航空运输合同当事人为 C 公司与 B 公司，与 A 公司无关；A 公司与 B 公司的运输合同已经履行完毕，A 公司已支付全部运费。

【审判】

法院认为，根据《中华人民共和国民用航空法》第一百一十四条规定，托运人应当填写航空货运单正本一式三份，连同货物交给承运人。航空货运单第一份注明"交承运人"，由托运人签字、盖章；第二份注明"交收货人"，由托运人和承运人签字、盖章；第三份由承运人在接受货物后签字、盖章，交给托运人。承运人根据托运人的请求填写航空货运单的，在没有相反证据的情况下，应当视为代托运人填写。C 公司提交的 4 份《空运提单》均无 A 公司的签章，并且 C 公司提交的《货物托运委托书》亦表明托运人为 B 公司，因此原告主张被告是讼争运输合同的托运人，依据不足，不予采信。

【评析】

（一）关于航空货运单的性质

根据《中华人民共和国民用航空法》第一百一十八条规定，航空货运单是航空货物运输合同订立和运输条件以及承运人接受货物的初步证据。第一百一十四条规定，托运人应当填写航空货运单正本一式三份，连同货物交给承运人。航空货运单第一份注明"交承运人"，由托运人签字、盖章；第二份注明"交收货人"，由托运人和承运人签字、盖章；第三份由承运人在接受货物后签字、盖章，交给托运人。承运人根据托运人的请求填写航空货运单的，在没有相反证据的情况下，应当视为代托运人填写。然而在实践操作中，货运代理业务节奏快、时效性强、地域跨度大，要求每一项业务都有经签章确认的正本合同不具有可操作性，大量业务是通过电话、传真、邮件等方式完成的，另外，实践中航空货运合同往往出现层层转委托的情形，要求最初托运人在提单上签字或者盖章缺乏可操作性，也是非效率的。

笔者认为，依据《中华人民共和国民用航空法》及《中国民用航空货物国际运输规则》的规定，航空货运单是航空货物运输合同订立和运输条件以及承运人接受货物的初步证据。故应当认定本案所涉的合同为 C 公司签发的空运单，并应依据空运单确定合同当事人。依据《中国民用航空国际货物运输规则》，托运人是指与承运人订立货物运输合同，其名称出现在航空货运单托运人栏内的人。本案中，A 公司主张其并未与 C 公司订立货运合同，然而其名称却出现在航空货运单中，如果仅仅依据提单上没有 A 公司的签章而否认 A 公司是货运合同当事人是不恰当的，应当辅以其他证据，而该举证责任不在 C 公司，C 公司只需要出具提单为初步证据，除非 A 公司有相反证据，否则该合同成立。本案中，法院认为 C 公司提交的 4 份空运提单均无 A 公司的签章，并且 C 公司提交的 B 公司《货物托运委托书》亦表明托运人为 B 公司，因此 C 公司主张 A 公司是讼争运输合同的托运人，依据不足。

(二) 关于本案法律关系的性质

本案中，双方争议的另一个焦点是本案合同关系的性质，即本案是属于货运代理合同纠纷还是货物运输合同纠纷？A公司主张其与B公司是货物运输合同纠纷，并且已经支付了运费。C公司则认为A公司与B公司是货运代理合同关系，B公司与C公司是转委托合同关系，即A公司委托B公司办理货运事宜，B公司则将委托权限转给了C公司，C公司向A公司开具提单后，该法律关系就直接约束了A公司与C公司。本案中C公司开具的提单上显示A是托运人，表明C公司对于B公司是A公司的代理人的情况是明知的，A公司也接受了提单并进行了报关等操作。C公司认为，因本案所涉空运单中托运人为A公司，据此，应当认定本案运输合同关系发生在C公司与A公司之间，所以A公司应向C公司支付运费。从运输合同的履行情况来看，C公司开具提单的行为表明了其认定A公司是托运人，应由A公司向C公司支付运费。然而本案中，B公司与C公司签订货物托运委托书，B公司在托运人签字栏盖章表明B公司是托运人。这就使得本案的法律关系变得扑朔迷离。

笔者认为，对法律关系的认定是法院在查明事实的基础上，根据当事人的权利义务特征作出判断，应当重点审查当事人的权利义务，避免单纯根据合同名称、合同中当事人自认的类似于法律地位的称谓等作出判断。《中华人民共和国国际货物运输代理业管理规定实施细则（试行）》第二条第二款规定："国际货运代理企业作为代理人从事国际货运代理业务，是指国际货运代理企业接受进出口货物收货人、发货人或其代理人的委托，以委托人名义或者以自己的名义办理有关业务，收取代理费或佣金的行为。"货运代理合同的成立要件，应当是就一方将货物运输及相关事务委托另一方处理达成一致的意思表示。因为货运代理合同的主要内容是一方为另一方代办运输及相关事务，而受托人对外支付必要费用、获取报酬仍需随时征得委托人的同意，因此就运费等具体费用金额未达成统一并不影响合同的成立。本案中，A公司以B公司收取的是运费而非代理费主张其是承运人而非代理人，这种观点过于武断，收费方式不能直接影响法律地位的认定。首先，货运代理业务的收费项目、收费标准，都属于当事人可以自由进行约定的事项，双方达成一致即具有约束力，并没有法律禁止货运代理人收取运费。其次，参照《合同法》第三百九十八条的规定："委托人应当预付处理委托事务的费用"，据此，在委托人需要对外支付运费时，是应当将这笔费用预付给受托人的，收取运费并不能改变受托人的法律地位。

如何认定本案是否存在转委托关系？关于转委托的要件，法律规定见于《民法通则》第六十八条和《合同法》第四百条，即：对委托人具有约束力的转委托，其意思表示要件为被代理人或委托人"同意"。虽然转委托在货运代理行业中普遍存在，但一些缺乏商业信誉和履约能力的货代公司或个人不顾委托人的利益肆意"倒卖"货代业务，并非健康的市场现象。如果对"经委托人同意"的标准从宽掌握，就为这种不正当的操作提供了生存的合法依据，甚至会助推其发展蔓延，对行业发展极为不利。"同意"的内涵应当从严掌握，限定为"明示同意"。本案中，否定B、C公司之间转委托关系的关键在于A公司出于真实的意思表示委托B公司运输货物并支付了运费，其已经履行完毕与B公司之间的货物运输合同的权利和义务，其并没有授权B公司进行转委托，并且B公司转委托后并没有得到A公司的追认。

本案例节选自《由一起航空货物运输合同纠纷引发的法律思考》，作者李福清、刘路英，发表于《法制与社会》2012年29期。

4.5.1 航空货物运输法律法规概述

随着航空业的蓬勃发展，航空货物运输的比例也在逐渐上升，相关的法律法规陆续出台。在国内，调整航空运输的法规主要有《民用航空法》《中国民用航空货物国内运输规则》（简称《国内航空运输规则》）和《中国民用航空货物国际运输规则》（简称《国际航空运输规则》）。《国内航空运输规则》适用于出发地、约定的经停地和目的地均在我国境内的民用航空货物运输；《国际航空运输规则》适用于依照我国法律设立的公共航空运输企业使用民用航空器运送货物而收取报酬的或者办理免费的国际航空运输。

在国际上，航空运输方面先后订立了1929年《华沙公约》、1955年《海牙议定书》、1961年《瓜达拉哈拉公约》、1971年《危地马拉协定书》以及1975年4个《蒙特利尔附加议定书》等8个国际性的法律文件，它们以《华沙公约》为基础组成了"华沙体系"，在相当长的一段时期内，构成了航空国际私法的主体。但是"华沙体系"各规则之间多有冲突且各自缔约国也不相同，加之整个体系侧重于保护承运人即航空公司的利益而忽视了消费者的利益，故对其修改势在必行。1999年5月10日至28日国际民航组织在加拿大蒙特利尔召开"航空法国际会议"，以整合、完善原有的法律规则，实现"华沙体系"的现代化与一体化，确保消费者的利益，促进国际航空运输的有序、健康发展以及旅客、行李和货物通畅流通为目标制定并通过了《1999年蒙特利尔公约》（全称《统一国际航空运输某些规则的公约》）。该公约于2003年11月4日正式生效，从而取代了已适用70多年的《华沙公约》及修正期的系列公约、议定书，使国际航空运输规范走向统一完整。我国于2005年6月1日申请加入该公约，得到国际民航组织的批准，从而成为它的第94个缔约国，2005年7月31日，《1999年蒙特利尔公约》对中国正式生效。

4.5.2 航空货物运输合同

4.5.2.1 航空货物运输合同的形式

航空货物运输可以签订合同，规则没有对其具体形式作出规定，本书认为，原则上应为书面合同。航空货运单不是运输合同本身，根据《1999年蒙特利尔公约》的规定，航空货运单或者货物收据只是订立合同、接受货物和所列运输条件的初步证据。

4.5.2.2 合同的条款

货运单上的基本内容在某种意义上与运输合同的主要条款是一致的。它们一般都包括：①填单地点和日期；②出发地点和目的地；③第一承运人的名称、地址；④托运人的名称、地址；⑤收货人的名称、地址；⑥货物的品名、性质；⑦货物基本情况及其包装方式；⑧计费项目及付款方式；⑨托运人的其他声明。

4.5.3 航空货物运输合同中双方的义务与责任

4.5.3.1 托运人的义务与责任

（1）如实正确填写货运单内容，因填写不符合规定、不正确或不完全给承运人造成损失的，应当承担赔偿责任。

（2）支付运费。支付方式可预付，也可以到付。

（3）托运人有向承运人提供有关货物性质说明以及海关、警察以及其他管理机构所需手续的义务，并承担因文件不足或者不符合规定给承运人带来的损失。

托运人要求变更、中止运输合同的权利同一切运输合同，在此不再重复阐述。

4.5.3.2 承运人的责任

（1）承运人的责任基础。

在货物运输方面，《1999年蒙特利尔公约》规定，对于因货物毁灭、遗失或者损坏而产生的损失，只要造成损失的事件是在航空运输期间发生的，承运人就应当承担责任。与"华沙体系"中对承运人责任基于推定过错原则的规定相比，新的公约显得更为严格。

（2）承运人的责任期间。

新的公约规定，承运人在航空运输期间对货物造成的损失，包括由于延误造成的损失应当承担责任。

所谓航空运输期间是指承运人掌控货物期间，不包括机场外履行的任何陆路、海上或者内水运输过程，除非承运人未经托运人同意，以其他运输方式代替当事人各方在合同中约定采用航空运输方式的全部或者部分运输的，此项以其他方式履行的运输视为在航空运输期间。而《华沙公约》中却有不同规定，公约认为在机场外为了装载、交货或转运空运货物的目的而进行地面运输时，如果发生任何损害，除有相关证据外，也应视为在航空运输期间发生的损害，承运人应负责任。

（3）承运人的责任限制。

新公约对承运人责任的限制分为几种情况：

1）在行李运输中造成毁灭、遗失、损坏或者延误的，承运人的责任以每名旅客1 000特别提款权为限，双方另有声明并在托运时支付了附加费的，可以高于此责任限额。

2）在货物运输中造成毁灭、遗失、损坏或者延误的，承运人的责任以每千克17特别提款权为限，一方对货物价值有声明并支付附加费的，承运人在声明金额范围内承担责任。

3）货物的一部分或者货物中任何物件毁灭、遗失、损坏或者延误的，用以确定承运人赔偿责任限额的重量，仅为该包件或者该数包件的总重量。但是，因货物一部分或者货物中某一物件的毁灭、遗失、损坏或者延误，影响同一份航空货运单或货物收据所列的其他包件的价值的，确定承运人责任限额时，这些受影响包件或者数包件的总重量也应当考虑在内。

《华沙公约》中对承运人造成货物毁坏、灭失及迟延损失的限额规定为每千克250法郎为限，双方另有约定的从其约定。《海牙议定书》将新公约规定的第三种情形补充进去。可见，在承运人责任限额方面，新公约在计算单位和限额总量方面都做了相应调整。

另外，两公约都有关于承运人不得适用限额责任的例外规定，即损失是由于承运人、其受雇人或者代理人的故意或者明知可能造成损失而轻率地作为或者不作为造成的，不适用责任限额条款。

（4）承运人的免责规定。

新公约规定承运人对货物毁损、灭失和迟延交付货物的赔偿责任在下列情况下可以免除：

1) 货物的固有缺陷、质量或者瑕疵。
2) 承运人或者其受雇人、代理人以外的人对货物包装不良的。
3) 战争行为或者武装冲突。
4) 公共当局实施的与货物入境、出境或者过境有关的行为。
5) 货物在航空运输中因延误引起的损失，承运人如果能证明本人及其受雇人和代理人为了避免损失的发生，已经采取一切合理要求的措施或者不可能采取此种措施的。
6) 经承运人证明，损失是由索赔人或者索赔人从其取得权利的人的过失或者其他不当作为、不作为造成或者促成的，应当根据造成或者促成此种损失的过失或者其他不当作为、不作为的程度，相应全部或者部分免除承运人对索赔人的责任。

《华沙公约》对承运人的免责只有新公约中第五条、第六条规定的情形，另外，《华沙公约》中还规定了因驾驶、航空器的操作或者领航的过失所引起的货物损失，如果承运人能够证明他和他的代理人已经采取了一切必要措施，则可以免责。但该条免责事由在《海牙议定书中》已被删除。

4.5.4 索赔

向承运人提出索赔时，需注意以下几个问题：

(1) 及时提出异议。

货物发生损失的，有权提取货物的人至迟自收到货物之日起 14 日内提出。发生延误的，必须至迟自行李或者货物交付收件人处置之日起 21 日内提出异议。新公约的这一规定沿用了《海牙议定书》的索赔期限，而与《华沙公约》中要求"索赔通知在 7 日之内向承运人提出，货物延期异议在交付货物之日起的 14 日内提出"的规定有所不同。

另外，两公约都规定，异议是向承运人提起诉讼的必经程序。异议必须以书面形式发出，除承运人一方有欺诈外，索赔人没有在规定的期间内提出异议的，不得向承运人提起诉讼。

(2) 在诉讼时效内起诉。

关于诉讼时效，两公约均规定为，自航空器到达目的地点之日、应当到达目的地点之日或者运输终止之日起 2 年期间内未提起诉讼的，相关权利人丧失对损害赔偿的权利。

(3) 对连续承运人的索赔。

如果几个承运人履行的是同一项运输业务，不论其签订的是一个合同还是几个合同，这些承运人形成连续承运人关系。由连续承运人造成的损失，除明文约定第一承运人承担责任外，有权索赔的人只能对发生事故或者延误时履行该运输的承运人提起诉讼。如有权对第一承运人提起诉讼时，各连续承运人承担连带责任。新公约在这个问题上的规定与《华沙公约》也相同。

(4) 管辖法院。

对于航空货物运输，有管辖权的法院包括：承运人所在地法院；承运人管理处的所在地法院；签订合同的机构所在地法院；目的地法院。关于货物损害赔偿的管辖法院，《1999 年蒙特利尔公约》与《华沙公约》并无不同，前者所谓增加的第五管辖法院，主要是针对旅客死亡或伤害提起的诉讼，在此不作介绍。

任务六　国际海上货物运输

导入案例

【案情】

2004年3月9日，中国某服装进出口公司将生产好的50 000件运动衫分别装在1 000个纸箱中，交付墨西哥某外贸公司指定的承运人——香港某远洋运输公司的"惠兴"轮进行运输。"惠兴"轮的船长在对这批货物进行了初步的检查以后，向中国某服装进出口公司签发了清洁提单，也就是说承运人并没有对这批货物从表面上看是否异常进行批注。中国某服装进出口公司收到清洁提单后到银行议付了货款。

扫一扫，百度一下

但是当这批运动衫运抵墨西哥后，墨西哥某外贸公司立即对这批货物进行了检查。结果发现这批货物并没有达到合同约定的数量50 000件。在这1 000个纸箱中有大约100个纸箱出现了运动衫数量短缺的情况，短缺的数量从几件到几十件不等。墨西哥某外贸公司随后又立即请一家商品检验机构对这批货物进行了检验。这家商品检验机构也随即出具了有关这批货物数量短缺的证明。

鉴于此时中国某服装进出口公司已经从银行议付了货款，墨西哥某外贸公司根据双方在买卖合同中签订的仲裁条款，向中国某国际经济贸易仲裁机构提交了仲裁申请。中国某服装进出口公司在收到仲裁通知以后，立即进行了答辩。中国某服装进出口公司认为：首先，这批货物的承运人向该公司签发了清洁提单，说明这批货物在交付承运人的时候是完好的，不存在破损或数量短缺的情况，因此不能证明这批运动衫数量短缺的责任在中国某服装进出口公司一方；其次，买卖双方在签订合同时约定的贸易术语是FOB，根据该术语，货物由卖方交付承运人后，当货物跨过承运人的船舷时，货物灭失的风险就转移给了买方，作为卖方的中国某服装进出口公司就不应为此承担任何责任，而作为买方的墨西哥某外贸公司应当追究承运人——香港某远洋运输公司或有关保险公司的责任；最后，墨西哥某外贸公司是在货物到达墨西哥的港口后才对这批货物进行了检验，中国某服装进出口公司认为在本公司并未知晓的情况下墨西哥某外贸公司就单方面对这批货物进行了检验，这对中国某服装进出口公司来说是不公平的，检测的结果也是不能被接受的。

在中国某服装进出口公司提出抗辩理由后，墨西哥某外贸公司认为对方的抗辩有一定的理由，就转而向这批货物的承运人——香港某远洋运输公司发去了一封电报，要求该公司承担这批运动衫在运输途中灭失给该公司造成的损失。香港某远洋运输公司在收到电报后立即进行了答复。该公司一方面声称自己在运输货物的过程中不存在任何过失，另一方面向墨西哥某外贸公司出示了一张"保函"。原来在中国某服装进出口公司准备交付货物的时候，交货的最终期限已经临近，中国某服装进出口公司为了及时交货，特别是为了让承运人立即签发提单以便本公司马上到银行议付货款，因此中国某服装进出口公司就在承运人并未对全部货物进行检查的情况下，要求香港某远洋运输公司出具清洁提单，并且保证如果因货物残损短缺而导致一切损失，都由中国某服装进出口公司而非香港某远洋运输公司承担。墨西哥某外贸公司为此再次向中国某服装进出口公司提出要求该公司承担货物灭失的全部责任。

【分析】

本案的焦点何在？

本案是一起因为数量短缺引起的国际货物买卖合同纠纷。但是很明显，数量短缺是在货物运输过程中发生的，对本案的举证工作也是围绕有关的当事人是否在运输过程中适当地履行了其义务而展开的。

首先要明确的是，买卖双方约定在合同中采用的贸易术语是 FOB。正如卖方中国某服装进出口公司在其答辩中所阐述的，当货物在指定的装运港越过船舷，卖方即完成了交货。这也就意味着买方应当从货物越过船舷的那一刻起就承担货物灭失或损坏的一切风险。也就是说，只要在这批货物没有越过船舷前没有发生损坏或灭失的现象，卖方就不承担任何责任。在这里还要强调一点的是，FOB 术语与 CIF 术语最大的不同就是 FOB 术语并不要求卖方订立与货物运输有关的运输合同或保险合同，但是 CIF 术语却要求卖方履行此类义务。但是无论是在 FOB 还是 CIF 情况下，货物风险转移的标志都是货物是否越过了船舷。因此，只要货物一越过船舷，就应当由买方承担货物灭失或损坏的风险，至于买方如何承担风险，是否再要求承运人或保险人承担责任，就完全是买方自己的事了，与卖方没有任何关系。

既然是这样的话，判断责任如何承担的依据就是这批运动衫的数量短缺究竟是在何时发生的。如果是在货物越过船舷之前发生了损害或灭失，毫无疑问应当由作为卖方的中国某服装进出口公司承担；如果是在货物越过船舷之后发生了损害或灭失，就应当由作为买方的墨西哥某外贸公司承担责任，或者由墨西哥某外贸公司要求承运人或保险人承担责任。在这种情况下，判断这批运动衫数量短缺在何时发生的最重要依据就是提单了。

提单在本案中的作用是怎样的？

提单是国际货物买卖中的重要文件。提单是托运人向承运人托运货物，在货物装船后或在承运人收到货物后，由船长或承运人的代理人签发的，证明收到提单上所载明的货物，允诺将货物运至指定的目的地并将货物交付给收货人的凭证。

通常的情况下，提单具有三方面的作用。

首先，提单是海上货物运输合同的证据。有的国家的法律认为，就承运人与托运人之间的关系而言，提单本身并不是他们之间订立的运输合同，而是他们订立的运输合同的一种证据。提单是由船长或承运人的代理人签发给托运人的，在提单上只有一方当事人代表的签字，而不是由双方当事人共同签字，因而在形式上提单并不具备合同的要求。

其次，提单是承运人对货物出具的收据。承运人签发了提单就表示承运人已经收到了在提单上所载明的货物，货物在交付给承运人时的状况如何都以提单的标注为准。如果承运人事实上并没有收到货物，或者货物与提单上的记载不符时，承运人可以及时提出货物的实际状况与卖方向买方说明的情况是不同的。但是一旦承运人签发了提单，并且没有对收到的货物进行任何批注，那么在买方或其他收货人收到货物时，就完全有理由认为货物在装运前是完好无损、符合合同要求的，如果发现货物出现了破损或灭失的情况，就可以由此推论为是在货物的运输过程中发生的并由承运人承担责任，而承运人也不能就此作出任何反驳。因此，承运人在签发提单时要非常谨慎。

最后，提单是代表货物所有权的凭证。提单的主要目的是使提单的持有人能够在货物运输过程中通过处分提单来处理提单项下的货物。按照商业惯例，占有提单在许多方面就相当于占有了货物，而提单的转让通常具有与交货本身同样的效果。因此，提单就是货物的象征。所谓提单是一种物权凭证，指的就是提单的这种作用。由于提单具有这种物权凭证的作用，在国际贸易中，它可以作为买卖的标的物和向银行押汇的担保物。

在此还要说明的是，提单作为一种国际贸易单据，可以根据不同的标准进行分类。例如按照签发提单的时间是在货物装船之前还是在装船之后，可以将提单分为已装船提单或备运提单；按照承运人在提单上对货物的外表状态有无加列批注，可以分为清洁提单和不清洁提单；按照提单的收货人抬头，可以分为记名提单、不记名提单和指示提单；按照运输方式，可以分为直达提单和海上联运提单；按照经营运输方式的不同，可以分为班轮提单或租船合同项下的提单；等等。

在本案中，上述分类中最有实际意义的就是对清洁提单与不清洁提单的区分。在本案中，香港某远洋运输公司作为承运人就向托运人中国某服装进出口公司签发了清洁提单。签发清洁提单，就意味着货物从表面状况上看是良好的。在承运人签发了清洁提单的情况下，如果在目的港卸货时发现货物的表面状况有缺陷，承运人就必须承担损害赔偿的责任。但是在这里要注意的是，只要求承运人在货物表面情况良好的时候就可以签发提单，至于货物本身是否存在其他问题，并不要求承运人在货物装运时就对此有所察觉，因为要求承运人具备这种能够识别货物内在缺陷的能力对于承运人是不公平的，也基本上是不可能的。在本案中，香港某远洋运输公司在接受货物时，只要检查这1 000个纸箱没有发生破损或其他问题，至于每个纸箱是否按照合同的约定装满了50件运动衫，要求承运人对每个纸箱都开箱检查、清点数量，然后再决定是否签发清洁提单，显然是不现实的。因此，在本案中香港某远洋运输公司为中国某服装进出口公司签发清洁提单是完全合理的。

在本案中，"保函"的作用

在本案中，还有一点值得注意，就是在中国某服装进出口公司在向香港某远洋运输公司出具了"保函"之后，香港某远洋运输公司才决定向中国某服装进出口公司签发了清洁提单。而在墨西哥某外贸公司向香港某远洋运输公司提出赔偿请求的时候，香港某远洋运输公司进行抗辩的理由就是中国某服装进出口公司向该公司出具了保函。

在国际海洋货物运输过程中，所谓保函就是托运人为了让承运人给他签发清洁提单，而由托运人向承运人做出的一种保证。在国际贸易中，买方一般不愿意接受不清洁提单，一旦这种提单项下的货物因为在提单上批注的事项而在运输途中遭受到损害或灭失，买方就不能要求承运人赔偿损失，银行一般也不接受不清洁提单作为议付货款的单据。因此卖方为了尽快得到清洁提单从而顺利在银行议付货款，就往往会向承运人保证，如果因为货物残损短缺以及因为承运人签发清洁提单而引起的一切损失，都由托运人承担，承运人不用承担任何责任。保函实际上就是托运人做出这种承诺的书面声明。

由于这种保函的出具往往造成承运人疏于对货物的检查，造成了对货物真实情况的隐瞒，而且托运人比较容易利用保函进行诈骗，因此在各国的法律规定及司法实践中，一般认为保函是具有欺骗性质的，是无效的或者是不能要求法院加以强制执行的。这样一来，即使承运人取得了保函并由此签发了清洁提单，如果由于货物存在破损或灭失的情况，买方要求承运人承担运输不当的责任，承运人也不能根据保函要求免除责任。因此，在通常情况下保函是不能起到作为托运人承诺的作用的。

但是在某些情况下，特别是因为承运人专业知识有限不了解货物的全面情况的时候，或者在承运人和托运人对货物的数量及真实情况存在分歧的时候，允许承运人通过保函进行免责。总而言之，只要托运人向承运人出具保函的行为不具有欺诈的性质，保函还是可以被视为成立的。

在本案中，如果能够证明中国某服装进出口公司与香港某远洋运输公司没有故意通过出具保函，对墨西哥某外贸公司进行欺诈，就应当认定：只要是因为货物残损短缺以及因为香港某远洋运输公司签发清洁提单而发生的一切损失，都应当由中国某服装进出口公司承担。

通过仲裁本案的最终结果

中国某国际经济贸易仲裁机构在对以上事实进行了分析以后，认为：尽管中国某服装进出口公司在交付货物后取得了证明这批运动衫表面状况良好的清洁提单，但是清洁提单只能说明这批货物的表面情况良好，至于这批货物的真实情况如何并不能得到证明。而香港某远洋运输公司在无法对每个装有运动衫的纸箱都检查的情况下签发了清洁提单，由此产生的任何责任都不应当由香港某远洋运输公司承担。只要香港某远洋运输公司能够证明其在运输途中没有任何过失，就不应当在本案中承担任何责任。由此推论下来，中国某服装进出口公司最终承担了这批运动衫数量短缺的责任。

4.6.1 国际海上货物运输的法律法规

调整国际海上货物运输的法律法规既有国内法律也有国际公约。

（1）调整国际海上货物运输的国内法律。

调整国际海上货物运输的国内法律主要是《海商法》及其相关司法解释。

中国的海商法起源较晚，大连海事大学司玉琢教授组织翻译和整理《海牙维斯比规则》和《汉堡规则》，形成了中国成文的海商法法规。《海商法》共分为8章，除第1章总则外，其他7章分别规定了船舶、船员、海上货物运输合同、海上旅客运输合同、船舶租用合同、海上拖航合同和船舶碰撞。

（2）调整国际海上货物运输的国际公约。

关于国际海上货物运输合同的国际公约有《海牙规则》《海牙维斯比规则》和《汉堡规则》3个著名的公约。2008年12月11日，在纽约举行的联合国大会上，《联合国全程或部分海上国际货物运输合同公约》正式通过，并且大会决定在2009年9月23日于荷兰鹿特丹举行签字仪式，开放供成员国签署，因而该公约又被命名为《鹿特丹规则》。《鹿特丹规则》目前尚未生效。

4.6.2 海商法

4.6.2.1 船舶

（1）船舶的概念。

《海商法》第三条将船舶规定为"海船和其他海上移动式装置，但是用于军事、政府公务的船舶和20总吨以下的小型船艇除外。"

该条对《海商法》所适用的"船舶"进行了三方面的限制：第一，用途方面的限制。除了明确排除"用于军事的和政府公务的船舶"以外，还排除了内河和湖泊船舶，因为不是海船，除非《海商法》其他章节有特殊规定；第二，航行能力方面的限制。"可移动"的条件要求船舶一定是具有自航能力的，包括自航式钻井平台、水上飞机、浮吊船和挖泥船等。仅仅是浮于水面上，但不能移动的装置，不适用于《海商法》，如灯船、桥船；第三，船舶吨位方面的限制。明确规定不适用于 20 总吨以下的小型船艇，除非其他章节另有特殊规定。

因此，该条适用于《海商法》通常情况下的"船舶"定义，而不是任何情况下的"船舶"定义。"海上移动式装置"，是构成《海商法》意义上的"船舶"要件的概括。"海上"是指船舶航行于海上，但不限于海面上，水下潜式或半潜式移动钻井装置也是《海商法》意义上的船舶，海船驶入内河仍然是海船；"移动"是指有自航能力；"装置"是指为海上运输而设计的，具有一定复杂程度的构造物，因此，竹筏、木排、水上滑行器等不是《海商法》意义上的船舶。

在上述船舶中，"用于军事的和用于政府公务的船舶"不适用于《海商法》。这里"用于"一词是从船舶运行的"目的"出发的，而不是考虑船舶的设计和建造"用途"来界定是不是军事的和政府公务的船舶。不论是什么船舶，只要其正在被用于军事目的或执行政府公务，那么便不适用于《海商法》。《海商法》排除适用的这类船舶包括正在从事军事目的的军舰和政府公务目的的公安边防巡逻艇、海关缉私船、环保监测船、海事局公务船、检疫船、消防船等。反之，即使是国家拥有的军舰或政府公务船，只要其正在从事海上运输等生产性或商业性活动，就适用《海商法》。大多数国家的海商法排除对军舰或政府公务船的适用，主要是从国家主权豁免理论来考虑的，军舰或政府公务船代表一个国家的主权，由于它们的航行疏忽或过失而造成其他船舶的损害是享有公法上的豁免权的，即不得强制扣押和拍卖，其民事责任是按国家赔偿法来承担的。

（2）船舶的法律性质。

依各国立法，从海商法学和民法学的角度来看，海商法之船舶具有如下法律特性：

1）船舶为合成物。

船舶是由本体、设备与属具等独立物而形成的合成物。船舶这一合成物主要分为 3 大部分：

① 船体，船体即船舶本体，包括龙骨、甲板、船壳和轮机。

② 设备，设备指船舶上的一切设施。

③ 属具，指航行上及营业上必需的附属于船舶的能移动的各种用具或机械，如锚、罗经、绞盘、探测仪、海图等。船舶设备与属具的区别是前者为船舶的一部分，而后者则有相对独立性，但两者有时很难区分。

依民法中有关"主物的处分及于从物"的原则，船舶的处分也应及于船舶设备及属具，因此，船舶设备和属具应与船舶本体共命运。所以，有关船舶所有权、海事优先权、船舶保险、船舶委付、船舶抵押等的效力应及于船舶设备和船舶属具。但该原则也可以通过约定加以限制，如约定其处分不及于从物。这也体现了从物的可分性。

2）船舶是按不动产处理的动产。

3）船舶的人格性。

船舶被法律作了拟人化处理或法律赋予了船舶一定的人格特征，要求船舶像人一样须有船名、国籍、船籍港等，主要表现为以下几个方面：

① 营运的船舶须有船名，须履行船名登记的程序，经过登记的船名应在船体上标明，

登记某一确定船名的船舶即与其他船舶从法律上区别开来。1995 年 1 月 1 日生效的《船舶登记条例》第十条规定："一艘船舶只准使用一个名称，船名由船籍港登记机关核定，不得与登记在先的船名重名或者同音。"

② 海上航行的船舶须有国籍，船舶国籍是指船舶所有人根据船舶登记的有关法律规定，在一国船舶登记机关进行登记，依法取得船舶隶属于船舶登记国法律上的确认关系。

③ 船舶具有船籍港，依《船舶登记条例》第九条，船舶登记港为船籍港。船籍港由船舶所有人自行选定，它是确定诉讼管辖的标准之一，也是送达法律文书、确定船舶失踪等的标志。

④ 船舶存在失踪制度，它虽然无须像自然人失踪那样经过宣告程序，但船舶失踪会产生一定的法律后果，它一般被作为船舶灭失来处理，海上保险中将船舶失踪视为实际全损（《海商法》第二百四十八条）。依《船舶登记条例》第四十条，船舶所有人应当自船舶失踪之日起三个月内持船舶所有权登记证书和有关船舶失踪的证明文件，到船籍港登记机关办理注销登记。

⑤ 船舶具有船龄，船龄被作为衡量船舶是否适航，以及确定船舶的价值、运费或租金、保险责任范围及收取保险费等诸多行为或事实的标准。

⑥ 英美法中存在"对物诉讼"的概念，船舶可以成为诉讼主体。

（3）船舶所有权。

船舶所有权，是指船舶所有人依法对其船舶享有占有、使用、收益和处分的权利。（第七条）。

1）船舶所有权的取得。

依物权法关于财产所有权取得方式的理论，船舶所有权包括原始取得（建造、购买新船、没收、征购、收归国有等）和继受取得（旧船购买、继承、赠与和保险委付等）两种方式。

根据《海商法》第九条规定，无论通过哪种方式取得，均需签订书面合同，并经登记机关进行所有权登记，才能产生法律效力，否则不得对抗第三人。具体取得方式包括：购买、继承、赠与和保险委付等。

2）船舶所有权的丧失。

船舶所有权的丧失包括船舶所有权的绝对丧失和相对丧失两类。

船舶所有权的绝对丧失是指因一定法律事实的发生，而使船舶失去原有的形体或效用或者不再为海商法意义之船舶，包括船舶灭失、船舶报废拆解、船舶失踪或船舶丧失海商法之功能等。

船舶所有权的相对丧失是指因一定法律事实的发生，使船舶的原所有人丧失所有权，新所有人取得船舶所有权，船舶依然为海商法意义之船舶，包括船舶买卖、委付等。

3）船舶共有。

由于经营船舶的投资较大，往往会产生多人投资的情况，形成对一船的共有关系。《海商法》第九条规定的船舶共有可以是两人以上的法人共有，也可以是两人以上的个人共有。依《海商法》第十条的规定，船舶共有的亦应进行登记，否则不能对抗第三人。《船舶登记条例》第十四条也规定，船舶为数人共有的，还应当载明船舶共有人的共有情况。有关船舶共有的具体内容，我国《海商法》没有具体规定，应依《民法通则》的有关规定。依我国《船舶登记条例》第二十条的规定，船舶共有人就共有船舶设定抵押权的，应当提供三分之二以上份额或者约定份额的共有人的同意证明文件。

4）建造中船舶的所有权。

从字面上理解，所谓"建造中船舶"是指正在建造之中的或尚未完成建造的看似船舶的物。因此，"建造中船舶"不是船舶，但在建造完成之后则可成为船舶。《1967年建造中船舶权利登记公约》未给出明确定义，而将该问题留给各国的国内法解决。该公约在第八条中规定："国内法可以规定建造中的船舶，其登记的权利已置于造船厂辖区内，并用标记或其他方法清楚地标明将要安装在某一船上的材料、机器和设备。"

"建造中船舶"应被定义为："建造中的船舶"是指处在造船人占有之下的用于和将要用于建造某一特定船舶的材料、机器和设备的总称。

要使《海商法》有关船舶所有权和船舶抵押权的规定适用于"建造中船舶"，就必须建立"建造中船舶"的登记制度。这是因为船舶所有权和船舶抵押权的法定公示方法均为登记。

（4）船舶抵押权。

船舶抵押权，是指抵押权人对于抵押人提供的作为债务担保的船舶，在债务人不履行债务时，可以依法拍卖，从卖得的价款中优先受偿的权利。

船舶抵押权以担保债的履行为目的，亦即设定船舶抵押权的目的是担保债务的履行。但对于债务的种类或性质，《海商法》并没有做出限制。换言之，它既可以是借贷之债，也可以是非借贷之债；船舶抵押权以船舶为客体，亦即作为债务抵押物的是船舶，这里没有给出船舶的特别含义，因此，船舶的概念应适用《海商法》总则第三条的规定，并包括船舶属具；"提供"船舶，不应理解为转移船舶的占有。《海商法》虽未就此做出明确规定，但按《担保法》就抵押所下的定义，"提供"不应被理解为转移占有。这是因为，船舶虽属动产，抵押（大陆法系称动产质押）时本应转移占有，但是，船舶是创造重大经济价值的运输工具，如果转移占有，很可能失去其经济效益，所以，实践中始终是将其视为不动产处理，用公示的办法进行抵押登记；行使船舶抵押权的前提是，"抵押人不履行债务"，所谓"不履行"，应理解为"逾期不履行"，以"依法拍卖船舶"为其实现方式，亦即在债务人不履行债务时，船舶抵押权人须用依法对船舶进行拍卖的方式实现其抵押权，较之《担保法》规定的"折价""拍卖"和"变价"实现船舶抵押权的方式更为严格。船舶抵押权具有优先受偿的效力，亦即船舶抵押权人对船舶的拍卖价款具有优先受偿的权利。

1）船舶抵押权的特点。

① 从属性。

从属性主要表现在：第一，存在上的从属性，亦即船舶抵押权的存在从属于主债权的存在。第二，处分上的从属性，主要指船舶抵押权在转让方面的从属性。《海商法》第十八条规定，"抵押权人将被抵押船舶所担保的债权全部或者部分转让他人的，抵押权随之转移。"因此，船舶抵押权，不得在其担保的债权未转让时而单独转移或另作其他债权的担保。第三，消灭上的从属性，主要指船舶抵押权随其所担保的债权的全部消灭而消灭。

② 不可分性。

不可分性指船舶抵押权行使的不可分性。亦即在船舶抵押权担保的债权逾期未全部履行时，船舶抵押权人得就作为抵押物的船舶的全部行使其权利。即船舶抵押权不因抵押船舶的分割或者让与，被担保债权的部分清偿、分割或者让与而受到影响，船舶抵押权人仍得以抵押船舶的全部行使权利以担保债权的全部。对此，我国《担保法》似乎没有做出明确的规定。《海商法》第十六条第二款也只是规定，"船舶共有人设定的抵押权，不因船舶的共有权的分割而受影响。"

③ 物上代位性。

物上代位性指船舶抵押权的效力得及于抵押船舶的代位物上。我国《海商法》第二十条规定，"被抵押船舶灭失，抵押权随之消灭。由于船舶灭失得到的保险赔偿，抵押权人有权优先于其他债权人受偿。"

④ 优先性。

优先性是指船舶抵押权的受偿顺序。船舶抵押权的优先性涉及两个方面的问题，一是有船舶抵押权担保的债权优先于无船舶抵押权担保的债权（《海商法》第十一条）；二是以同一船舶为客体的数个船舶抵押权，优先顺序以抵押权登记的先后顺序为序（《海商法》第十九条）。

⑤ 追及性。

追及性，亦称追及效力，即不论抵押船舶落入何人之手，船舶抵押权人得追及该船舶行使其权利。例如，当抵押船舶发生转让或被他人非法侵占时，船舶抵押权人得追及该船舶行使其权利。尽管船舶抵押权有如此特性，但是，为了更好地保护抵押权人的利益，我国《海商法》第十七条还规定"船舶抵押权设定后，未经抵押权人同意，抵押人不得将抵押船舶转让给他人。"如果抵押人未经抵押权人同意，擅自将抵押船舶转让给他人，根据此项规定，此种转让将是违反法律规定的，因此应是无效的。对抵押权人来说，可以说是双重保护。

⑥ 公示性。

公示性指船舶抵押权的享有和变动具有为公众所知的性质。船舶抵押权的公示方法为登记，对此我国《海商法》第十三条明确规定"设定船舶抵押权，由抵押权人和抵押人共同向船舶登记机关办理抵押权登记；未经登记的，不得对抗第三人。"对于其他运输工具的抵押，我国《担保法》也确立了以登记为公示方法的原则。

2）船舶抵押权的标的。

船舶抵押权的标的是船舶抵押权的主体所享有的权利和所承担的义务所指向的对象。根据《海商法》的规定，船舶抵押权的标的包括船舶和建造中的船舶。

3）船舶抵押权的登记。

《海商法》第十三条规定"设定船舶抵押权，由抵押权人和抵押人共同向船舶登记机关办理抵押权登记；未经登记的，不得对抗第三人"，即抵押权的生效不以登记为条件。登记只涉及抵押人和抵押权人与第三人之间的效力。

4）船舶抵押权的转移。

船舶抵押权的转移，是指抵押权在不同主体间的流转。《海商法》第十七条规定"船舶抵押权设定后，未经抵押权人同意，抵押人不得将被抵押船舶转让给他人。"换言之，如果抵押权人同意，被抵押船舶是可以转让的。《海商法》第十八条规定，"抵押权人将被抵押船舶所担保的债权全部或者部分转让他人的，抵押权随之转移。"

5)船舶抵押权的消灭。

船舶抵押权的消灭,是指船舶抵押权的不复存在。我国《海商法》第二十条规定:"被抵押船舶灭失,抵押权随之消灭。"然而,从理论上讲,能够导致船舶抵押权消灭的原因,至少还应当包括下列情况:

① 因担保的债权消灭而消灭。

船舶抵押权的从属性,决定了船舶抵押权因其所担保的债权的消灭而消灭。因此,导致债权消灭的一般原因,均应是导致船舶抵押权消灭的原因。如债的履行、抵消、免除等。

② 因船舶抵押权的行使而消灭。

船舶抵押权的行使,亦称船舶抵押权的实现。船舶抵押权实现后,无论其担保的债权是否得到全部受偿,担保该债权的船舶抵押权均被消灭。

③ 因抵押船舶被法院拍卖而消灭。

船舶一经法院拍卖,买受者就该船取得"清洁物权",亦即法院拍卖前成立于该船的一切物权均被消灭。各国法院在拍卖船舶时,一般都会发布公告并应通知被拍卖船舶的登记机关和已知的债权人(包括船舶抵押权担保的债权人)。与该船有关的权利人均可在公告指定的期间届满前,向法院提出申请,登记其权利,否则将被视为放弃在本次拍卖船舶价款中受偿的权利。因此,一般来说,只要抵押船舶被法院拍卖,不论船舶抵押权担保的债权是否得到清偿,以该船为客体的船舶抵押权均被消灭。

6)船舶抵押权的行使。

对于船舶抵押权的行使方式,我国《海商法》未用专条或专款做出明确的规定,但根据《海商法》对船舶抵押权所下的定义(第十一条),船舶抵押权的行使方式似乎仅限于"依法拍卖"这一种方式。由于抵押船舶并非处在抵押权人的占有之下,因此离开法院的介入,往往很难实现对船舶的变价。实际上这意味着,船舶抵押权常常是需要通过法院扣押并进而拍卖抵押船舶来实现的。另一方面,由于船舶优先权的存在,以及同一船舶可能有若干船舶抵押权的存在,为确保对同一船舶享有权利的人的利益都受到法律保护,客观上也需要对船舶抵押权的行使方式做出必要的限制。

7)船舶抵押权的受偿顺序。

船舶抵押权的受偿顺序涉及船舶抵押权与其他权利的受偿顺序和各船舶抵押权之间的受偿顺序。关于前一个受偿顺序,依《海商法》第二十五条的规定,首先为船舶优先权,其次为船舶留置权,最后为船舶抵押权。

(5)船舶留置权。

船舶留置权的概念有广义和狭义之分。狭义的船舶留置权是指依据《海商法》第二十五条第二款享有的船舶留置权,是指造船人、修船人在合同另一方未履行合同时,可以留置所占有的船舶,以保证造船费用或者修船费用得以偿还的权利。

然而,除第二十五条第二款定义的船舶留置权以外,《海商法》第一百六十一条还存在着这样的规定"被拖方未按照约定支付拖航费和其他合理费用的,承拖方对被拖物有留置权。"显然,当被拖物为船舶时,承拖方完全可以根据此条法律规定就其拖带的船舶主张留置权。另外,根据《担保法》的规定,假如船舶所有人将船舶交由他人保管,保管人就可以根据《担保法》的规定对其保管的船舶主张留置权。所以,广义的船舶留置权并不限于《海商法》第二十五条第二款定义的船舶留置权。下面讨论的船舶留置权仅以狭义的船舶留置权为限。

1）船舶留置权的取得。

留置权的继受取得，是指留置权具备一定条件而成立后为他人依权利让与而取得留置权。根据我国《担保法》对留置权所作的一般规定和《海商法》对船舶留置权所下的定义，船舶留置权取得的积极要件可以归纳为：

第一，造船人或修船人占有船舶。

第二，占有船舶的依据是造船合同或修船合同。

第三，占有的船舶须为"合同另一方"交付的船舶。

第四，造船人或修船人的债权与所留置的船舶有牵连关系。

第五，造船费用或修船费用已届清偿期。

关于留置权的所谓消极要件或留置权成立之限制的问题，我国《担保法》规定："当事人可以在合同中约定不得留置的物。"换言之，如果造船合同或修船合同中含有造船人或修船人不得留置所造或所修船舶的约定的话，则造船人或修船人不得因造船费用或修船费用已届清偿期而留置所造或所修的船舶。因此，造船合同或修船合同中存在不得留置的约定是船舶留置权最可能发生的消极要件的表现形式。

2）船舶留置权的消灭。

① 因所担保债权的消灭而消灭。

船舶留置权属于担保物权的范畴，其存续的根本目的就在于担保特定债权的实现。如果船舶留置权所担保的特定海事债权因权利行使以外的其他原因而归于消灭，如免除、清偿、混同、提存、抵消等，作为从权利的船舶留置权也就没有存在的必要了。这里需要注意一点，所谓"债权消灭"是指债权的全部消灭，若债权部分消灭，因船舶留置权的行使具有不可分性，船舶留置权不消灭，仍存在于船舶整体之上。

② 因船舶留置权的行使而消灭。

船舶变价后，船舶留置权人不论是否得到清偿，留置权均自行消灭。船舶留置权被行使后，就船舶变价使其担保的债权优先受偿时，其被设立的目的已达到，此时船舶留置权应消灭。它的消灭并不是因债的消灭而消灭，而是因为它作为一种权利已被用尽，尽管此时债权可能部分还未消灭，但是船舶留置权作为一种优先受偿的权利已不存在。

③ 因留置船舶的灭失、毁损、被征用而消灭。

船舶留置权是通过支配当事船舶的占有和交换价值而发挥其担保功能的，这决定了其可以因留置船舶的灭失而消灭。当然，这种灭失理由仅仅是指不存在留置船舶代位物的情况。如果留置船舶灭失以后存在保险金、损害赔偿金等代位物，基于船舶留置权的物上代位性，船舶留置权的效力可及于上述代位物，从而得以存续。简言之，被留置的船舶灭失、毁损、被征用而又无代位物时，船舶留置权当然消灭，但是，如果存在代位物，债权人对代位物享有优先受偿权。

④ 因债权人丧失对留置船舶的占有而消灭。

留置权可以因债权人丧失对留置物的占有而消灭，船舶留置权亦然。除存在欺诈等特殊情形之外，只要债权人自愿放弃了对当事船舶的占有，即可认定船舶留置权归于消灭，也就是债权人的明示放弃。船舶留置权是法定的，它的产生和成立不以签订留置权条款为前提，也不需权利人明示主张或宣告，但是对船舶留置权的规定属于授权性规范而不是禁止性规范，权利人可以放弃自己的权利。如果船舶留置权人主动放弃了其对船舶的占有，这正是其抛弃船舶留置权意思的一种表示，船舶留置权消灭。

⑤ 因债务人或留置船舶所有人提供足额担保而消灭。

一旦债务人或船舶所有人针对船舶留置权担保的特定债权提出了足额且合法的有效担保，即使船舶留置权人拒绝接受或承诺，同样会导致船舶留置权消灭的法律后果。需要注意的是，有权单方提供足额担保使船舶留置权消灭的主体应仅限于债务人或留置船舶所有人，其他任何人均不享有此项权利。

⑥ 因债权人接受债务人另行提供的担保而消灭。

债务人另行提供担保，船舶留置权不一定就此消灭，最终结果取决于债权人是否接受另行提供的担保。不论担保是否充分可靠，只要债权人接受，船舶留置权就消灭。《物权法》第一百七十七条关于担保物权消灭的情形中，没有关于因债权人接受担保而消灭的规定。因此，《担保法》的第八十八条第二款仍应适用。

⑦ 因债务清偿期的延缓而消灭。

行使船舶留置权的前提条件是船舶留置权的成立，而船舶留置权的成立又是以债务人届期不履行债务为条件的。因此，在船舶留置权人与另一方达成协议延展债务清偿期时，已成立的船舶留置权因不再具备成立要件而归于消灭。如果在重新约定的债务清偿期届满之前，留置权人交付船舶的义务已届履行期，则其必须交付船舶，从而导致留置权人无法就船舶再成立新的船舶留置权。如果在新的债务清偿期届满后债务人仍未履行其债务，而此时留置权人仍合法占有船舶，此时在船舶上成立一个新的船舶留置权。

⑧ 因船舶留置权的继受取得而消灭。

船舶留置权的继受取得，是指船舶留置权具备一定条件成立后而被他人根据权利让与的规则而取得。船舶留置权是否可以继受取得，在于船舶留置权是否具有让与性。通常认为，留置权是一种财产权，其归属与行使均无专属性，所以具有让与性。我们认为，不能完全肯定或否定船舶留置权像其他财产权那样可以自由转移，因为一方面船舶留置权是没有专属性的财产权，当然可以移转；另一方面船舶留置权基于占有而产生的特殊性，也制约其不能完全自由转移。船舶留置权必须与主债权一同转移；对于船舶留置权人与他人约定仅转移船舶留置权，基于船舶留置权的特殊性以及法律没有明确规定，我们认为不承认其效力比较妥当。

（6）船舶优先权。

1）概念。

我国《海商法》第二十一条规定："船舶优先权，是指海事请求人依照本法第二十二条的规定，向船舶所有人、光船承租人、船舶经营人提出海事请求，对产生该海事请求的船舶具有优先受偿的权利。"

2）标的。

船舶优先权的标的包括船舶和属具，不包括运费和其他附属利益（保险赔偿、政府补贴等）。

3）船舶优先权的特点。

① 船舶优先权的法定性。

② 船舶优先权的追及性。《海商法》第二十六条规定："船舶优先权不因船舶所有权的转让而消灭。"

③ 船舶优先权的秘密性：法律规定，船舶优先权在主债权产生之时自动产生而无须经过登记。因此，除船舶优先权人与债务人之外，对于任何第三人，优先权都是不可知的。因此，善意购买二手船者，一定要出让人提供出售船舶无船舶优先权和其他任何债权的担保。船舶优先权的秘密性，还表现在与该船舶有关的债权人无从知晓优先权人何时何地行使其船舶优先权，因为优先权人行使其优先权时，总是选择有利的时机和地点申请扣押船舶，直至法院拍卖船舶公告发布之前，债权人是谁都是不知情的。

④ 船舶优先权的优先性。

船舶优先权优先于船舶留置权、船舶抵押权、普通债权受偿。

4）船舶优先权担保的债权。我国《海商法》第二十二条规定："下列各项海事请求具有船舶优先权：

① 船长、船员和在船上工作的其他在编人员根据劳动法律、行政法规或者劳动合同所产生的工资、其他劳动报酬、船员遣返费用和社会保险费用的给付请求。

② 在船舶营运中发生的人身伤亡的赔偿请求。

③ 船舶吨税、引航费、港务费和其他港口规费的缴付请求。

④ 海难救助的救助款项的给付请求。

⑤ 船舶在营运中因侵权行为产生的财产赔偿请求。

载运2 000吨以上的散装货油的船舶，持有有效证书，证明已经进行油污损害民事责任保险或者具有相应的财务保证的，对其造成的油污损害的赔偿请求，不属于前款第5项规定的范围。"

《海商法》第二十二条所列各项海事请求，依照顺序受偿。但是，第4项海事请求，后于第1项至第3项发生的，应当先于第1项至第3项受偿。第1、2、3、5项中有两个以上海事请求的，不分先后，同时受偿；不足受偿的，按照比例受偿。第4项中有两个以上海事请求的，后发生的先受偿。

5）船舶优先权的取得、转移、行使和消灭。

① 取得。

船舶优先权的取得，是指船舶优先权为权利人所享有。从各国海商法及国际公约的规定来看，船舶优先权与其所担保的海事债权同时产生。

② 转移。

船舶优先权的转移，是指船舶优先权主体的变更。《海商法》第二十七条规定："船舶优先权担保的海事请求权转移的，其船舶优先权随之转移。"

③ 行使。

根据我国《海商法》的规定，船舶优先权的行使，只能通过法院扣押、拍卖产生优先权的船舶来行使。

④ 消灭。

船舶优先权可因下列原因之一而消灭：

a. 具有船舶优先权的海事请求，自优先权产生之日起满一年不行使。

b. 船舶经法院强制出售。

c. 船舶灭失。

d. 因所担保的债权消灭而消灭。

e. 因接受其他形式的担保而不能行使。
f. 因法院公告的权利登记期限届满而消灭。
g. 因责任人设置责任限制基金而消灭。

此外,关于船舶优先权的消灭,我国《海商法》第二十六条还规定:"船舶优先权不因船舶所有权的转让而消灭。"但是,船舶转让时,船舶优先权自法院应受让人申请予以公告之日起满 60 日不行使的除外。

4.6.2.2 国际海上货物运输合同

(1) 国际海上货物运输合同的概念。

国际海上货物运输合同,是指由承运人收取运费,负责将托运人托运的货物经海路由一国的港口运至另一国港口的合同。

承运人是一方当事人,通常称为船方,他的义务是负责将托运的货物经海路由一港运至另一港,另一方当事人是托运人,通常称为货方,他的义务是负责托运货物并向承运人交付运费。海上货物运输合同的标的,是海上货物运输的行为,而不是货物本身,船舶是履行海上货物运输合同的工具。作为海上货物运输合同客体的"货物",包括活动物和由托运人提供的用于集装货物的集装箱、货盘或者类似的装运器具。

(2) 国际海上货物运输合同的特征。

① 双务合同。

海上货物运输合同的双方当事人都享有权利,同时负有义务。承运人享有收取运费的权利,同时负有将货物安全、迅速运至目的港的义务;托运人则享有如数完好收取货物或向承运人索赔的权利,同时负有支付运费的义务。

② 有偿合同。

承运人是以将货物由一港运至另一港所提供的运输服务为代价的,同时取得运费报酬;而托运人在目的港收取货物,则以支付运费为代价。

③ 直接涉及第三人。

海上货物运输合同的当事人虽然只有双方,却直接涉及第三者,即收货人。收货人是第三方时,其虽然并未参加合同的订立,但根据合同的规定却有权直接取得合同规定的利益,并受合同约束。在合同的履行过程中,收货人成了合同的一方当事人,具有独立的民事主体资格,具有提取货物、请求赔偿和提起诉讼等实体权利与诉讼权利。与此同时,收货人也须承担相应的义务,如合同规定运费到付,收货人一般应在提货时向承运人履行支付运费的义务。

④ 通常属于要式合同。

一般来说,海上货物运输合同既可采用书面形式也可采用口头形式。但我国《海商法》第四十三条规定:"承运人或者托运人可以要求书面确认海上货物运输合同的成立。但是,航次租船合同应当书面订立。电报、电传和传真具有书面效力。"这就明确规定了航次租船合同应当书面订立。而且,海上货物运输合同多采用承运人或航次租船的出租人或多式联运经营人事先拟定的标准合同格式。

(3) 国际海上货物运输合同的种类。

① 租船合同。

租船合同是出租人按与承租人事先约定的条件,以收取租金或运费的方式将船舶全部或部分租与承租人运输货物的合同。租船合同有 3 种类型，即航次租船合同、定期租船合同和光船租船合同。

② 件杂货运输合同。

件杂货运输合同，又称班轮运输或提单运输，是指作为承运人的船舶所有人（或承租人），不是出租船舶，而是承揽件杂货物运输，而作为托运人，则对其货物的运送支付运费。这种合同大多是以提单的形式表现出来的。在件杂货物运输中，承运人要同为数众多的托运人分别签订运输合同在事实上有困难，故都采用定型的条款，并将其印制在提单背面，称为提单条款。

(4) 国际海上货物运输合同当事人的权利、义务与责任。

1) 承运人的权利。

① 运费请求权。

承运人根据运输合同规定，对作为接受货物运输的报酬，有请求运费的权利。根据租船合同收取的运费叫租金，它和运费没有本质上的差别。

② 滞期费请求权。

所谓滞期费，是指在超过装货时间或卸货时间之后，继续停泊装卸货物的情况下，出租人向承租人或托运人请求的费用。滞期费一般出现在租船合同中，在件杂货运输合同中，通常是没有滞期费的。

③ 留置权。

当货物由承运人掌管时，如承租人或托运人未按期支付运费、附加费用、垫款、滞期费，以及按货物价值大小分摊共同海损及救助费时，承运人对货物享有留置权。

2) 承运人的义务。

① 提供船舶并保证适航。

在海上货物运输合同中，如经约定以指定的船舶运输时，船舶所有人或承运人必须以符合该合同规定的船舶提供给承租人或托运人，并把船舶开到装货港，在约定或习惯的装货地点停泊，并做好装货准备。船舶所有人或承运人必须保证其所提供的船舶适航，这是他们在海上货运合同中最主要的任务。

a. 船舶适航能力的内容。

一般对船舶适航能力做如下解释，即首先具备狭义的适航能力，这是指船体必须坚固且水密并具有完成该航次的能力；其次必须具备航海能力，这是指船舶必须具备为完成约定航次应具备的一切设备和条件，包括配备船长、船员以及配备法定文件、燃料、食品和各种装备等；此外，还须具备适货能力，这是指船舶必须具备装运运输合同中指定货物的能力。适航能力是指在完成某一运输合同的特定航次中，具有能够克服通常出现的海上危险的能力，以及对运输合同中指定货物的适应性，这是和货物相关联的，所以船舶有无适航能力必须结合各种具体情况分析并予以确定。适航标准有绝对与相对之分。绝对适航要求承运人对开航前和开航时不适航原因造成的货物灭损均须承担责任；相对适航则以"谨慎处理"或"克尽职责"作为衡量是否适航的标准，只要承运人对船舶适航尽了谨慎处理的义务，则无须承担适航责任，实践中一般认为具备相应资格的承运人或其受雇人、代理人以通常的、习惯的方式履行义务，即为谨慎处理。《海牙规则》及我国《海商法》采用的是相对适航标准。

b. 保证适航的时间。

承运人需要在什么时间内保证船舶适航，对这个问题，各国海商法的规定一般是"开航以前和开航当时"。这样开航以后的不适航，已不包括在适航这一概念之中。之所以规定开航以前和开航当时适航，是因为货物从装船时就有可能遭受海上危险，所以对停泊中通常产生的海上危险应具备能克服的适航性，即在装货当时就必须具备装载货物所必需的各种设备和人员。如果在货物装船时，因不适航而产生损失，仍属违反保证适航的义务。而所谓开航当时，则是指船舶在装货港开航当时，具备能够克服该航次通常所能遇见的海上危险的条件就可以了。

可见，船舶适航这一概念，不仅与航海方面有关，同时也与装船方面有着密切联系。可见，承运人的保证适航义务，是至少以从开始装货到开航当时的时间为标准，不能把开航以后的时间包括在内，所以当航行中产生不适航状态，也不能算违反义务。但是，并不是说承运人享有在不适航状态下继续航行的权利，在有恢复适航能力的机会时，因不能免责的过失而未予恢复并继续航行，由此所造成货物的损失，要由承运人负责，这是因为承运人违反了安全运输的义务。

② 接收托运人交付的货物。

根据海上货运合同的规定，承运人有收受所交运的货物的义务。但货物必须符合合同的要求，并在适当的时间交运。对违反法令或不符合合同规定装运的货物，船长有权随时将货物卸下。如遇到可能给予船舶或其他货物以危害的危险时，还可将该货物抛弃。另外，如果承租人或托运人未在装货时间内将运输所必需的单据交给船长，就不能产生收货义务。

除非另有约定，原则上承运人在负有收受货物义务的同时，应及时把货物全部装船、积载。

③ 运输和管理货物。

承运人有把货物运至目的港的义务。在租船合同中，应按规定及时开航。在班轮运输中，一般应按公告的船期表规定的时间开航。此外，在全部承租的情况下，应承租人请求，在部分租船情况下，应全体承租人请求，即使货物还未全部装船，船方也有开航的义务。

虽然承运人有义务把货物运至目的港，但对于不按合同规定装船的货物，或是违法的货物，船长有权随时将货物卸下。对于易燃、易爆或其他具有危险性的货物，如果承运人、船长及承运代理人在装船时不知道危险货物的性质，则可随时将该货物卸下、销毁或使之无害，而且可据此提出损害赔偿请求。如果在装船时已知危险物品的性质，只要是发生有可能使船舶或其他货物遭受危害的危险时，也可将其卸下、销毁或使之无害。

承运人从收货到交付货物，均有对货物进行精心管理的义务。此外承运人还有根据托运人或提单持有人的指示，停止运输、退还货物及进行其他处理的义务。承运人在根据托运人或提单持有人的指示处理货物时，有请求支付按运输比例的运费、垫款及因处理货物所支出的费用的权利。

④ 不得不合理绕航。

在履行运输义务时，除非有必要，原则上承运人不得随意变更预定航线，即不得绕航，而负有直达目的港航行的义务。只有当正当理由出现时，其绕航的合理性方可得到承认。所谓正当理由包括：在海上救助人命，在海上救助财产，为了船舶或货物的安全，以及其他特殊的理由。

⑤ 交付货物。

在卸货港，承运人有向正当的收货人交付货物的义务。在交付货物之后，承运人在运输合同上的义务即告结束。

在确知收货人不能提取货物，或者收货人拒绝提取货物时，船长应及时将货物卸存，在向承租人或收货人发出货物已卸的通知后，合同的义务亦告终止。

3) 承运人的责任。

① 责任期间。

承运人对货物的责任期间包括在装货港、在运输途中以及在卸货港，货物在承运人掌管的全部期间。在下述起讫期间，承运人应视为已掌管货物：

a. 自承运人从以下各方接管货物时起：托运人及其代理人；根据装货港适用的法律或规章，货物必须交其装运的当局或其他第三方。

b. 至承运人将货物交付以下各方时止：将货物交付收货人；遇有收货人不向承运人提货时，则依照合同或卸货港适用的法律或特定的贸易惯例，将货物置于收货人支配之下；根据在卸货港适用的法律或规章将货物交给必须交付的当局或其他第三方。上述所指的承运人或收货人，包括承运人和收货人以及承运人或收货人的受雇人或代理人。

② 承运人的责任及其免除条件。

承运人在海上货物运输合同中的主要义务是承运人承担责任的基础。承运人在海上货物运输中的主要责任如下：

a. 承运人应当按照托运人的要求及合同的约定，将托运的货物安全运抵目的港交付收货人。

b. 在承运人掌管货物期间发生的货物灭失、损坏或延迟交付的事故，承运人负有赔偿因此造成的损失的责任，除非承运人证明他本人、其受雇人或代理人为避免该事故发生及其后果已采取了必要的措施。

延迟交付，是指承运人未能在合同中明确议定的时间内，将货物运抵合同规定的交货港交货。如果合同没有明确的交货时间的约定，则应在根据实际情况勤勉的承运人所能要求的合理时间内交货，超过这种合同的时间，也属于延迟交付。如果在约定的时间或前述所指的合理时间期满后连续60日未能按约定的条件交货，权利人（即有权对货物灭失提出索赔的人）可以视为货物已经灭失。

c. 承运人在承运活动物中的责任。一般情况下，承运人对活动物运输固有的特殊风险所造成的灭失、损伤或延迟交付不负赔偿责任。如果承运人证明他是按照托运人给他的关于动物的特别指示行事的，并证明根据实际情况，灭失、损伤或延迟交付可以归因于这种风险时，则应推定承运人对此类活动物的灭失、损伤或延迟交付不负赔偿责任。如果能够证明货物灭失、损伤或延迟交付的全部或部分是由承运人、其受雇人或代理人的过失或疏忽所造成的，承运人应承担相应的赔偿责任。

d. 承运人的免责条件。据《海商法》第五十一条规定，在责任期间货物发生的灭失或者损坏是由于下列原因之一造成的，承运人不负赔偿责任：

（a）船长、船员、引航员或者承运人的其他受雇人在驾驶船舶或者管理船舶中的过失。

这是所有免责事项中最为重要的一项，也是免除承运人的雇员全部疏忽责任的唯一条款。所谓"驾驶上的过失"，是指船舶开航后，船长、船员在驾驶船舶中所发生的判断上或操纵的错误，例如，船舶在航行中，由于船长在驾驶操作上的疏忽，发生触礁、搁浅或碰撞等责任事故，致使船上货物受损，承运人可以免责；"船舶管理上的过失"，是指船长、船员管理船舶方面缺乏应有的注意，如未适时关闭进水阀门、使用抽水泵不当等，如因此使货物受损，承运人亦可以免除责任。

需要指出的是，该项免责条款适用的对象是承运人的雇员，包括船长、船员、引水员或承运人的其他受雇人，而不包括承运人本身，此外，该项免责条款适用的范围是上述对象的过失行为，不包括主观上存在故意的行为。

实践中，管船过失与管货过失很难区分，因为两者相互联系，但是它们的性质不同，管船过失可以免责，而管货过失不能免责。如果某项行为主要是针对船舶本身而作的，虽然它对货物也产生了间接影响，但这项行为仍属管理船舶的行为，承运人可以免责。反之，如果某项行为主要是针对货物作出的，虽也与船舶有间接关系，但仍属于管理货物的行为，也就意味着，如果存在疏忽或过失而使货物受损，承运人则不能免责。

例如，一艘船舶在寒冷天气下，燃油舱内燃油结块，船员对燃油舱进行加热，使燃油能流动，但没有及时停止加热，使装在燃油舱上的石蜡货物因融化而受损，船员的这一过失属于管理船舶的过失；又如，某轮在航行中遭遇大风浪，需要往压载舱打压载水，以提高船舶的稳定性，但船员误将海水打入货舱，使货物受到湿损，这一过失也属于管理船舶的过失；再如，某船运输水泥，航运途中，船员为了查看舱内货物打开舱盖，但出舱时忘记关上，后因甲板上浪，海水进入货舱使货物受损，这一过失属于管理货物的过失。

（b）火灾，但是由于承运人本人的过失所造成的除外。

船舶引起火灾的原因是多方面的，它包括由于船长、船员或装卸人员的疏忽而引起的火灾，由于货物的自然特性而蔓延起来的火灾，或由于其他原因所造成的火灾，承运人对于这类火灾所引起的货物损失，以及因扑灭火灾而造成的货物损失，可以免除责任。但是，如果火灾是由于承运人本人的实际过失或参与所引起的，承运人不能免责。当承运人是公司时，承运人本人包括法人代表，公司中负责具体工作的管理部门或管理人员。此外，如果火灾是由于船舶不适航所引起的，承运人也不能免责，除非他能证明他已尽到谨慎处理的责任使船舶适航。

例如，船员不小心招致烟火引起的火灾，免责；而承运人明知轮机人员经常在机舱内违章明火作业而未加阻止引起的火灾，不能免责；承运人为骗保险金指使船员纵火烧毁船舶，不能免责。

（c）天灾，海上或者其他可航水域的危险或者意外事故。

这一免责条款应理解为不能合理预见，超出了一艘适航船舶所能抵御范围的海上风险。即海难危险是承运人在航行前无法预料，在危险发生后无法避免和无法抵御的，而且不是因为船舶不适航或承运人的管货过失所造成的。

例如，八、九级的风浪并不一定是海难，因为冬天在北大西洋航行容易遇到大风浪，要预备行走该航线就应能经受起这种大风浪。

天灾与海难很难区分，两者的唯一区别是天灾不涉及人为因素，纯属自然灾害，如海上风暴、严重冰冻等。

（d）战争或者武装冲突。

（e）政府或者主管部门的行为、司法扣押或者检疫限制。

政府或者主管部门的行为指一国政府或有关部门所采取的禁止装货或卸货、禁运、封港、扣押、没收充公等行为；如两国关系恶化，一国政府下令扣押在该国港口的另一国商船。

司法扣押，如船舶未支付有关费用，港务监督机关禁止船舶离港，但不包括因债权债务纠纷，法院采取保全或强制执行的行为。

例如，一轮船自高雄装运香蕉至日本，因高雄刚发生过霍乱，日本政府下令对来自高雄的船舶一律进行熏蒸，经过 8 天的熏蒸，该船香蕉全部变质，承运人可以援引检疫限制免责。

（f）罢工、停工或者劳动受到限制。

（g）在海上救助或者企图救助人命或者财产。

（h）托运人、货物所有人或者他们的代理人的行为。

（i）货物的自然特性或者固有缺陷。

（j）货物包装不良或者标志欠缺、不清。

包装良好是托运人的义务之一。它是指包装方式、强度或状态能够承受装卸和运送中发生或可能发生的正常风险。承运人在装船时如果发现货物包装存在缺陷，应当如实在提单上批注，否则承运人不能要求免责。

（k）经谨慎处理仍未发现的船舶潜在缺陷。

所谓潜在缺陷，一般是指一个合格的专业人员以一般应有的注意所不能发现的缺陷，它通常是指船舶结构方面的缺点，即船壳、机器及船舶附属品的缺陷，如船舶钢板螺钉松移、冷藏舱的橡皮联节漏水等。

（l）非由于承运人或者承运人的受雇人、代理人的过失造成的其他原因。

承运人依照前款规定免除赔偿责任的，除第 b 项规定的原因外，应当负举证责任。

③ 责任限额。

a. 对货物灭失或损坏的赔偿限额根据《汉堡规则》，承运人对货物灭失或损坏造成的损失所负的赔偿责任，以灭失或损坏的货物每件或每其他货运单位相当于 835 记账单位或毛重每公斤 2.5 记账单位的数额为限，两者中以较高的数额为准。计算较高数额时，应遵照下列规则：

（a）当使用集装箱、货盘或类似运输器具拼装货物时，如果签发了提单，在提单中列明的或在证明海上运输合同的任何其他单证中证明的，装在这种运输器具内的件数或其他货物运输单位数，即视为件数或货运单位数。

（b）当运输器具本身遭到灭失或损坏时，该运输器具如不属于承运人所有或提供，即视为一个单独的货运单位。

b. 延迟交付的赔偿限额。

根据《汉堡规则》，承运人对延迟交付的赔偿责任，以相当于该延迟交付货物应支付运费的 2.5 倍的数额为限，但不得超过海上货运合同规定的应付运费总额。

c. 承运人的总赔偿限额。

承运人的总赔偿责任，在任何情况下都不得超过对货物全部灭失引起的赔偿责任所规定的限额。

d. 记账单位、货币单位及其计算或换算原则。

"记账单位"是国际货币基金组织所规定的特别提款权,其数额应按在判决日或当事人各方议定之日该国货币的价值换算为该国货币。凡属国际货币基金组织成员的国家,以特别提款权表示的本国货币价值应按国际货币基金组织在上述日期进行营业的交易中应用的定值办法计算。非国际货币基金组织成员的国家以特别提款权表示的本国货币价值,应按该国决定的办法计算。

但是,非国际货币基金组织成员国而且其法律又不允许应用上述规定的国家,可以在签字时,或在批准、接受、认可或加入时,或在其后的任何时候,声明《汉堡规则》中约定的责任限额在该国领土内适用时,应确定为:货物每件或其他货运单位 12 500 货币单位,或货物毛重每公斤 37.5 单位。该"货币单位"等于纯度为 900‰ 的 65.5 毫克黄金。上述所指的数额换算成国内货币时,应按该国法律规定办理。"计算"或"换算"应尽可能地使以本国货币表示的数额与以记账单位表示的数额的实际价值相同。

e. 承运人和托运人可以通过协议确定超过上述《汉堡规则》规定的赔偿责任限额的数额。

4)托运人的权利。

① 托运人有权按合同约定取得货物装船舱位,并在装船后有权取得提单,凭以在到达港提货。

② 在承运人或出租人不履行合同因而造成货损或给托运人造成损失时,有权请求赔偿。

5)托运人的义务。

① 提供约定的货物。

托运人有及时把运输合同中约定的货物运至船边,以使装船的义务。通常情况下,托运人或承租人不得以其他货物更换原约定的货物。这是因为,货舱装载某种货物,必须处于对该种货物的适宜状态,否则,应视为不适货,即不适航。因此,托运人应向承运人保证,他在托运货物的时候所提供的货物名称标志、件数、重量等项内容,均准确无误,如果因为托运人申报不实而引起或造成承运人的一切损失、损坏,应由托运人负责赔偿。

② 办理货物运输手续并将相关单证交承运人。

托运人在交运货物时,还应将港口、海关、卫生检疫和其他主管当局规定的有关准许该货物运输的全部文件提交承运人。如果因为提交不及时、不完备或者不正确,而引起的损失,包括承运人遭受的损失,应当由托运人负责赔偿。

③ 托运危险货物时必须如实申报货物的属性。

当托运人将危险货物交给承运人或实际承运人时,托运人必须告知货物的危险性,必要时要告知应采取的预防措施。如果托运人没有这样做,而且该承运人或实际承运人又未从其他方面得知货物的危险性,则托运人对承运人和实际承运人因载运这种货物而造成的损失负赔偿责任,并且根据情况需要,承运人和实际承运人可以随时将货物卸下、销毁或使之无害,而不予赔偿。

④ 对货物进行妥善包装。

托运人所提供的货物,必须包装牢固、适于运输,并且是标志清楚的货物。如果托运人所托运的货物是危险货物,在向承运人交运时应按有关规定做好危险物品的标志和标签,并应将危险货物的性质和必要时所应采取的预防措施通知承运人。如果托运人没有此种通知或通知有误，承运人或船长可以在任何时间、地点根据情况需要将该危险货物卸下、销毁或使之无害，而不负任何赔偿责任。即使承运人已经知道危险货物的性质，而且同意装运，但当出现该危险货物对船舶、人员或其他货物造成实际危险的情况时，承运人或船长亦可做上述处理而不负赔偿责任。另外，托运人还应对由于交运危险货物所引起的一切损害负赔偿责任。

⑤ 按照约定支付运费。

运费是对承运人运输货物的报酬，因此，支付运费是托运人或收货人的一项重要义务。运费是在完成运输活动后必须和货物相交换支付的费用，一般是以到付为原则的，也就是说，运费的支付应和货物的交付同时进行。但是按通常的支付手续，运费必须先支付，然后才能提取货物，收货人履行支付运费的义务，是因为货物已经运到，而承运人准备随时交付货物。如果货物没有达到目的港，承运人无法交付货物，这时，收货人也就没有履行支付运费的义务。运费也可以约定在货物装船时支付，但是根据一般的合同规定，预付运费是不再退回的。

在航次租船合同中，除了应支付运费之外，如果发生了亏舱、滞期等情况，以及承运人为货物支付的必要费用时，承租人或收货人也应支付亏舱费、滞期费等费用。

⑥ 收受货物。

托运人在装货港把货物交付给承运人装运，当货物运到目的港后，就应及时收受货物。如果货物到达目的港后，无人收货或收货人拒绝收货，承运人或船长即可将货物卸入仓库或其他适当场所保管，因此产生的一切风险和费用，均应由收货人负责。

（5）提单。

提单，是指用以证明海上货物运输合同和货物已经由承运人接收或者装船，以及承运人保证据以交付货物的单证。提单主要适用于班轮运输，有时在租船合同下也签发提单。

1）提单的作用。

在国际海上货物运输合同中，提单具有以下三个作用：

① 提单是合同证明。一般而言，提单本身不是海上货物运输合同，而只是海上货物运输合同的书面证明。但当提单转让给托运人以外的善意受让人或收货人时，提单就成为约束承运人和提单持有人之间法律关系的最终凭证，承运人以提单内容向第三方负责。

② 提单是货物收据。据《海商法》第七十七条规定，承运人或者代其签发提单的人签发的提单，是承运人已经按照提单所载状况收到货物或者货物已装船的初步证据。

③ 提单是物权凭证。物权凭证的效力在于谁持有提单，谁就是提单上所载货物的所有权人，有权向承运人提货。提单的这一性质使得提单在一定条件下可以转让、抵押、结汇等。

2）提单的种类。

按照不同的分类标准和方法，提单可以分为不同的种类：

① 按提单收货人的抬头可分为记名提单、不记名提单和指示提单。

a. 记名提单（Straight B/L）。

记名提单又称收货人抬头提单，是指提单上的收货人栏中已具体填写收货人名称的提单。提单所记载的货物只能由提单上特定的收货人提取，或者说承运人在卸货港只能把货物交给提单上所指定的收货人。如果承运人将货物交给提单指定人以外的人，即使该人占有提单，承运人也应负责。这种提单失去了代表货物可转让流通的便利，但同时可以避免在转让过程中可能带来的风险。

使用记名提单，如果货物的交付不涉及贸易合同下的义务，则可不通过银行而由托运人将其邮寄收货人，或由船长随船带交。这样，提单就可以及时送达收货人，而不致延误。因此，记名提单一般只适用于运输展览品或贵重物品，特别是在短途运输中使用较有优势，而在国际贸易中较少使用。

b. 不记名提单（Bearer B/L, or Open B/L, or Blank B/L）。

这指提单上收货人一栏内没有指明任何收货人，而注明"提单持有人"（Bearer）字样或将这一栏空白，不填写任何人的名称的提单。这种提单不需要任何背书手续即可转让或提取货物，极为简便。承运人应将货物交给提单持有人，谁持有提单，谁就可以提货，承运人交付货物只凭单，不凭人。这种提单丢失或被窃，风险极大，若转入善意的第三者手中时，极易引起纠纷，故国际上较少使用这种提单。另外，根据有些班轮公会的规定，凡使用不记名提单，在给大副的提单副本中必须注明卸货港通知人的名称和地址。

c. 指示提单（Order B/L）。

在提单正面"收货人"一栏内填上"凭指示"（To order）或"凭某人指示"（Order of…）字样的提单。这种提单按照表示指示人的方法不同，又分为托运人指示提单、记名指示提单和选择指示人提单。如果在收货人栏内只填记"指示"字样，则称为托运人指示提单。这种提单在托运人未指定收货人或受让人之前，货物所有权仍属于卖方，在跟单信用证支付方式下，托运人就是以议付银行或收货人为受让人，通过转让提单而取得议付货款的。如果收货人栏内填记"某某指示"，则称为记名指示提单，如果在收货人栏内填记"某某或指示"，则称为选择指示人提单。记名指示提单或选择指示人提单中指名的"某某"既可以是银行的名称，也可以是托运人。

指示提单是一种可转让提单。提单的持有人可以通过背书的方式把它转让给第三者，而不须经过承运人认可，所以这种提单为买方所欢迎。而不记名指示（托运人指示）提单与指示提单不同，它没有经提单指定的人背书才能转让的限制，所以其流通性更大。指示提单在国际海运业务中使用得较广泛。

② 按货物是否已装船分为已装船提单、收货待运提单。

a. 已装船提单（Shipped B/L, or On Board B/L）。

已装船提单是指货物装船后由承运人或其授权代理人根据大副收据签发给托运人的提单。如果承运人签发了已装船提单，就是确认他已将货物装在船上。这种提单除载明一般事项外，通常还必须注明装载货物的船舶名称和装船日期，即提单项下货物的装船日期。

b. 收货待运提单（Received for Shipment B/L）。

收货待运提单又称备运提单、待装提单，或简称待运提单。它是承运人在收到托运人交来的货物但还没有装船时，应托运人的要求而签发的提单。签发这种提单时，说明承运人确认货物已交由承运人保管并存在其所控制的仓库或场地，但还未装船。所以，这种提单未载明所装船名和装船时间，在跟单信用证支付方式下，银行一般都不肯接受这种提单。但当货物装船，承运人在这种提单上加注装运船名和装船日期并签字盖章后，待运提单即成为已装船提单。同样，托运人也可以用待运提单向承运人换取已装船提单。我国《海商法》第七十四条对此作了明确的规定。

③按提单上有无批注分为清洁提单、不清洁提单。

a. 清洁提单（Clean B/L）。

在装船时，货物外表状况良好，承运人在签发提单时，未在提单上加注任何有关货物残损、包装不良、件数、重量和体积，或其他妨碍结汇的批注的提单称为清洁提单。

使用清洁提单在国际贸易实践中非常重要，买方要想收到完好无损的货物，首先必须要求卖方在装船时保持货物外观良好，并要求卖方提供清洁提单。在以跟单信用证为付款方式的贸易中，通常卖方只有向银行提交清洁提单才能取得货款。清洁提单是收货人转让提单时必须具备的条件，同时也是履行货物买卖合同规定的交货义务的必要条件。承运人一旦签发了清洁提单，货物在卸货港卸下后，如发现有残损，除非是承运人可以免责的原因所致，承运人必须负责赔偿。

b. 不清洁提单（Unclean B/L or Foul B/L）。

在货物装船时，承运人若发现货物包装不牢、破残、渗漏、玷污、标志不清等现象时，大副将在收货单上对此加以批注，并将此批注转移到提单上，这种提单称为不清洁提单。

实践中承运人接受货物时，如果货物外表状况不良，一般先在大副收据上作出记载，在正式签发提单时，再把这种记载转移到提单上。在国际贸易的实践中，银行是拒绝出口商以不清洁提单办理结汇的。为此，托运人应把损坏或外表状况有缺陷的货物进行修补或更换。习惯上的变通办法是由托运人出具保函，要求承运人不要将大副收据上所作的有关货物外表状况不良的批注转批到提单上，而根据保函签发清洁提单，以使出口商能顺利完成结汇。但是，承运人因未将大副收据上的批注转移到提单上，承运人可能承担对收货人的赔偿责任，承运人因此遭受损失，应由托运人赔偿。那么，托运人是否应该赔偿，在向托运人追偿时，往往难以得到法律的保护，而承担很大的风险。承运人与收货人之间的权利义务是提单条款的规定，而不是保函的保证。所以，承运人不能凭保函拒赔，保函对收货人是无效的，如果承托双方的做法损害了第三者收货人的利益，有违民事活动的诚实信用的基本原则，容易构成与托运人的串通，对收货人进行欺诈行为。

④ 根据运输方式的不同分为直达提单、转船提单、联运提单和多式联运提单。

a. 直达提单（Direct B/L）。

直达提单，又称直运提单，是指货物从装货港装船后，中途不经转船，直接运至目的港卸船交与收货人的提单。直达提单上不得有"转船"或"在某港转船"的批注。凡信用证规定不准转船者，必须使用这种直达提单。即使提单背面条款印有承运人有权转船的"自由转船"条款，也不影响该提单成为直达提单的性质。

使用直达提单，货物由同一船舶直运目的港，对买方来说比中途转船有利得多，它既可以节省费用、减少风险，又可以节省时间、及早到货。因此，通常买方只有在无直达船时才同意转船。在贸易实务中，如信用证规定不准转船，则买方必须取得直达提单才能结汇。

b. 转船提单（Transhipment B/L）。

货物从起运港装载的船舶不直接驶往目的港，需要在中途港口换装其他船舶转运至目的港卸货，承运人签发的这种提单称为转船提单。需在提单上注明"转运"或在"某某港转船"字样，转船提单往往由第一程船的承运人签发。由于货物中途转船，增加了转船费用和风险，并影响到货时间，故一般信用证内均规定不允许转船，但直达船少或没有直达船的港口，买方也只好同意转船。

c. 联运提单（Through B/L）。

联运提单是指货物运输需经两段或两段以上的运输方式来完成，如海陆、海空或海海等联合运输所使用的提单。船船（海海）联运在航运界也称为转运，包括海船将货物送到一个港口后再由驳船从港口经内河运往内河目的港。

联运的范围超过了海上运输界限，货物由船舶运送经水域运到一个港口，再经其他运输工具将货物送至目的港，先海运后陆运或空运，或者先空运、陆运后海运。当船舶承运由陆路或飞机运来的货物继续运至目的港时，货方一般选择使用船方所签发的联运提单。

d. 多式联运提单（Multimodal Transport B/L or Intermodal Transport B/L）。

这种提单主要用于集装箱运输，是指一批货物需要经过两种以上不同运输方式，其中一种是海上运输方式，由一个承运人负责全程运输，负责将货物从接收地运至目的地交付收货人，并收取全程运费所签发的提单。提单内的项目不仅包括起运港和目的港，而且列明一程、二程等运输路线，以及收货地和交货地。

⑤ 按签发提单的时间分为倒签提单、顺签提单、预借提单。

a. 倒签提单（Anti-date B/L）。

倒签提单是指承运人或其代理人应托运人的要求，在货物装船完毕后，签发以早于货物实际装船日期为签发日期的提单。当货物实际装船日期晚于信用证规定的装船日期，若仍按实际装船日期签发提单，托运人就无法结汇。为了使签发提单的日期与信用证规定的装运日期相符，以利结汇，承运人应托运人的要求，在提单上仍以信用证的装运日期填写签发日期，以免违约。

b. 顺签提单（Post-date B/L）。

顺签提单指在货物装船完毕后，应托运人的要求，由承运人或其代理人签发的提单。但是该提单上记载的签发日期晚于货物实际装船完毕的日期，即托运人从承运人处得到的是以晚于货物实际装船完毕的日期作为提单签发日期的提单。由于顺填日期签发提单，所以称为"顺签提单"。

c. 预借提单（Advanced B/L）。

预借提单是指货物在尚未装船或尚未装船完毕的情况下，信用证规定的结汇期（即信用证的有效期）即将届满，托运人为了能及时结汇，而要求承运人或其代理人提前签发的已装船清洁提单，即托运人为了能及时结汇而从承运人那里借用的已装船清洁提单。

这种提单往往是当托运人未能及时备妥货物或船期延误，船舶不能按时到港接受货载，估计货物装船完毕的时间可能超过信用证规定的结汇期时，托运人采用从承运人那里借出提单用以结汇（当然必须出具保函）。签发这种提单承运人要承担更大的风险，可能构成承托双方合谋对善意第三者收货人进行欺诈。

签发倒签或预借提单，对承运人的风险很大，由此引起的责任承运人必须承担，尽管托运人往往向承运人出具保函，但这种保函同样不能约束收货人。签发预借提单比签发倒签提单对承运人的风险更大，因为预借提单是承运人在货物尚未装船，或者装船还未完毕时签发的。我国法院对承运人签发预借提单的判例，不但规定由承运人承担由此而引起的一切后果、赔偿货款损失和利息损失，还包括收货人向第三人赔付的其他各项损失。

⑥ 按收费方式分为运费预付提单和运费到付提单。

a. 运费预付提单（Freight Prepaid B/L）。

以 CIF、CFR 价格条件成交的货物为运费预付，即按规定托运货物时，必须预付运费，在运费预付情况下出具的提单称为运费预付提单。这种提单正面载明"运费预付"字样，运费支付后才能取得提单；付费后，若货物灭失，运费不退。

b. 运费到付提单（Freight to Collect B/L）。

以 FOB 条件成交的货物，不论是买方订舱还是买方委托卖方订舱，运费均为到付（Freight Payable at destination），并在提单上载明"运费到付"字样，这种提单称为运费到付提单。货物运到目的港后，只有付清运费，收货人才能提货。

3）提单的内容。

在国际航运中，提单虽然由各船公司自行编制，但基本都遵守了国际公约和本国海商法对提单必要记载的要求，以保证提单的效力。提单内容分为正反两面，正面条款主要包括：船名、承运人、托运人、收货人、通知人、货物的基本状况、运费支付方式等。

反面条款主要包括：管辖权条款，首要条款，承运人责任以及责任期间，装货、卸货以及交货条款，赔偿责任限额条款，甲板和活动物条款，集装箱货物条款，转运、换船、联运与转船条款、共同海损条款、新杰森条款、互有过失碰撞条款等。

4）提单的签发。

提单的签发人可以是承运人本人，也可以是承运人的代理人或船长代表承运人签发。提单的签发地点通常是装货港或船公司所在地。签发提单的时间是货物装船完毕之日，在国际贸易中具有非常重要的意义，不按规定日期签发的提单会引起银行拒绝结汇或撤销合同的后果。签发提单一般分为正副本。正本提单多为一式三份，具有同等效力，可以流通并作为向银行结汇和办理提货的单据。副本提单印刷有"副本"和"不能流通"的字样，不具有法律效力，其份数可以应托运人的要求确定。

5）提单的转让。

提单转让有两种情况：其一，货物所有权随提单持有人背书转让而转让；其二，提单抵押转让。收货人出于融资的需要，常将提单抵押给银行，银行成为提单持有人，在收清货物抵押款后，应将提单背书还给抵押申请人或由他批示的合法受让人。

(6) 国际海上货物运输公约。

作为国际海上货物运输的国际性公约，从《海牙规则》到《海牙维斯比规则》再到《汉堡规则》的修改过程，反映了国际社会适应不断发展的航运技术的要求对当事各方利益的保护作出的合理和必要的调整，是国际规则自我完善和自我更新的体现。而《鹿特丹规则》更体现了国际海上货物运输方面国际公约的发展方向，是船货双方利益博弈的结果。《鹿特丹规则》目前尚未生效，我国也没加入。为了更好地了解国际公约内容上的差异，下面将海上货物运输国际公约之间的区别总结如下：

1）公约适用范围不同。

《海牙规则》只适用于缔约国所签发的提单。如果当事各方没有事先约定，那么对同一航运公司所经营的同一航线上来往不同的货物，可能会出现有的适用《海牙规则》，有的不能适用《海牙规则》的奇怪现象。《汉堡规则》则避免了这一缺憾，它不仅规定公约适用于两个不同缔约国间的所有海上运输合同，而且规定只要被告所在地、提单签发地、装货港、卸货港、运输合同指定地点五个地点之中任何一个在缔约国的都可以适用《汉堡规则》。而《鹿特丹规则》首次确立了"海运+其他"（海运区段以及海运前后其他运输方式的区段）的法律制度，《鹿特丹规则》的适用范围有很大变化。"海运+其他"把公约的适用范围扩大到传统的海上区段以外的其他领域,包括与海上运输连接的陆上运输、铁路、公路、内河水上运输甚至是航空运输都包括在内。但这套规则原则上是适用于海上运输的,如果货物运输合同在涵盖了海上运输的同时还包括其他非海上运输区段,而且货物是在其他运输区段发生损失的,在这种情况下,如果该运输区段有强制适用的国际公约,就适用相关的国际公约。但如果该运输区段没有强制性的国际公约,就要适用《鹿特丹规则》的规定。现在除海运和空运有适用全球的国际公约外,公路、铁路等均无适用于全球的国际公约。

2)对货物的定义不同。

《海牙规则》对货物定义的范围较窄,将活动物、甲板货都排除在外。《汉堡规则》扩大了货物的定义,不仅把活动物、甲板货列入货物范畴,而且包括了集装箱和托盘等包装运输工具,"凡货物拼装在集装箱,托盘或类似运输器具内,或者货物是包装的,而这种运输器具或包装是由托运人提供的,则'货物'包括它们在内"。《鹿特丹规则》将货物定义为承运人根据运输合同承运的任何种类的制品、商品和物件,包括不是由承运人或不是以承运人名义提供的包装以及任何设备和集装箱。

3)承运人的责任基础不同。

《海牙规则》的制定由于受制于当时历史背景下船东势力的强大和航运技术条件的限制,对承运人责任基础只采用了不太严格的"不完全过失原则"。《海牙维斯比规则》对这点没加任何修订,而《汉堡规则》则将其改为了"推定的完全过失原则"。

所谓"过失原则"是指有过失才负责,无过失就不负责。《海牙规则》总的规定也是要求承运人对自己的过失承担责任,但同时又规定"船长、船员、引航员或承运人的雇佣人员在驾驶或管理船舶上的行为疏忽或不履行契约"可以要求免责(也是《海牙规则》遭非议最多的条款),即有过失也无须负责,因此,《海牙规则》被认为采用的是不完全过失原则。《汉堡规则》的立场则严格得多,它在第五条中不仅规定以是否存在过失来决定承运人的责任,而且规定举证责任也要由承运人承担,如果承运人证明不了自己无过失,就推定为有过失,故《汉堡规则》实质上加重了承运人应承担的责任。

《鹿特丹规则》采用承运人完全过失责任,高于我国《海商法》和《海牙规则》《海牙维斯比规则》的不完全过失责任,与《汉堡规则》采用的承运人责任原则相同;废除了承运人"航海过失"免责和"火灾过失"免责。而《海牙规则》《海牙维斯比规则》及我国《海商法》规定承运人对由于船长、船员、引航员或者承运人的其他受雇人在驾驶船舶或者管理船舶中的过失("航海过失")和火灾中的过失("火灾过失")而导致的货物灭失、损坏或迟延交付免责;承运人谨慎处理使船舶适航的义务扩展至整个航次期间,而我国《海商法》和《海牙规则》《海牙维斯比规则》要求的承运人对船舶的适航义务仅限于在船舶开航前和开航当时。

4)承运人的责任期间不同。

《海牙规则》规定承运人的责任期间是"……自货物装上船舶开始至卸离船舶为止的一段时间……",有人称之为"钩至钩"。《汉堡规则》则将责任期间扩大为承运人或其代理人从托运人或托运人的代理人手中接管货物时起,至承运人将货物交付收货人或收货人的代理人时止,包括装货港、运输途中、卸货港、集装箱堆场或集装箱货运站在内的承运人掌管的全部期间,简称为"港到港"。《鹿特丹规则》规定承运人对货物的责任期,自承运人或履约方为运输而接收货物时开始,至货物交付时终止,并规定为确定承运人的责任期,各当事人可以约定接收和交付货物的时间和地点。

5）承运人的最高责任赔偿限额不同。

首先，从《海牙规则》到《汉堡规则》依次提高了对每单位货物的最高赔偿金额。《海牙规则》规定船东或承运人对货物或与货物有关的灭失或损坏的赔偿金额不超过每件或每单位 100 英镑或相当于 100 英镑的等值货币。《维斯比规则》将最高赔偿金额提高为每件或每单位 10 000 金法郎或按灭失或受损货物毛重计算，每公斤 30 金法郎，两者以较高金额的为准。同时明确一个金法郎是一个含有 66.5 毫克黄金，纯度为千分之九百的单位。《汉堡规则》再次将承运人的最高赔偿责任增加至每件或每货运单位 835 特别提款权或每公斤 25 特别提款权，两者以金额高的为准。

其次，对灭失或损害货物的计量方法越来越合理。《海牙规则》是以每件或每单位来计量货物的。随着托盘、集装箱等成组化运输方式的发展，这种计量方式的弊端逐渐显现。因而《海牙维斯比规则》和《海牙规则》都规定如果以集装箱或托盘或类似集装运输工具运送货物，当提单内载明运输工具内货物的包数或件数时，以集装箱或托盘所载货物的每一小件为单位，逐件赔偿；当提单内未载明货物具体件数时，则以一个集装箱或一个托盘作为一件货物进行赔偿。

《鹿特丹规则》规定除迟延交货和承运人本人故意造成此种损失的作为或不作为所导致的，或是明知可能产生此种损失而轻率地作为或不作为所导致的外，承运人对于违反本公约对其规定的义务所负赔偿责任的限额，按照索赔或争议所涉货物的件数或其他货运单位计算，每件或每个其他货运单位 875 个计算单位，或按照索赔或争议所涉货物的毛重计算，每公斤 3 个计算单位，以两者中较高限额为准，但货物价值已由托运人申报且在合同事项中载明的，或承运人与托运人已另行约定高于本条所规定的赔偿责任限额的，不在此列。

6）对承运人迟延交货责任的规定不同。

由于历史条件的限制，《海牙维斯比规则》对迟延交货未作任何规定。《汉堡规则》则在第二条规定："如果货物未能在明确议定的时间内，或虽无此项议定，但未能在考虑到实际情况对一个勤勉的承运人所能合理要求的时间内，在海上运输合同所规定的卸货港交货，即为迟延交付"，承运人要对迟延交付承担赔偿责任。赔偿范围包括：

① 行市损失。

② 利息损失。

③ 停工、停产损失。

赔偿金额最多为迟延交付货物所应支付运费的 25 倍，且不应超过合同运费的总额。《鹿特丹规则》规定，除承运人本人故意造成此种损失的作为或不作为所导致的，或是明知可能产生此种损失而轻率地作为或不作为所导致的外，对迟延造成货物灭失或损坏的赔偿额，应参照货物在交货地和交货时间的价值计算，对迟延造成经济损失的赔偿责任限额，应相当于迟交货物应付运费两倍半的数额。

7）诉讼时效不同。

《海牙规则》的诉讼时效为 1 年。1 年后"……在任何情况下承运人和船舶都被解除其对灭失或损害的一切责任……"。1 年时间对远洋运输的当事人，特别是对要经过复杂索赔、理赔程序，而后向承运人追偿的保险人来讲，无疑过短。《海牙维斯比规则》规定诉讼时效经当事各方同意可以延长。并且在"……1 年期满之后，只要是在受诉讼法院的法律准许期间之内，便可向第三方提起索赔诉讼……但时间必须在 3 个月以内"。这样部分缓解了时效时间过短在实践中造成的困难。《汉堡规则》一方面直接将诉讼时效延长至 2 年，另一方面保留了《海牙维斯比规则》90 日追偿诉讼时效的规定。

《鹿特丹规则》像《汉堡规则》一样将诉讼时效延长为 2 年，并认可被索赔人在时效期内声明的延长诉讼时效。

本章小结

本章主要学习了各种运输方式的相关法律规定、各种运输合同的主要内容以及各种运输方式下承托双方的权利和义务，学习了船舶抵押权、留置权、船舶优先权等船舶物权。

根据法律规定，水路货物运输、铁路货物运输和航空货物运输，承运人均享有责任限制的权利，而在公路货物运输中，承运人并不享有责任限制的权利。根据意思自治优先的原则，允许承托双方在货物运输合同中约定违约责任及赔偿责任。由于货物运输多采用货物运单的形式，运单背面条款符合格式条款的性质，故承运人需尽到提醒注意的义务，否则应该按照货物的实际损失予以赔偿。

思考与练习

一、名词解释
1. 货物运输合同　2. 汽车货物运输合同　3. 船舶　4. 船舶抵押权　5. 船舶留置权（狭义）　6. 船舶优先权　7. 国际海上货物运输合同　8. 提单

二、简答题
1. 货物运输合同的特征有哪些？
2. 分析比较各种运输方式下承运人、托运人的权利义务和责任及承运人的免责条件。
3. 船舶抵押权、船舶留置权、船舶优先权的特点是什么？
4. 提单的作用是什么？
5. 提单的种类有哪些？

三、案例分析

案例一

2000 年，发货人中国 A 进出口公司委托 B 对外贸易运输公司将 750 箱海产品从上海港出口运往印度，B 对外贸易运输公司又委托其下属 S 分公司代理出口。S 分公司接受委托后，向 P 远洋运输公司申请舱位，P 远洋运输公司指派了箱号为 HTM—5005 的 3 个满载集装箱后签发了清洁提单，同时发货人在中国人民保险公司处投保海上货物运输的战争险和一切险。货物运抵印度港口，收货人拆箱后发现部分海产品因箱内不清洁而腐烂变质，即向中国人民保险公司在印度的代理人申请查验。检验表明，250 箱海产品被污染。检验货物时，船方的代表也在场。为此中国人民保险公司在印度的代理人赔付了收货人的损失之后，中国人民保险公司向人民法院提起诉讼。

请回答：
1. 在集装箱运输中，P 远洋运输公司应负什么义务？它是否应对损失负责？
2. 在集装箱运输中，S 分公司应负什么义务？它是否应对损失负责？

3. 中国人民保险公司是否是适格的原告？为什么？
4. 如果中国人民保险公司有资格作原告，它应将谁列为被告？

案例二

2008年10月4日，某托运人将一集装箱服装交由某船务公司甲公司所属某轮承运。甲公司加封铅后，签发了一式三份正本全程多式联运提单。该份清洁记名提单载明：收货地厦门，装货港香港，卸货港布达佩斯，记名收货人为乙公司。货抵香港后，甲公司将其转至丙公司所属另一船承运。托运人凭正本提单提货时打开箱子发现里面是空的，集装箱封铅及门锁已被替换，后获知布达佩斯马哈特集装箱终点站货物被盗之事。收货人向海事法院起诉。

请回答：此案中，应由谁来承担责任，为什么？

案例三

1月10日，原告某面粉有限公司在英国购买了6 000吨小麦，价值120万美元。交由某远洋运输公司经营的"远帆"轮承运。该轮2月11日在英国伦敦港装载原告的小麦，分别装于第二、第三舱。开船前，船长收到一份远洋建议书，提及在"远帆"轮预定的航线附近很可能会遇到恶劣天气。2月11日至3月7日，该轮在预定航线上遇到了大风浪，风力8至11级。3月8日驶出风浪区，10日驶抵中国天津港。经有关船检、商检部门对"远帆"轮的货舱及货物进行检验证实：该轮货舱盖严重锈蚀并有裂缝，舱盖板水密橡胶衬垫老化、损坏、脱开、变质通风筒下的货物水湿、发霉、变热、变质。因此，原告对被告向某海事法院提起诉讼，要求被告赔偿小麦价款损失、利息损失及其他损失共计250余万美元。被告辩称自己在开船前和开船时已克尽职责，装货前对船舱盖板进行了水密试验，货舱及舱盖板上的橡胶衬垫处于水密柔软状态，只是由于"远帆"轮在航程中，连续遇到大风暴，海水入舱造成货损，所以拒绝承担因海上灾难而引起的一切损失。

请回答：
1. 本案中某远洋运输公司有哪些义务？
2. 本案中某远洋运输公司应否负赔偿责任？为什么？

案例四

2000年4月5日，上海华东实业总公司（以下简称华东公司）作为卖方与买方香港中宁实业公司（以下简称中宁公司）签订了一份牛仔布销售合同，约定价格条件为FOB上海，按信用证要求装运。4月20日，中宁公司向华东公司传真告之"上海承运商环亚（上海）国际货运公司（以下简称环亚货运）海运部"地址、电话、传真号和联系人等。华东公司遂将本公司的出口货物明细表传真给环亚货运，后环亚货运出具进仓单，通知华东公司将上述货物在规定的期限内送至指定仓库。华东公司交货后，环亚货运以华东公司名义办理了货物装箱、商检、报关等事宜。

扫一扫，百度一下

华东公司确认涉案提单内容后取得了四套泛洋（香港）船务公司（以下简称泛洋船务）签发的上海至吉大港的全程提单。该提单由泛洋船务以提单抬头承运人的身份签发。涉案提单加注了签单人泛洋船务及卸货港船公司代理的地址、电话和传真号码。

环亚货运与泛洋船务之间的往来传真件内容显示，泛洋船务委托环亚货运联络发货人华东公司，安排上海至香港的一程货物运输和报关，完成货物从发货人到泛洋船务的交接。双方还约定了具体的代付运费和操作费金额。环亚货运向实际承运人伟航船务公司订舱后，均向泛洋船务汇报船名、开航日期、提单号等情况。货物运至香港后，被泛洋船务凭伟航船务公司提单提取。2000 年 5 月 16 日，环亚货运收取泛洋船务通过银行转账所支付的一程运费。

之后，华东公司曾用泛洋船务提单向银行议付，开证行以"客检证会签"系伪造为由而退单（后经努力，四套提单中的一套结汇成功）。华东公司即要求环亚货运通知承运人泛洋船务扣货并将货物退运回上海，但四套提单项下的货物及泛洋船务均已下落不明。华东公司遂提起本案诉讼，要求环亚货运承担货物灭失的赔偿责任。经查，香港商业登记署没有中宁公司和泛洋船务的登记资料。

请回答：环亚货运应否承担赔偿责任？为什么？

案例五

某船于 2005 年 1—7 月间一直处于航运中，其中 2 月和 7 月分别发生两次碰撞事故，造成对方船舶人员与财产损失；3 月底和 5 月底分别两次在海上遇险，被其他船舶救助；这期间，该船还于 6 月停靠了某处港口，发生了港口费用。后由于船东未及时支付 1—7 月的船员工资，船员集体向海事法院起诉，要求行使优先权以偿还所拖欠的工资。法院扣押该船舶，发出公告，并请拍卖机构主持拍卖了该船。

请问上述该船的拍卖价款应如何分配？

项目五

仓储法律制度

知识目标

掌握仓储合同的特征、主要内容；掌握仓储合同当事人的权利义务和责任；掌握仓单的性质、仓单质押业务；保税仓库入库、出库、储存的特殊规定；了解仓储合同与保管合同的区别与联系，了解保税仓库的类型，了解仓储合同的订立。

技能目标

通过本项目的学习，能起草仓储合同，能够分析解决仓储业务、仓单质押贷款业务中的法律纠纷。

导入案例

【案情】

2002年7月24日，杭州××对外经贸有限公司（以下简称A）与广州市祥××储运有限公司（以下简称B）签订了《运输仓储合同》，合同约定：A在B仓库中储存纸浆，A支付给B仓储费。B及任何单位、任何个人在未取得A开具的盖有出入库章和签字的出库单前不得以任何理由提取纸浆，否则由B承担一切经济损失。随后，A将261捆共499.815吨金星牌未漂白木浆的提单、保险单、发票等单证交付给B，B提取后存放在仓库，同时出具收条。2006年10月24日，A向B提取上述货物时，B不能提供并声称已经自行处理了。A诉至法院，要求B赔偿经济损失2 923 917.75元，并承担诉讼费用。

扫一扫，百度一下

B答辩称：一、原告存放货物造成的损失过错责任在原告而非被告。（一）本案讼争货物发生损失的原因及过错。1. 自然因素和货物性质。原告在被告仓库存放的是未漂白硫酸盐针叶浆，该货物是制造纸张的原材料，此种货物长时期存放后，其纤维会发生降解，长度降低，质量下降。尤其是在高温、潮湿的环境中储存，降解速度会加快。一般情况下，利用针叶浆制造的且密封保存的成品纸巾（如人们日常生活中所用的维达纸巾）的保质期是3

年，而原告存放的货物是制造纸巾的原材料，且没有密封存放，保质期会更短，一般2年多便会出现发霉、变质情况。此外，广州的高温气候和潮湿时间每年长达8个月，更容易使货物降解加快。正是上述原因，原告的货物从2002年8月开始存放后在2005年7月开始霉变，8月又长了许多白蚁，严重危及储存在被告处的其他纸浆。2. 原告存放货物后长达数年不与被告联系，不对货物予以处理，导致存放期过长，货物变质。原告作为经营者，应当知道其存放的纸浆是有一定保存期限的，应当及时对该货物进行处理。但因其内部管理问题，原告存放货物后在长达数年内对该货物不闻不问，直接导致货物存放期过长，发霉变质。3. 双方联系不上、被告无法通知原告处理货物的主要责任在原告。由于双方签约时没留下任何联系方式，且原告从不主动联系被告导致货物变质时被告无法通知到原告。这一责任在原告一方，理由是：（1）《运输仓储合同》第5条约定了仓储费按月结算。事实上，原告将货物存放在被告处后从没按合同的约定按月支付和结算仓储费。所以，即使双方没有联系方式，但若原告按约定每月进行结算，被告一发现货物变质就可通知原告进行处理，正是因为原告既没留下联系方式，又不按约定结算费用，导致双方的联系割断。（2）原告存放货物，显然知道被告的地点。就双方掌握对方的信息而言，显然是原告知道被告的联系信息，而被告除了知道合同上关于原告的名称外，不知道原告的其他任何信息，在发生异常情况下无法联系原告。（二）被告处理原告的货物是基于货物开始变质而为了减少原、被告双方的损失，而非擅自处理，没有过错。由于原告没有给被告留下任何联系方式或者联系地址，被告只好在2005年9月16日向富春有限公司（原告的进货单位）发出传真声明，要求原告处理开始发霉变质的货物，但一直没有任何回音，为防止被告和原告损失的进一步扩大，被告不得不将货物处理掉。《中华人民共和国合同法》第394条规定：因仓储物的性质、包装不符合约定或者超过有效储存期造成仓储物变质、损坏的，保管人不承担损害赔偿责任。本案中，原告存放货物长达4年从不与被告联系，也不支付任何费用，且不留下可联系的方式，导致货物存放时间过久超过有效储存期因自然因素发生霉变。可见，本案讼争货物的变质损失是因为该货物的性质及广州的高温潮湿天气且原告过久存放远远超过有效储存期不予处理所致，被告对该货物发生霉变无法阻止，亦没有任何过失，不应承担赔偿责任。二、关于原告货物的损失赔偿额。原告在诉状中要求被告赔偿2 923 917.75元，其请求没有合理依据。根据双方签订的《运输仓储合同》第2条，纸浆存放期间，乙方（被告）不负责纸浆内在质量。因纸浆破损按实际损失量协商解决。因乙方责任造成的损失，由乙方全部负责按甲方进货价格赔偿。因不可抗力造成的损失，乙方不负责任。退一步说，即使该货物发生损失全部是乙方的过错，需要赔偿，也是按甲方进货价格赔偿，而该货物是原告当初向香港的富春有限公司购买的，价格是202 425.08美元，这个价格才是该批货物的进货价。而原告所提出的赔偿金额是依据《纸业周刊》2006年12月刊登的同类货物价格计算的，该价格仅仅是2006年12月同类货物的参考价，显然与合同约定的赔偿价格不符。也就是说，即使货物的损失需要赔偿，其损失应按202 425.08美元计算，再根据损失发生的原因及双方的过错程度确定赔偿责任人及赔偿份额。

B（反诉原告）反诉称：原告与被告于2002年7月24日签订了一份《运输仓储合同》，约定由被告为原告储存针叶浆货物，合同约定了仓储费以及其他费用支付条款。2002年8月8日，原告将货物存放在被告处。被告一直按合同约定履行义务，但原告自货物存放在被告处后从未与被告联系，也未支付任何费用，因原告在签订合同时未留下电话和地址，被告无法和原告取得联系。从 2002 年 8 月至 2005 年 11 月 6 日，被告共欠各种费用 231 748.14 元，故请求法院：1. 判令原告向被告支付码头费、保管费、运费、商检费、入库卸车费和仓储费等共计 231 748.14 元及逾期支付的利息；2. 反诉费由原告承担。

【审判及分析】

经审理法院查明，2002 年 7 月 24 日，A 与 B 广州公司签订了一份《运输仓储合同》（协议编号：HGFT20020723YXD），协议约定：原告委托被告存储毛重 522 吨、净重 499.815 吨金星牌未漂白木浆，由货到之日至实际提货日止，租期按照实际存货天数计算；第 2 条约定：纸浆在存储期间，应当保证其安全、完好无损，但不负责纸浆内在质量。被告责任造成的损坏，由被告全部负责按原告进货价格赔偿。因不可抗力造成的损坏，被告不负责任；第 3 条约定：被告以及任何单位、任何个人在未取得原告开具的盖有出入库章和签字的出入库单之前不得以任何理由提取纸浆，否则由被告承担一切经济损失；第 5 条约定：仓储费每月 10 日前结算。2002 年 8 月 8 日，被告将原告的 499.815 吨金星牌未漂白木浆存放于自己的仓库中并就《运输仓储合同》中约定的散货包干费、报关报验劳务费、短途运输费、入库费、商检费等共计 36 624.80 元向原告发出结算函，原告在庭审时承认没有支付上述款项。在被告保管过程中，由于原告的货物发生霉变，被告在联系不上原告的情况下于 2005 年 11 月 6 日对原告的货物进行变卖，称将原告的霉变纸张卖给了收破烂的人，并卖得货款 68 万元，但是对于该批货物变卖方式和价值没有提供相关证据加以证明。2006 年 10 月 24 日，原告向被告提取该批纸浆时发现纸浆被处理掉，遂于 2007 年 1 月 17 日向本院起诉，要求被告按照 2006 年 12 月 22 日出版的《纸业周刊》第 49 期上刊登的智利出产的金星纸浆 5 850 元/吨作为赔偿标准进行赔偿，请求法院判令被告赔偿原告的损失为 2 923 917.75 元。另查明：自 2002 年 8 月 8 日起至 2005 年 11 月 6 日被告处理掉该批货物前的整个保管期间，原告从来没有和被告进行联系，也没有按照合同约定每月 10 日和被告进行相关费用的结算，至被告反诉日止尚欠被告自 2002 年 8 月 8 日至 2005 年 11 月 6 日的仓租费总计人民币 123 714 元没有支付（按照每天 0.20 元/吨×天计算）。

法院认为：A 与 B 签订的《运输仓储合同》是双方当事人的真实意思表示，并不违反法律法规的禁止性规定，该协议合法有效，双方都应当按照协议的约定履行自己的义务，否则要承担相应的法律责任。对于本案中 A 的纸浆价值，法院作出以下认定：根据《运输仓储合同》第 2 条的约定，B 责任造成的损坏，由 B 全部负责按 A 进货价格赔偿，故根据约定在 B 即使有过错保管不善对该批货物损失负全部责任而 A 对该批货物的灭失没有过错的情况下，B 也只能在原告的该批货物的进货价范围内进行赔偿，即在该批货物的进货价值 202 425.08 美元的范围内进行赔偿；在 A、B 签订《运输仓储合同》之前，A 将其和富春公司购买该批货物的合同和发票（当时全是英文版）提供给 B 显示其购买该批标的的货款为 202 425.08 美元，B 预见的损失价值也只能据此确定，即使违约的损害赔偿，根据《合同法》第 113 条的规定，不得超过违反合同一方订立合同时预见到或应当预见到的因违反合同可能造成的损失。故 A 的货物价值应当以 202 425.08 美元作为计算标准。虽然《运输仓储合同》第 3 条有"B 以及任何单位、任何个人在未取得 A 开具的盖有出入库章和签字的出入库单之前不得以任何理由提取纸浆，否则由 B 承担一切经济损失"的约定，但 A 对于一切经济损失的范围并不明确，《纸业周刊》刊登的智利出产的金星纸浆价格为 5 850 元/吨，这只是表明这类纸浆的市场行情，且市场行情的价格会随着供求关系等而发生波动，种类物的价格并不能代表本案纸张作为特定物的真实价值,故 A 主张按照《纸业周刊》刊登的价格作为本案纸浆价值的计算标准,法院不予支持。

对于 A 货物损失的责任分担,法院认定:(1) 对于该批纸浆的保管,A 没有提出诸如仓库的温度、湿度和方位的要求,也没有要求按特殊物品保管,只是要求按照一般货物的保管要求对纸浆进行保管,故 B 在保管过程中对纸浆霉变不存在保管不善,A 也没有提供证据证明被告保管不善导致霉变。根据《合同法》第 370 条的规定,寄存人交付的保管物有瑕疵或按照保管物的性质需要采取特殊保管措施的,寄存人应当将有关情况告知保管人。寄存人未告知,致使保管物受到损失的,保管人不承担损害赔偿责任。(2) A 作为该批纸浆的所有权人,即使纸浆在被告保管期间,也不应对自己的货物采取不管不问的态度,而应负有对保管货物进行检查、了解货物的存储状况并提出具体保管意见的职责。自 2002 年 8 月 8 日被告保管该批货物起至 2005 年 11 月 6 日止杳无音信,没有按照合同的约定对相关费用进行结算,也没有和 B 联系过或到仓库查看过货物的保管状况,故原告对纸浆在保管期间发生霉变有过错。(3) 纸浆作为工业原料,虽然没有标明明确的有效期间也应当有保质期,因广州属于亚热带海洋性季风气候,空气潮湿,纸浆的吸湿性又很强,放置时间过长,会发生霉变质变的问题。(4) A 作为存货人没有留下地址和联系方式,而 B 作为保管人是相对固定的,且 A 的货物也保管在 B 的仓库,从便利的角度考虑,A 的不作为对导致货物霉变负有一定的责任。综上,A 对其货物霉变有一定的过错,B 对于 A 货物的霉变在保管上不存在过错,A 也没有证据反驳 B 的照片证实纸浆霉变的真实性。但从 B 的处置方式来看,B 在发现纸浆霉变后,在无法联系到 A 的情况下,自行将 A 的货物卖掉,根据 B 的陈述,其将纸浆作为废品卖给了流动的收购废品的人,卖得货款 68 万元,且没有买卖合同和购买发票。B 处置 A 货物的行为显然失当。故 A、B 对 A 纸浆的损失存在混合过错,应当适用过失相抵的原则。法院酌定 A、B 对纸浆损失各承担 50% 的责任。对于 A 称 B 知道其地址而不与其联系的问题,法院认为,当时 A 提供给 B 的买卖合同文本和发票全是英文版,且只是在本案发生诉讼被告翻译后才发现发票上有 A 的地址,故 A 的此项意见法院不予支持。

由于《运输仓储合同》合法有效,A 不按照约定支付包干费、报关报验劳务费、短途运输费、入库费、商检费等共计 36 624.80 元,应当承担相应的违约责任。故 B 请求判令 A 支付 36 624.80 元及逾期利息的诉讼请求,法院予以支持。逾期利息的计算时间从 2005 年 1 月 26 日即被告反诉之日向前推两年。同理,A 没有按期支付仓储费,应当承担相应的违约责任。故 A 应当向 B 支付仓储费 123 714 元以及逾期的利息的诉讼请求,逾期利息从 2002 年 9 月 8 日起计算,按照每日万分之二点一计算。对于 A 抗辩称包干费、报关报验劳务费、短途运输费、入库费、商检以及部分仓储费已经超过诉讼时效的答辩意见问题,法院认为,原告对于包干费、报关报验劳务费、短途运输费、入库费、商检费以及仓储费进行了结算和确认,并没有约定给付时间和履行期限,被告付款请求权的诉讼时效应当从 B 反诉主张之日起计算,故 B 的答辩意见不成立,法院不予支持。

任务一 仓储法律概述

仓储法律是调整物品在仓库储存和保管中发生的各种活动的法律规范的总称。1981 年 12 月 31 日通过的《中华人民共和国经济合同法》(现已废止)以专条的形式确立了仓储合同的法律地位，标志着我国仓储业开始向合同制管理转轨。1985年国务院批准发布了《仓储保管合同实施细则》（现已废止），该细则的实施极大地推动了仓储业的发展。1987年2月又发布了《化学危险物品安全管理条例》（现已废止）。同年6月，商业部发布了《国际粮油仓库管理办法（修订）》（现已废止），1988年10月又发布了《商业仓库管理办法》。这些立法构成了《合同法》实施前我国仓储法律制度的框架。1999年3月15日，第九届全国人民代表大会第二次会议通过了《合同法》，其中第二十章专章规定了仓储合同，这标志着我国仓储合同立法逐步走向成熟和完善。

任务二 仓储合同

5.2.1 仓储合同的概念

仓储合同是保管人储存存货人交付的仓储物，存货人支付仓储费的合同，又称仓储保管合同。合同当事人是保管人和存货人，保管的货物被称为仓储物，保管人因保管获得的报酬是仓储费。根据《合同法》对仓储的定义，这里的仓储是狭义上的，仅限于货物保管意义上的仓储，即不包括广义上仓储经营人可能提供的流通加工、配送、拼装、包装等服务。当然，当事人在狭义的仓储合同基础上完全可以将有关的其他服务条款纳入其中。

5.2.2 仓储合同的特征

（1）仓储合同是以仓储保管行为为标的的合同。

仓储合同是一种提供劳务的合同，其标的属于劳务。这种劳务的内容即双方约定的货物保管。保管是对物品进行保存和对物品的数量、质量进行管理控制的活动。因此，保管既是静态意义上的货物存储，更重要的是对货物进行动态的质量管理，避免货物的毁损。

（2）仓储合同中的保管人是从事仓储保管业务的人。

从事仓储保管业务的经营者应该具备相应的资格，具备一定的仓储设备和管理能力。

一般来说，仓储经营者从事仓储经营活动应具备以下条件：仓库的位置和设施，装卸、搬运、计算等机具应符合行业技术规定；仓库安全设施须符合公安、消防、环保等部门的批准许可；有完整的货物进库、出库、存放等管理制度；有专职保管员。但是，对提供不同仓储业务的经营者，所要求的仓储设备和能力是不同的，如利用自动化立体仓库从事保管服务的要求比站场、中转站要高得多。

（3）仓储物为动产。

仓储保管人以自己的仓库为存货人的货物提供保管服务，因此，仓储物只能是动产，不动产不能成为仓储物。

（4）仓储合同是双务、有偿、诺成性、不要式合同。

在仓储合同成立后，当事人均应履行一定的义务，保管人提供仓储服务，存货人支付仓储费，双方的权利和义务是相对应的，因此，仓储合同是双务合同、有偿合同。仓储合同自双方达成意思表示一致即成立，无须存货人提供仓储物合同才成立，因此，仓储合同属于诺成性合同。尽管根据《合同法》规定，保管人收到仓储物后要签发仓单，但是，仓单是仓储合同的证明，不是合同本身，因此，仓储合同是不要式合同。

5.2.3 仓储合同的订立

5.2.3.1 要约和承诺

与其他合同一样，仓储合同的订立也要经过要约和承诺两个阶段。仓储合同的要约既可以由保管人根据自己的仓储能力来发出，也可以由存货人根据自己的委托存储计划发出。由于仓储合同是诺成合同，因而一方发出的要约，经双方协商，对方当事人承诺后，仓储合同即告成立。

《合同法》没有对仓储合同的形式作出明确规定，双方当事人不仅可以订立书面的仓储合同，也可以选择订立口头的或其他形式的仓储合同。但在实践中，仓储合同一般采用书面形式。无论当事人采取什么样的形式订立仓储合同，当事人填写的入库单、仓单、出库单等，均可以作为仓储合同的证明。

如果当事人采用合同书形式订立仓储合同的，通常情况下，自保管人和存货人签字或者盖章时合同才告成立。但如果存货人在此之前就将仓储物交付至保管人，而保管人又接受该仓储物入库储存的，仓储合同自仓储物入库时成立。

5.2.3.2 仓储合同的内容

仓储合同的内容是明确保管人和存货人双方权利、义务关系的根据，通常体现在合同的条款上。一般来说，仓储合同应当包含以下主要条款：

（1）保管人、存货人的名称或者姓名和住所。

（2）仓储物的品名、品种、规格。

（3）仓储物的数量、质量、包装、件数和标记。在仓储合同中，应明确规定仓储物的计量单位、数量和仓储物质量，以保证顺利履行合同；同时，双方还要对货物的包装、件数以及包装上的货物标记作出约定，对货物进行包装。仓储合同与货物的性质、仓库中原有货物的性质、仓库的保管条件等有着密切关系。

（4）仓储物验收的项目、标准、方法、期限和相关资料。对仓储物的验收，主要是指保管人按照约定对入库仓储物进行的验收，以确定仓储物入库时的状态。仓储物验收的具体项目、标准、方法和期限等应由当事人根据具体情况在仓储合同中事先作出约定。保管人为顺利验收需要存货人提供货物的相关资料，仓储合同还应就资料的种类、份数等作出约定。

（5）仓储物的储存期间、保管要求和保管条件。储存期间即仓储物在仓库的存放期间，期间届满，存货人或者仓单持有人应当及时提取货物。保管要求和保管条件是针对仓储物的特性，为保持其完好所要求的具体条件、因素和标准。为便于双方权利义务和责任的划分，应对储存期间、保管要求和保管条件作出明确具体的约定。

（6）仓储物进出库手续、时间、地点和运输方式。仓储物的入库，即意味着保管人保管义务的开始；而仓储物的出库，则意味着保管人保管义务的终止。

因此，仓储物进出库的时间、地点对划清双方责任非常关键；而且，仓储物的进出库有多种不同的方式，会影响双方的权利、义务关系，也会影响双方的责任划分。因此，双方当事人也应对仓储物进出库的方式、手续等作出明确约定，以便于分清责任。

（7）仓储物的损耗标准和损耗处理。仓储物在储存、运输、搬运过程中，由于自然的原因（如干燥、风化、挥发、黏结等）和货物本身的性质以及度量衡的误差等原因，不可避免地要发生一定数量的减少、破损或者计量误差。对此，当事人应当约定一个损耗的标准，并约定损耗发生时的处理方法。当事人对损耗标准没有约定的，应当参照国家有关主管部门规定的相应标准。

（8）计费项目、标准和结算方式。

（9）违约责任条款。即对当事人违反合同约定义务时应如何承担违约责任、承担违约责任的方式等进行的约定。

违约责任的承担方式包括继续履行、支付违约金、赔偿损失等。除此之外，双方当事人还可就变更和解除合同的条件、期限，以及争议的解决方式等作出约定。

5.2.4 仓储合同当事人的权利和义务

由于仓储合同是双务、有偿合同，双方当事人的权利和义务是相对的，存货人的义务相对于保管人就是权利，存货人的权利相对于保管人就是义务。因此，我们主要从义务的角度考察仓储合同当事人的权利和义务。

5.2.4.1 保管人的权利

（1）有权要求客户按照合同约定支付货物。

（2）有权要求客户就所交付的危险货物或易变质货物的性质进行说明并提供相关材料。

（3）对入库货物进行验收时，有权要求客户配合提供验收资料。

（4）发现货物有变质或其他损坏时，有权催告客户作出必要的处置。

（5）有权在情况紧急时，对变质或者有其他损坏的货物进行处置。

（6）有权要求客户按时提取货物。

（7）客户逾期提取货物的，有权加收仓储费。

（8）有权提存客户逾期未提取的货物。

（9）有权要求客户按约定支付仓储费用和其他相关费用。

5.2.4.2 保管人的义务

（1）签发、给付仓单的义务。

保管人仓单，既是其接收客户所交付仓储货物的必要手段，也是其履行仓储合同义务的一项重要内容。《合同法》第三百八十五条规定："存货人交付仓储物的，保管人应当给付仓单。"保管人在向客户给付仓单时，应当在仓单上签字或者盖章，保证仓单的真实性。

（2）及时验收货物并接收入库的义务。

《合同法》第三百八十四条的规定："保管人应当按照约定对入库货物进行验收。保管人对货物进行验收时，应当按照仓储合同约定的验收项目、验收标准、验收方法和验收期限进行。"

1）验收项目和标准。验收项目一般包括：货物的品名、规格、数量、外包装状况，以及无须开箱拆捆、通过直观就可以识别和辨认的质量状况。外包装或货物上无标记的，以客户提供的验收资料为准。保管人一般无开拆包装进行检验的义务，但如果客户有此要求，保管人也可根据与客户签订的协议进行检查。对于散装货物，则应当按照国家有关规定或者合同所确定的标准进行验收。

2）验收方法。验收方式有实物验收（逐件验收）和抽样验收两种。在实物验收中，保管人应当对客户交付的货物进行逐件验收；在抽样验收中，保管人应当依照合同约定的比例提取样品进行验收。验收方法有仪器检验和感官检验两种，实践中更多的是采用后者。

如果根据客户要求要开箱拆包验收，一般应有两人以上在场。对验收合格的货物，在外包装上印贴验收合格标志；对不合格的货物，应作详细记录，并及时通知客户。

3）验收期限。即自货物和验收资料全部送达保管人之日起，到验收报告送出之日止的一段时间。合同的验收期限，合同有约定的，应依合同约定；没有约定的，依仓储保管合同规定，国内到货不超过 10 天，国外到货不超过 30 天。自货物和验收资料全部送达保管人之日起计算。保管人应当在约定的时间内及时进行验收。

4）异议处理。保管人验收时发现入库货物与约定不符合的，应当及时通知客户，即保管人应在验收结束后的合理期限内通知。保管人未尽通知义务的，客户可以推定验收结果在各方面都合格。

（3）同意客户或者仓单持有人及时检查货物或者提取样品的义务。

根据《合同法》第三百八十八条"保管人根据存货人或者仓单持有人的要求，应当同意其检查仓储物或者提取样品"的规定，保管人具有同意客户或者仓单持有人及时检查货物或者提取样品的义务，以便客户或者仓单持有人及时了解、知悉货物的有关情况及储存、保管情况，发现问题后及时采取措施。

（4）危险通知义务。

当货物或外包装上标明了有效期或合同上声明了有效期的，保管人应在货物临近失效期 60 日前通知存货人；若发现货物有异状，或因第三人主张权利而起诉或被扣押的，亦应及时通知存货人。

（5）紧急处置义务。

根据《合同法》第三百九十条规定，保管人对入库货物发现有变质或者其他损坏的，应当及时通知客户或者仓单持有人，便于客户或者仓单持有人及时处理或者采取相应的措施，以避免损失的进一步扩大。

（6）催告义务。

《合同法》第三百九十条规定，保管人对入库货物发现有变质或者其他损坏，危及其他货物的安全和正常保管的，应当通知客户或者仓单持有人作出必要的处置。因情况紧急，保管人可以作出处置，但事后应当及时将情况通知存货人或仓单持有人。如果保管人怠于催告，则应对其他货物的损失负责，对自己遭受的损失自负责任。

（7）妥善储存、保管货物的义务。

保证被储存物的质量，是完成储存功能的根本要求，保管人应当按照合同约定的保管条件和保管要求，妥善储存和保管货物，尽到善良管理人的注意义务。如果在储存期间，保管人因保管不善造成货物毁损、灭失的，应根据《合同法》第三百九十四条的规定承担损害赔偿责任。但因货物的性质、包装不符合约定或者超过有效储存期造成货物变质、损坏的除外。

（8）按期如数出库的义务。

仓储合同中，保管人对货物不具有所有权和处分权，储存期间届满，当客户或者仓单持有人凭仓单提货时，保管人应当返还货物。保管人没有按照约定的时间、数量交货的，应当承担违约责任。未按货物出库规则发货而造成货物损坏的，应当负责赔偿实际损失。当事人对储存期间没有约定或者约定不明确的,根据《合同法》第三百九十一条的规定,客户或者仓单持有人可以随时提取货物,保管人也可以随时要求客户或者仓单持有人提取货物,但应当给予必要的准备时间。保管人返还货物的地点,由当事人约定,或由客户或仓单持有人到仓库自行提取,或由保管人将货物送至指定地点。如果保管方没有按照合同规定的期限和要求发货或错发到货地点,应当负责赔偿由此造成的实际损失。

5.2.4.3 存货人的权利

(1) 有权要求保管人给付仓单。

(2) 有权要求保管人对货物进行验收并就不符情况予以通知,保管人未及时通知的,有权认为入库货物符合约定。

(3) 有权对入库货物进行检查并提取样品。

(4) 保管人没有或者怠于将货物的变质或者其他损坏情形向存货人催告的,存货人有权对因此遭受的损失向保管人请求赔偿。

(5) 对保管人未尽妥善储存、保管货物的义务造成的损失,有权要求保管人赔偿。

(6) 储存期满有权凭仓单提取货物。

(7) 未约定储存期间的,也有权随时提取货物,但应该给予保管人必要的准备时间。

(8) 储存期间未满,也有权提取货物,但应当加交仓储费。

5.2.4.4 存货人的义务

(1) 按照合同约定交付货物的义务。

存货人有义务将货物交付给保管人。存货人交付保管人的货物在品种、数量、质量、包装等方面必须符合仓储合同的约定。

(2) 说明危险物品或易变质物品的性质并提供相关资料的义务。

《合同法》第三百八十三条规定:"储存易燃、易爆、有毒、有腐蚀性、有放射性等危险物品或者易变质物品,存货人应当说明该物品的性质,提供有关资料。""存货人违反前款规定的,保管人可以拒收仓储物,也可以采取相应措施以避免损失的发生,因此产生的费用由存货人承担。"

(3) 配合保管人对货物进行验收并提供验收资料的义务。

在保管人对入库货物进行验收时,存货人应当对保管人的验收行为给予配合。如果保管人对入库货物的验收需要存货人提供验收资料,存货人提供的资料应当完备和及时,提供的资料不全面或迟延造成验收差错及其他损失,应承担责任。

(4) 对变质或者有其他损坏的货物进行处置的义务。

为了确保其他货物的安全和正常的保管活动,根据《合同法》第三百九十条的规定,当入库货物发生变质或者其他损坏,危及其他货物的安全和正常保管,保管人催告时,存货人或仓单持有人有作出必要处置的义务。对于存货人或仓单持有人的这种处置义务,应当注意以下几点:

1) 以能够保证其他货物的安全和正常保管为限。

2) 如果保管人对存货人或者仓单持有人的处置要求过高,存货人或者仓单持有人可以拒绝。

3) 如果存货人或者仓单持有人对货物的处置已主动地逾越必要的范围,由此给保管人造成不便或带来损害的,保管人有权要求赔偿。

4）如果存货人或者仓单持有人怠于处置，则应对这些损失承担赔偿责任。

（5）容忍保管人对变质或者有其他损坏的货物采取紧急处置措施的义务。

保管人的职责是储存、保管货物，一般对货物并无处分的权利。然而在货物发生变质或其他损坏，危及其他货物的安全和正常保管，情况紧急时，根据《合同法》第三百九十条的规定，保管人可以作出必要的处置，但事后应当将该情况及时通知存货人或者仓单持有人。在这种情况下，存货人和仓单持有人事后不得对保管人的紧急处置提出异议，但保管人采取的紧急处置措施必须符合下列条件：

1）必须是情况紧急，即保管人无法通知存货人、仓单持有人的情况；保管人虽然可以通知，但可能会延误时机的情况。

2）处置措施必须是有必要的，即货物已经发生变质或者其他损坏，并危及其他货物的安全和正常保管。

3）所采取的措施应以必要的范围为限，即以能够保证其他货物的安全和正常保管为限。

（6）按时提取货物的义务。

双方当事人对储存期间有明确约定的，储存期间届满，存货人或者仓单持有人应当凭仓单提取货物。存货人或者仓单持有人逾期提取货物的，应当加收仓储费。在储存期间尚未届满之前，存货人或者仓单持有人也有权随时提取货物，但提前提取的，不得请求减收仓储费。根据《合同法》第三百九十三条的规定，储存期间届满，存货人或者仓单持有人不提取货物的，保管人可以催告其在合理期限内提取；逾期不提取的，保管人可以将货物提交给提存机关，提存货物。

（7）支付仓储费和其他费用的义务。

1）仓储费。即保管人因其所提供的仓储服务而应取得的报酬，根据《合同法》第三百八十一条的规定，应由存货人支付。存货人支付仓储费的时间、金额和方式依据仓储合同的约定。

仓储费与一般保管费有所不同，当事人通常约定由存货人在交付货物时提前支付，而非等到提取货物时才支付。根据《合同法》第三百九十二条的规定，存货人或者仓单持有人逾期提取货物的，应当加收仓储费；而提前提取的，不减收仓储费。

2）其他费用。即为了保护存货人的利益或者避免其损失而发生的费用，例如存货人所储存的货物发生变质或者其他损坏，危及其他货物的安全和正常保管的，在紧急情况下，保管人可以作出必要的处置。因此而发生的费用，应当由存货人承担。

5.2.4.5 保管人的责任

（1）存储期间，因保管不善造成货物毁损、灭失的，保管人应承担损害赔偿责任。货主存储货物的目的是使货物得到妥善适当的保管，以保持货物的品质，便于日后的生产、消费或交易。因此，保管人应该按照国家有关规定和合同的约定进行保管及必要的仓库储存、堆码、装卸与操作。

在存储期间，保管人没有适当履行保管义务而造成货物损毁、灭失的，应当承担相应的违约责任。

（2）因货物的性质、包装不符合约定或超过存储期造成货物变质、损坏的，保管人不承担损害赔偿责任。根据传统的交易习惯，货物包装一般都由货主自行负责，所以，货物在交付时均已包装妥当，保管人没有包装义务，因而不应当由其承担因包装不符合约定而造成损失的赔偿责任。但是，随着物流业的兴起，传统的生产和流通观念发生了变化，仓储经营者根据客户的需要同时从事包装服务已成为业界常态，所以，如果当事人约定货物入库前由保管人负责包装，则相应的责任由保管人承担。货物在超过有效存储期而发生变质、损坏的，保管人不承担损害赔偿责任。

任务三 仓　　单

仓单是仓储活动中规定当事人权利义务的主要单据，我国《合同法》第三百八十五、第三百八十六、第三百八十七条规定了仓单的主要内容和性质。

5.3.1 仓单的概念

仓单是指保管人在收到仓储物时向存货人签发的表示收到一定数量的仓储物的有价证券。据《合同法》第三百八十五条规定"存货人交付仓储物的，保管人应当给付仓单"，所以仓单的签发要以仓储合同的有效成立和存货人交付仓储物为条件。不符合这两个条件，保管人有权不签发仓单；但当符合这两个条件时，签发仓单是保管人的一种义务，该义务的履行无须以存货人的请求为条件。

仓单是仓储合同的一种证明文件，仓单不能代替合同。签发仓单是保管人在合同成立后履行的义务，因此，那种将仓单等同于仓储合同的观点是不正确的。如果两者相同，则仓储合同成为要式合同。在实际的仓储合同订立过程中，当事人既可以采用书面形式，也可以采用口头形式。如果仓单记载的内容与书面合同不一致，究竟以书面约定为准还是以仓单为准，存在不同的观点；但仓单转让后，应该以仓单为依据是没有疑问的。

如果仓储合同是口头形式的，在没有其他证明的情况下，仓单记载的内容应该就是当事人达成的合同内容本身。

仓单具有可分割性。仓单的分割是指仓单持有人将仓单下的货物转让给不同的受让人，或者将部分仓单价值用于质押时，要求保管人将原来的仓单转化成几份仓单的行为。我国《合同法》没有规定仓单的可分割性，但理论上是持肯定态度的，实践中，仓单质押业务也在物资储运行业开展了多年，仓单质押作为一种新型的服务项目，为仓储企业拓展服务项目，开展多种经营提供了广阔的舞台，特别是在传统仓储企业向现代物流企业转型的过程中，仓单质押作为一种新型的业务应该得到广泛应用。

5.3.2 仓单的性质

（1）仓单是一种有价证券。

有价证券是指该证券足以表明财产权，且其权利的发生、行使或转移须全部或部分以占有交付证券为要件。

有价证券通常是持有人享有一定的所有权或债权的凭证。仓单是提取仓储物的凭证，提取仓储物的权利依法可以转让。因此，仓单完全符合有价证券的定义。

（2）仓单是要式证券。

要式证券是指具备法定格式才有效的证券。《合同法》第三百六十条规定："保管人应当在仓单上签字或者盖章，仓单上应该有法定的必须记载的事项，否则，仓单不能产生法律效力。"而一般保管合同的成立，有当事人之间的合意即可，不以特别方式为必要。保管合同的形式由当事人自由选择，可以是口头形式，也可以是书面形式、公证形式。

（3）仓单是背书证券。

背书证券是指可以通过背书方式进行转让的证券。存货人或者仓单持有人在仓单上背书并经保管人签字或者盖章的，可以转让仓单。仓单的转让意味着提取货物的权利的转移。

（4）仓单是物权证券。

物权证券是指以物权为证券权利内容的证券。仓单是提取仓储物的凭证，存货人取得仓单后，即意味着取得了享有仓储物所有权的凭证。仓单转让时，仓储物的所有权也发生转移。因此，仓单是物权证券。当然，仓单也具有债权效力，是债权凭证。所谓债权凭证是指仓单持有人享有向保管人请求交付仓储物的权利，这种请求权是一种债权。

（5）仓单是文义证券。

文义证券是指证券上的权利和义务仅依照证券上记载的文义而确定的证券。仓单所创设的权利义务是依据仓单记载的文义予以确定的，不能以仓单记载以外的其他因素加以认定或变更。因此，仓单是文义证券。这意味着，如果仓单上记载着有某批货物而实际上仓库中没有，保管人对仓单持有人也有交付该批货物的义务。

（6）仓单是无因证券。

所谓无因证券，是指证券权利的存在和行使不以作成证券的原因为要件，证券的效力与作成证券的原因完全分离。所谓有因证券，是指证券权利的存在和行使以其基础原因为条件，基础原因的有效与否直接影响证券的效力。仓单是有因证券还是无因证券，在理论界有两种相反的认识：一种观点认为仓单是有因证券，因为仓单上的权利不是基于仓单的出单行为本身产生的，其出单行为的基础为有效的仓储合同。另一种观点认为仓单是无因证券，认为既然仓单是文义证券，就不宜为有因证券。从仓单持有人不管是否为存货人及保护仓单质押权人的利益出发，仓单应该理解为无因证券更合适。

（7）仓单是换取证券。

换取证券是指义务人履行了证券上的义务后，权利人应该将证券返还给义务人的证券。仓单持有人请求交付仓单上记载的仓储物时，应将仓单交还保管人，因此，仓单是换取证券。

5.3.3 仓单的内容

仓单是提取仓储物的凭证，是一种要式证券和文义证券，因此仓单上记载的事项具有重要意义。我国《合同法》第三百八十六条规定："保管人应当在仓单上签字或者盖章。"仓单包括下列事项：

（1）存货人的名称或者姓名和住所。

仓单是记名证券，因此，仓单上必须记载存货人的名称或者姓名和住所。这是仓单必须记载的内容，否则仓单不产生法律效力。

（2）仓储物的品种、数量、质量、包装、件数和标记。

仓储物的品种、数量、质量、包装、件数和标记直接涉及仓单当事人的权利和义务，对这些内容进行清楚记载也是避免纠纷的有效方法。需要注意的是，这些内容须是经过保管人验收确定后再填写在仓单上的，而在保管人和存货人订立仓储合同时，对仓储物上述情况的约定，不能作为填写仓单的依据。

（3）仓储物的损耗标准。

仓储物的损耗标准主要是关于仓储物在保管期间因为自然因素和货物本身的因素导致损耗的计算方法。一般来说，在仓储合同中约定有仓储物的损耗标准的，仓单上所记载的损耗标准通常与该约定相同。当然，当事人也可以在仓单上对仓储合同中约定的标准进行变更。当仓储合同约定的标准与仓单上所记载的标准不一致时，一般以仓单的记载为准。

（4）储存场所。

仓单上记载储存场所是为了存货人或仓单持有人及时、准确地提取货物。当存货人购买保险时，货物所在的仓库或场所是保险人是否同意承保的一个考虑因素。

（5）储存期间。

储存期间具有多方面的意义：第一，仓单的相关记载可以明确保管人履行保管义务的开始时间和终止时间；第二，在储存期间届满即为存货人提取仓储物的时间；第三，其是计算仓储费的一个因素。

（6）仓储费。

仓储合同是有偿合同，仓储费是保管人为存货人提供保管服务而获得的报酬。仓储费的约定具体包括数额、支付方式、支付时间、支付地点等。

（7）仓储物的保险。

仓储物已经办理保险的，其保险金额、期间以及保险人的名称应记载清楚。仓储物的保险比较复杂，主要涉及谁负责购买保险的问题。仓储经营人可以对仓库中的所有货物向保险人投保，也可就特定的货物投保。货物所有人也可以就仓储物自己投保。有时保管人和存货人同时购买保险，但是，两种保险的保险责任范围是不同的。

（8）填发人、填发地和填发日期。

保管人应当在仓单上签字或者盖章。填发人可以是保管人本人，也可以是其授权的人，填发地和填发日期也涉及当事人的权利和义务。

前述的仓单记载事项是否都应是绝对记载事项的问题，我国存在不同的认识，不同国家具体的规定也有差异。以往法律对仓单的记载事项要求比较严格，不能缺少法律要求的任何一项，否则该仓单不产生效力。随着合同自由原则的广泛认同，对仓单记载事项的要求逐渐放宽。其中的一些事项要求是必须记载的，这些事项被称为绝对必要记载事项；其他事项由当事人决定是否记载，那些事项被称为相对必要记载事项。

《合同法》中，对哪些属于绝对必要记载事项、哪些属于相对必要记载事项并无明确规定，对保管人应当签字或盖章、存货人的名称或者姓名和住所这两项一般没有争议，都认为是绝对必要记载事项。而对其他事项则存在不同见解，在实践中，前述第（1）、第（2）、第（4）、第（8）项大多也被作为绝对必要记载事项看待。

5.3.4 仓单质押融资

5.3.4.1 仓单质押融资的概念

仓单质押融资是指申请人将其拥有完全所有权的货物存放在银行指定仓储公司（以下简称仓储方），并以仓储方出具的仓单在银行进行质押，作为融资担保，银行依据质押仓单向申请人提供的用于经营与仓单货物同类商品的专项贸易的短期融资业务。

仓单质押的法律依据是我国《物权法》第223条以及担保法的相关规定内容,其是以仓单为标的物而成立的一种质权,多为债权实现的一种担保手段。当前,银行的仓单质押融资业务就建立在仓单的质押担保权能之上,其核心在于担保人以在库动产(包括原材料、产成品等)作为质押物担保借款人向银行的借款,仓储物流企业经银行审核授权后,以第三方的身份对担保人仓单项下的在库动产承担监管责任,受银行委托代理监管服务,对质押物进行库存监管。

5.3.4.2 仓单质押对质权人的效力

(1)仓单留置权。

仓单设质后,出质人应将仓单背书并交付质权人占有。债务人未为全部清偿以前,质权人有权留置仓单而拒绝返还。依质权一般法理,质权人对标的物的占有乃质权的成立要件,而质权人以其对标的物的占有在债务人未为全部清偿之前,得留置该标的物,其目的在于迫使债务人从速清偿到期债务。

这种留置在动产质权中表现得最为明显,因为动产质押的质权人直接占有设质动产,当债务人不能清偿到期债务时,质权人只有留置其所占有的动产,才能将该动产变价并优先受偿。而在仓单质押中,质权人占有的是出质人交付的仓单而并不是直接占有仓储物。但是,仓单是提取仓储物的凭证,因此仓单质押的质权人在债务人不能清偿到期债务时留置仓单,就可以凭其所占有的仓单向保管人请求提取仓储物而进行变价并优先受偿届期债权。

(2)质权保全权。

仓单设质后,如果因出质人而使仓储物有所损失时,会危及质权人质权的实现,于此情形下,质权人有保全质权的权利。我国《合同法》第三百八十八条规定:"保管人根据存货人或者仓单持有人的要求,应当同意其检验仓储物或者提取样品。"第三百八十九条规定:"保管人对入库仓储物发现有变质或者其他损坏的,应当及时通知存货人或者仓单持有人。"

从这两条规定并结合我国《担保法》的有关规定,可以认为:仓单设质后,因质权人依法占有仓单,因此质权人有权依照《合同法》的有关规定向仓储物的保管人请求检验仓储物或者提取仓储物的样品,保管人不得拒绝,并且无须征得出质人的同意。质权人在检验仓储物或者提取仓储物的样品后,发现仓储物有毁损或者灭失之虞而将害及质权的,质权人得与出质人协商由出质人另行提供足额担保,或者由质权人提前实现质权,以此来保全自己的质权。

(3)质权实行权。

设定质权的目的在于担保特定债权顺利获得清偿,因此在担保债权到期而未能获得清偿时,质权人自有实现质权的权利,以此为到期债权不能获如期清偿的救济,从而实现质押担保的目的。这在仓单质押亦同,且为仓单质押担保权利人的最主要权能。仓单质押的质权实行权包括两项:一为仓储物的变价权,二为优先受偿权。

(4)质权人的义务。

质权人的义务主要包括保管仓单和返还仓单。在前者,因为仓单设质后,出质人要将仓单背书后交付给质权人占有,但质权人对仓单的占有,因有出质背书而取得的仅为质权,而非为仓储物的所有权。故而因质权人而致仓单丢失或者为其他第三人善意取得，就会使出质人受到损害，因此，质权人负有妥善保管仓单的义务。至于后者，乃为债务人履行了到期债务之后，质权担保的目的既已实现，仓单质押自无继续存在的必要和理由，质权人自当负有返还仓单的义务。

5.3.4.3 仓单质押对出质人的效力

主要表现为其对仓储物处分权受有限制。仓单作为一种物权证券，是提取仓储物的凭证，取得仓单意味着取得了仓储物的所有权。但仓单一经出质，质权人即占有出质人交付的仓单，此时质权人取得的并不是仓储物的所有权而仅为质权；对于出质人，因其暂时丧失了对仓单的占有，尽管其对仓储物依然享有所有权，但若想处分该仓储物，则势必会受到限制。

出质人若想对仓储物进行处分，应当向质权人另行提供相应的担保，或者经质权人同意而取回仓单，从而实现自己对仓储物的处分权。在前者，表现为仓单质押消灭；在后者，表明质权人对债务人的信用持信任态度而自愿放弃自己债权的担保，法律自无强制的必要。如果此项处分权不受任何限制，则质权人势必陷入无从对质押担保标的物的交换价值进行支配的境地，从而该项权利质权的担保机能便丧失殆尽。

5.3.4.4 仓单质押对仓储物的保管人的效力

（1）保管人负有见单即交付仓储物的义务。

仓单是提取仓储物的凭证，仓单持有人可以凭借所持有的仓单向保管人请求交付仓储物，而保管人负有交付仓储物的义务。因而，在仓单质押中，当质权人的债权到期不能获得清偿时，质权人便可以向保管人提示仓单请求提取仓储物从而实现仓单质押担保。从此意义上讲，仓单质押的效力及于保管人。

（2）保管人享有救济权。

依合同法原理，仓单持有人提前提取仓储物的，保管人不减收仓储费。因此，质权人在实现质权时，尽管仓储期间尚未届满，保管人也不得拒绝交付仓储物。但是，如果出现质权人提前提取仓储物而尚有未支付的仓储费的，保管人得请求质权人支付未支付的仓储费。当然，质权人因此而为的支出应当在仓储物的变价之中扣除，由债务人最后负责。若质权实行时，仓储期间业已届满，保管人亦享有同样的救济权，由质权人先支付逾期仓储费，债务人最后予以补偿。

5.3.4.5 仓单质押的意义

开展仓单质押业务，既可以解决货主企业流动资金紧张的困难，同时可以保证银行放贷安全，又能拓展仓库服务功能，增加货源，提高效益。

首先，对于货主企业而言，利用仓单质押向银行贷款，可以解决企业经营融资问题，争取更多的流动资金周转，达到实现经营规模扩大和发展，提高经济效益的目的。

其次，对于银行等金融机构而言，开展仓单质押业务可以增加放贷机会，培育新的经济增长点；又因为有了仓单所代表的货物作为抵押，贷款的风险大大降低。

最后，对于仓储企业而言，一方面可以利用能够为货主企业办理仓单质押贷款的优势，吸引更多的货主企业进驻，保有稳定的货物存储数量，提高仓库空间的利用率；另一方面可以促进仓储企业不断加强基础设施的建设，完善各项配套服务，提升企业的综合竞争力。

任务四 保管合同

5.4.1 保管合同的概念

保管合同又称寄托合同,是指保管人保管寄存人交付的保管物,并依约返还该物的合同。其中,对他人之物进行保管的人称为受寄托人或者保管人,将物交于保管人保管的人称为寄存人。

5.4.2 保管合同的特征

(1) 保管合同以物品的保管行为为标的。
(2) 保管合同原则上是不要式合同。
(3) 保管合同原则上为实践合同。

5.4.3 保管合同当事人的义务

5.4.3.1 保管人的主要义务

(1) 给付保管凭证。
寄存人向保管人交付保管物后,保管人应当给付保管凭证,另有交易习惯的除外。
(2) 妥善保管。
妥善保管通常指保管人在进行保管时,应尽适当的注意义务。
(3) 专属保管。
保管人应亲自为保管行为,不得将保管物转交第三人保管,当事人另有约定的除外。如保管人将保管物转交第三人保管,对保管物造成损失的,应当承担损害赔偿责任。
(4) 危险通知义务。
1) 一般危险通知义务。即在保管物因自然原因或第三人侵害可能处于灭失、毁损的危险情形时,保管人应当及时通知寄存人。
2) 第三人主张权利时的危险通知义务。第三人对保管人提起诉讼或者对保管物申请扣押的,保管人应当及时通知寄存人,以便寄存人及时采取措施保护自己的利益。
(5) 不得使用或许可他人使用保管物。
在保管期间,保管人不得使用或许可他人使用保管物,但经寄存人同意或者基于保管物的性质必须使用的情形除外。
(6) 返还保管物。
当保管合同期限届满或者寄存人提前领取保管物时,保管人应当及时返还保管物。

5.4.3.2 寄存人的主要义务

(1) 支付保管费及必要费用。
如果保管是有偿的,则寄存人应按照约定向保管人支付保管费及其他必要费用。
(2) 特定情形下的告知义务。
寄存人交付的保管物有瑕疵或者按照保管物的性质需要采取特殊保管措施的,寄存人应当将有关情况告知保管人。寄存人未告知,致使保管物受损失的,保管人不承担损害赔偿责任；保管人因此受到损失，除保管人知道或者应当知道而且未采取补救措施外，寄存人应当承担损害赔偿责任。

（3）特定情形下的声明义务。

寄存人寄存货币、有价证券或者其他贵重物品的，应当向保管人声明，由保管人验收或者封存。寄存人未声明的，该物品毁损、灭失后，保管人可以按照一般物品予以赔偿。

5.4.4 仓储合同与保管合同的联系与区别

5.4.4.1 仓储合同与保管合同的联系

（1）当事人在合同权利义务上具有相似性。

仓储合同与保管合同都是对他人的货物提供一定的保管服务，在保管期限届满时返还该物的合同。因此，不管是仓储还是保管合同，当事人在合同权利义务上具有相似性。

（2）仓储合同是一种特殊的保管合同。

虽然我国《合同法》对保管合同和仓储合同各自设有专门的分则，但保管与仓储这两种活动具有许多相似性。《合同法》第三百九十五条明确规定："凡仓储合同这一章未做规定的，应适用保管合同的有关规定。"

5.4.4.2 仓储合同与保管合同的区别

（1）仓储合同是有偿合同。

仓储合同的有偿性主要体现在存货人应当支付仓储费。保管合同既可以是有偿合同也可以是无偿合同。保管合同主要是有偿的，如车站提供的行李保管服务。在公民之间订立的保管合同，大部分是无偿合同。如果当事人没有约定保管费，事后又没有达成关于保管费的补充协议，《合同法》规定应推定为是无偿的。

（2）仓储合同是诺成性合同。

保管合同通常是实践性合同。《合同法》规定，保管合同自保管物交付时成立，但当事人另有约定的除外。因此，如果当事人有约定，保管合同可以自意思表示一致时成立；反之，则以交付保管物为合同成立的条件。

（3）根据仓储合同可签发仓单，而保管合同中不存在仓单，保管人可出具收货凭证（或保管凭证）。

仓储合同有效成立后，在存货人交付仓储物时，保管人应当给付仓单，并在仓单上签名或盖章。仓单与通常的保管凭证的区别在于，仓单具有物权凭证的性质，仓单可以抵押、转让等，而保管凭证不具有这些功能。

（4）现有法律对仓储经营人要求特殊的经营资格条件，而对保管人未做限制，从事仓储经营须具备一定的条件并进行工商登记取得营业执照。

仓储经营者从事仓储经营活动应具备以下条件：仓库位置、设施、装卸、搬运、计量等机具应经行业技术规定；仓库安全设施须经公安、消防、环保等部门批准许可；有完整的货物进库、出库、存放等管理制度；有专职保管员。因此，仓储经营人具有特殊性，而非商业性的保管人可以是任何人。

（5）仓储合同根据无过错责任原则确定责任，而保管合同根据过错责任原则确定责任。《合同法》规定，保管期间，因保管人保管不善造成保管物毁损、灭失的，保管人应当承担损害赔偿责任，但如果保管是无偿的，保管人证明自己没有重大过失的，无须承担损害赔偿责任。

（6）仓储合同的仓储物应该是动产，而对保管合同的保管物法律上不限于理论上的动产，不动产也可成立保管合同。保管合同中的寄存人可以寄存货币、有价证券或者其他贵重物品；仓储合同一般是针对商业性货物提供的保管服务。

任务五　保税货物仓储

5.5.1　保税货物和保税仓库概述

5.5.1.1　保税货物和保税仓库的概念

保税货物仓储是国际物流中的一项重要内容。其中的法律问题不仅与《合同法》等有关，还与国家颁布的口岸法律、法规和政策有关。

保税货物是指经过海关批准未办理纳税手续进境，在境内储存、加工、装配后复运出境的货物。一般需要储存的保税货物包括来料加工或进料加工料件、维修零配件、供应国际航行船舶的燃料和零配件、外商寄存或暂存的货物、转口贸易货物、免税品商店进口的货物等。

保税仓库则是指经海关核准的专门存放保税货物的专用仓库。除对所存货物免交关税外，保税仓库还可能提供其他的优惠政策（如免领进口许可证或其他进口批件）和便利的仓储、运输条件，以吸引外商储存货物和从事包装等业务。

国际上通行的保税制度是，进境存入保税仓库的货物可暂时免纳进口税款、免领进口许可证或其他进口批件，在海关规定的存储期内复运出境或办理正式进口手续。1988年我国加入了《关于简化和协调海关业务制度的国际公约》（简称《京都公约》）的《关于保税仓库的附约》。2004年2月1日，我国的《海关对保税仓库及所存货物的管理规定》正式生效。

根据我国《海关法》《海关对保税仓库及所存货物的管理规定》及《海关对保税货物和保税仓库监管暂行办法》的有关规定，保税货物的仓储有许多具体的要求。

5.5.1.2　保税仓库的功能

保税仓库的功能比较单一，主要是货物的保税储存，一般不进行加工制造和其他贸易服务。除了另有规定外，货物存入保税仓库，在法律上意味着在全部储存期间暂缓执行该货物投入国内市场时应遵循的法律规定，即这些货物仍被看作处于境外。

如果货物从保税仓库提出而不复运出境，则将被当作直接进口的货物对待。保税仓库内的货物在海关规定的存储期内未复运出境的，也需办理正式的进口手续。

5.5.1.3　保税仓库的类型

（1）专用保税仓库。

这指国际贸易企业经海关批准后自己建立的自营性质的保税仓库，以储存本企业经营的保税货物。由于储存地就是收货人的所在地，这类保税仓库可以享受较宽松的监管方式，海关手续也可按简化的方式和就地结关程序办理。

（2）公共保税仓库。

这指具有法人资格，由专营仓储业务的经济实体所建立的保税仓库，其本身不经营进出口贸易,而为社会提供保税货物的仓储服务。

(3) 海关监管仓库。

这种仓库主要存放已经进境而无人提取的货物,或者无证到货、单证不齐、手续不全以及违反海关有关规定等,而海关不予放行,需要暂存在海关监管下的仓库里等候处理的货物。

5.5.2 保税仓库的设立

5.5.2.1 经营保税仓库的企业应具备的条件

(1) 企业合法注册,具有法人资格。
(2) 注册资本达到或超过 300 万元人民币。
(3) 具备向海关缴纳税款的能力。
(4) 具有专门存储保税货物的营业场所。
(5) 经营特殊许可商品存储的,应当持有规定的特殊许可证件。
(6) 经营备料保税仓库的加工贸易企业,年出口额最低为 1 000 万美元。

5.5.2.2 保税仓库本身应当具备的条件

(1) 符合海关对保税仓库的布局要求,具备符合海关监管要求的安全隔离设施、监管设施和办理业务必需的其他设施。
(2) 根据保税仓库的使用对象不同和特定用途,要求达到相应的面积(最低为 2 000 m^2)。
(3) 具备符合海关监管要求的保税仓库计算机管理系统并与海关联网。
(4) 具备符合海关监管要求的保税仓库管理制度,符合会计法要求的会计制度。
(5) 符合国家土地管理、规划、交通、消防、安全、质检、环保等方面法律、行政法规及有关规定。

5.5.2.3 申请设立保税仓库的程序

保税仓库由直属海关审批,报海关总署备案。

(1) 申请。

企业申请设立保税仓库,应向仓库所在地主管海关提交书面申请,并提供企业与仓库具备所要求的相关条件的证明材料。

(2) 受理。

申请材料齐全有效的,主管海关予以受理,并于受理申请之日起 20 个工作日内提出初审意见并将有关材料报送直属海关审批。

(3) 批准。

直属海关在接到材料之日起 20 个工作日内审查完毕,对符合条件的,出具批准文件,批准文件的有效期为 1 年。

(4) 验收。

在海关出具批准文件 1 年内,申请设立保税仓库的企业还应向海关申请保税仓库的验收,无正当理由逾期未申请验收或验收不合格者,保税仓库的批准文件自动失效。

保税仓库只有验收合格,经海关注册登记并核发《中华人民共和国海关保税仓库注册登记证书》(简称《保税仓库注册登记证书》),方可投入运营。

5.5.3 保税货物的进出口

经海关批准暂时进口或暂时出口的货物，以及特准进口的保税货物，在收货人或发货人向海关缴纳相当于税款的保证金或者提供担保后，准予暂时免缴关税，海关根据货物的进口或出口情况，再决定征税或免税。因此出入保税仓库的货物需要进行申报。

加工贸易进口货物、转口货物、供应国际航行船舶和航空器的油料、物料和维修用零部件、供维修外国产品所进口寄售的零配件、外商暂存货物、未办结海关手续的一般贸易货物以及经海关批准的其他未办结海关手续的货物，经海关批准可以存入保税仓库。

5.5.3.1 保税仓库货物的进口（入库）

保税仓库货物的进口（入库）分为三种情况：

（1）在保税仓库所在地海关入境。

货主或其代理人应当填写进口货物报关单一式三份，加盖"保税仓库货物"印章并注明此货物将要存入的保税仓库，向海关申报，经海关查验放行后，一份由海关留存，另两份随货带交保税仓库。

保税仓库的业务人员应在货物入库后将货物与报关单进行核对，并在报关单上签收，其中一份留存，一份交回海关存查。

（2）在非保税仓库所在地海关入境。

货主在保税仓库所在地以外的其他口岸进口货物，应按海关对转关运输货物的规定办理转关运输手续。货物运抵后再按上述规定办理入库手续。

（3）自用的生产、管理设备的进口。

保税仓库经营单位进口供仓库自己使用的设备、装置和用品，如货架，搬运、起重、包装设备，运输车辆，办公用品及其他管理用具，均不属于保税货物，进口时应按一般贸易办理进口手续并缴纳进口税款。保税仓储货物入库时，收发货人或其代理人持有关单证向海关办理货物报关入库手续，海关根据核定的保税仓库存放货物范围和商品种类对报关入库货物的品种、数量、金额进行审核，并对入库货物进行核注登记。

入库货物的进境口岸不在保税仓库主管海关的，经海关批准，按照海关转关的规定或者在口岸海关办理相关手续。

5.5.3.2 保税仓库货物的储存

（1）储存期限。

保税仓库所存货物储存期限为1年。如因特殊情况可向海关申请延期，但延期最长不得超过1年。保税储存期仍未转为进口也不复运出境的，由海关将货物变卖，所得价款在扣除运输、装卸、储存等费用和税款后，尚有余款的，自货物变卖之日起1年内，经收货人申请，予以发还；逾期无人申请的，上缴国库。

（2）货物的使用。

保税仓库所仓储的货物，属于海关监管的保税货物，未经海关核准并按规定办理有关手续，任何人不得出售、提取、交付、调换、抵押、转让或移作他用。

（3）货物的灭失、短少。

保税仓库所存货物在储存期间发生短少，除由于不可抗力的原因外，其短少部分应当由保税仓库经理人承担缴纳税款的责任，并由海关按有关规定进行处理，由此产生的货物灭失、损坏的民事责任按一般仓储处理。

（4）货物的加工。

在保税仓库中不得对所仓储的货物进行加工。如需对货物进行改变包装、加刷唛头等整理工作，应向海关申请核准并在海关的监管下进行。

（5）货物的查验。

海关可随时派员进入保税仓库检查货物储存情况，查阅有关仓库账册，必要时可派员驻库监管。保税仓库经营单位应给予协作配合并提供便利。

（6）货物的存放。

保税仓库必须专库专用，保税货物不得与非保税货物混合堆放。加工贸易备料保税仓库的入库货物仅限于该加工贸易经营单位本身所需的加工生产料件，不得存放本企业从事一般贸易进口的货物，或与加工生产无关以及其他企业的货物。

5.5.3.3 保税仓库货物的出库

经海关批准，保税仓储中运往境外的货物，运往境内保税区、出口加工区或者调拨到其他保税仓库继续实施保税监管的货物，转为加工贸易进口的货物和转入国内市场销售的货物可以办理出库手续，海关按照相应的规定进行管理和验放。

保税仓库货物的出库分以下几种情况：

（1）货物的提取。

公共保税仓库的保税货物，只能供应本关区内的加工生产企业。

对经批准设立的专门存储不宜与其他物品混放的保税仓库原料（如化工原料、易燃易爆危险品），以及一个企业集团内专设供应本集团内若干不同关区的加工企业必须跨关区提取所需保税料件的，加工贸易企业应事先向海关办理加工贸易合同登记备案，领取《加工贸易登记手册》，并在该登记手册载明的原材料进口期限内，分别向加工贸易企业主管海关、保税仓库主管海关办理分批从保税仓库提取货物的手续。

（2）原保税货物复运出口。

保税仓储货物出库复运往境外的，发货人或其代理人应当填写出口报关单，并随附出库单据等相关单证向海关申报，保税仓库向海关办理出库手续并凭海关签印放行的报关单发运货物。出境货物出境口岸不在保税仓库主管海关的，经海关批准，可以在口岸海关办理相关手续，也可以按照海关规定办理转关手续。

（3）提取用于加工贸易的货物。

从保税仓库提取货物用于进料加工、来料加工项目的，经营加工贸易的单位应首先按照进料加工或来料加工的程序办理审批。也就是说，经历了合同审批、合同登记备案、开设加工贸易银行保证金台账后，由主管海关核发《加工装配和中小型补偿贸易进出口货物登记手册》（简称《登记手册》）。

经营加工贸易的单位持海关核发的《登记手册》，向保税仓库所在地主管海关办理保税仓库提货手续，填写进料加工或来料加工专用《进口货物报关单》，需确定其贸易性质为进料加工或来料加工时，应补填《进口货物报关单》和《保税仓库领料核准单》。经海关核实后，在《保税仓库领料核准单》上加盖放行章，其中一份由经营加工贸易的单位凭此向保税仓库提取货物，另一份由保税仓库留存，作为保税仓库货物的核销依据。

（4）提取经海关核准转为进入国内市场销售的保税货物。

这包括国内销售使用或运往境内保税区、出口加工区或者调拨到其他保税仓库继续实施保税监管的货物。收发货人或其代理人应当填写进口报关单，并随附出库单据等相关单证向海关申报，保税仓库向海关办理出库手续并凭海关签印放行的报关单发运货物。从异地提取保税仓储货物出库的，可以在保税仓库主管海关报关，也可以按照海关规定办理转关手续。

出库保税仓储货物批量少、批次频繁的，经海关批准可以办理集中报关手续。

5.5.3.4 保税仓库货物的核销

（1）报送有关单证。

保税仓库对所存的货物应有专人负责，并于每月的前五日将上月发生的货物收受、交付、储存等情况列表报送当地海关核查，并随附经海关签章的进出口报关单及《保税仓库领料核准单》等单证。

（2）海关予以核销。

主管海关对保税仓库入库、出库报表与实际进口、出口报关单及领料单进行审核，必要时派员到仓库实地核查，核实无误后予以核销，并在一份保税仓库报表上加盖印章认可，退还保税仓库经营单位留存。

5.5.4 海关对保税仓库的监管

海关对保税货物和保税仓库的监管主要体现在两个方面，一方面是宏观调控上的，如市场准入、经营管理的一般原则及相关程序的规范；另一方面是关于具体的管理办法、保税仓库的日常监管等内容。

本章小结

随着现代物流的发展，传统仓储正向现代仓储转化，即由传统的静态货物保管功能向动态的货物管理转化，由独立的仓库功能向与配送相结合的方向发展。仓储在物流环节中的地位越来越重要。仓储管理中的法律问题主要集中在仓储合同的管理上，仓储合同的订立要经过要约和承诺两个阶段，合同的内容应包括保管人，存货人的名称或者姓名和住所，仓储物的品名、品种、规格，仓储物的数量、质量、包装、件数和标记，仓储物验收的项目、标准、方法、期限和相关资料，仓储物的储存期间、保管要求和保管条件，仓储物进出库手续、时间、地点和运输方式，仓储物的损耗标准和损耗处理，计费项目、标准和结算方式，违约责任条款等方面。当事人双方的权利义务关系应根据法律规定和合同约定来确定。仓单是保管人在收到仓储物时向存货人签发的表示收到一定数量的仓储物的有价证券。

作为仓储活动中规定当事人权利义务的主要单据，仓单是一种特殊的有价证券，仓单的填写应分清楚绝对必要记载事项和相对必要记载事项。

保税货物仓储是国际物流中的一项重要内容，其中的法律问题不仅与《合同法》等有关，还与国家颁布的口岸法律、法规和政策有关。保税仓库的申报、设立及保税货物的进出口都要在海关的监管下严格依照相关条件和程序办理。

思考与练习

一、名词解释
1. 仓储合同　2. 仓单　3. 仓单质押融资　4. 保税货物　5. 保税仓库　6. 保管合同

二、简答题
1. 仓储合同的特征是什么？
2. 仓单的性质是什么？
3. 仓储合同与保管合同的区别有哪些？
4. 仓储合同保管人和存货人的权利义务是什么？
5. 仓单质押对质权人的效力有哪些？

三、案例分析

案例一

上海某公司到湖南收购了一批干辣椒，价值8万元，准备用于出口。因收购时没有组织好运输，故在当地与湖南某储运公司签订了一份仓储合同，约定上海公司将该批干辣椒在湖南公司仓库存放7天（5月10日至16日），待原告派车来运。公司支付了仓储费后即回去组织车辆来运。没想到从5月11日开始，湖南连下暴雨，由于仓库年久失修，暴雨形成的积水将库存货物严重浸湿，等上海公司前来提货时，辣椒已变质。湖南仓库以遭受不可抗力为由拒绝进行赔偿。

请回答：
1. 本案中的暴雨是否构成不可抗力？请说明理由。
2. 本案应当如何处理？

案例二

某储运公司与某食品加工厂签订了食品原料仓储合同，约定由储运公司储存食品加工厂的生产原料。在合同履行期间食品厂发现从仓库提取的原材料有变质现象，致使食品厂生产原料供应不上，影响了生产。经查，仓库的通风设备发生故障，因不能按时通风导致食品原料变质。

请回答：
1. 储运公司提供的仓储属于哪种类型的仓储？为什么？
2. 造成的损失由谁承担？为什么？
3. 请界定责任承担方赔偿损失的范围。

配送法律制度

知识目标

掌握物流配送合同的主要内容；掌握配送人的权利、义务和责任；了解物流配送的类型，了解配送合同与相关合同之间的关系。

技能目标

通过本项目的学习，分析解决配送合同法律纠纷。

导入案例

吉祥公司（以下称用户）与顺风货物配送中心（以下称配送人）订有销售配送合同，合同约定由配送人组织进货，并按用户的要求对货物进行栋选、加工、包装、分割、组配等作业后，在指定的时间送至用户指定地点，用户支付配送费。在合同履行过程中，先后出现了以下情况：7月10日，用户检查配送货物，发现了漏送事件；9月10日，用户接收货物后第五天发现包装货物不符合合同要求，属于次品。用户认为应该由配送人承担责任，对造成的损失给予赔偿，而配送人则认为自己已经尽到责任，不应该承担责任。

就本案进行分析，漏送事件应该由配送人承担责任，因为配送人有承担按照合同约定的时间配送货物的义务。包装货物不符合合同约定造成的损失也应该由配送人承担，因为配送人负责包装，对于由其引起的货损承担责任。

任务一　配送中的法律关系概述

配送是一个复杂的过程，常常涉及物流过程中的采购、仓储、运输、包装及加工等环节。因此，在配送环节中涉及的法律关系也比较复杂。供应配送是配送主体与用户合一的一种配送方式，不涉及各配送参与人的外部法律关系，至于其他类型的配送，一般都以合同的方式来实现。因此，配送主要涉及以下法律关系。

(1) 买卖合同关系。

这主要是针对销售配送而言的。在这种配送形式下，用户实质上是商品购买者（买方），销售企业则是商品的出卖人（卖方），销售企业所提供的配送服务仅仅是作为商品出售的附带服务。在这种类型的配送中，销售企业一般仅与用户订立买卖合同，配送服务则常常作为买卖合同中销售企业的一项重要义务而加以确定。因此，销售企业在出售商品的同时提供配送服务，是其履行合同义务的表现。

此外，在销售—供应一体化配送的情况下，如果用户与配送主体分别订立销售合同与配送服务合同，配送主体与用户之间也将形成买卖合同关系。但此时的买卖合同中将不涉及配送，关于配送方面的相关权利和义务，当事人须另行订立配送服务合同加以确定。

(2) 配送合同关系。

配送服务合同，是指一种单纯的提供配送服务的合同。在配送中，配送主体与用户总是以合同的方式来确定双方的权利和义务，从而形成合同关系。在这些合同中除个别仅涉及买卖合同关系的外，我们将其统称为配送合同，因此建立的关系，我们称之为配送合同关系。在配送合同中，配送主体可以仅承担配送义务，也可以具体地承担采购合同义务。一般而言，物流服务主体是以配送提供者的身份出现在配送合同关系中的。但在一定情况下，物流服务主体可能因自身不拥有配送能力而需要其他物流服务主体为其提供配送服务，所以物流服务主体也可能是配送合同中的用户。

但需要指出的是，在我国《合同法》分则及其他法律中尚无明文规定配送合同属于无名合同，因此配送合同所涉及的法律关系可参照《合同法》分则部分最相类似的规定。由于在配送合同中常涉及仓储、运输、加工等具体问题，所以对于配送合同我们认为其虽然不能具体形成仓储合同关系、运输合同关系及加工合同关系等法律关系，但其具体问题可以参照这些相应的法律关系加以明确。

任务二　配 送 合 同

6.2.1　配送合同的概念

配送合同是指配送人根据用户需要为用户配送商品并由用户支付配送费的合同。用户是配送活动的需求者，配送人是配送活动的提供者。配送费是配送人为用户提供商品配送活动而取得的对价。

6.2.2　配送合同的种类

根据合同是否包含商品销售内容的标准，配送合同可以分为配送服务合同与销售配送合同。

(1) 配送服务合同。

配送服务合同是指配送人仅接收用户的货物予以保管，并按用户的要求对货物进行拣选、加工、包装、分割、组配等作业，最后在指定时间送至用户指定的地点，由用户支付配送服务费的合同。

配送服务合同可以由销售—供应配送的销售企业与其用户签订，在第三方配送的配送人为代购而不为销售活动的情况下，也可以由该第三方配送的配送人与用户签订。在配送服务合同中配送人仅提供单纯的代订、代存、代供等物流配送服务，而不进行商品销售，合同双方当事人也仅就与配送服务相关的权利、义务进行协商并在合同中将协商一致的内容加以确定。该类型配送合同中的货物只发生物理位置的转移和物理形态的变化，而不涉及货物的所有权转移问题。在配送服务的过程中，货物所有权自始至终属于用户所有。由于该类型配送合同中的配送人不进行商品销售活动，所以相应的配送费并不包含购买商品的费用，配送人所能获得的配送费仅为其所提供的交接、配货、运送等配送服务的服务费数额。

(2) 销售配送合同。

销售配送合同是指配送人将物品所有权转移给用户的同时为用户提供配送服务，由用户支付配送费（包括所售商品价款和配送服务费）的合同。

具体而言，销售配送合同又可以分为以下两类：

1) 第一方销售配送合同。

这种类型的配送合同主要是指在销售配送中销售企业与用户订立的合同，以及在销售—供应一体化配送中销售企业与用户订立的包含销售与配送双重内容的配送合同。销售企业出于促进销售等目的，在向用户出售商品的同时向买受人承诺提供配送服务。从另一个角度来看，销售企业与用户所订立的这类合同实际上属于买卖合同的范畴，用户是商品购买方，销售企业则是商品的出卖方。在实践中，销售企业与用户一般也仅以买卖合同的形式签订合同，而将配送合同的相关权利和义务并入该买卖合同，不再单独订立配送合同。但是这并不表明销售配送合同就只能属于买卖合同。在这类合同中，销售企业不仅销售商品，而且为用户提供专业的配送服务。这种显著的配送服务特点使第一方销售配送合同是一种兼有买卖合同与配送合同相应特点的合同。尽管这两者的结合相对松散，但仍然很难简单地说销售配送合同属于哪一种合同，在不同的情况下，应将其分别归入买卖合同或配送合同。

2) 第三方销售配送合同。

该类型的配送合同主要是指在第三方配送中由专业的可提供配送服务的物流企业与用户所签订的合同。在第三方配送中配送人除了提供配货、送货等流通服务以外，还可以为用户提供订货、购货等服务。在这种情况下，配货人与用户所订立的配送合同也属于销售配送合同。具体地说，就是由用户将自己需要的产品型号、种类、各部件的要求、规格、颜色、数量等信息提供给配送人，配送人负责按此订货、购货、配货以及送货。

在这种方式中，物流企业与用户签订的配送合同，除约定配送人向用户提供配送服务外，还应就特定货物的交易条件达成一致。这种销售配送合同将买卖合同与配送服务合同紧密地结合在一起，形成一个有机体。因此，配送人将不仅因提供配送服务而获得配送的收益，而且将因商品的销售而获得利润。

6.2.3 配送合同的法律属性

(1) 配送合同是将买卖、仓储、运输、承揽和委托等合同的某些特点进行有机结合的一种无名合同。

1) 配送合同是无名合同。

无名合同，又称非典型合同，是相对于有名合同而言的，是指合同法或其他法律尚未明文规定、未赋予一定名称的合同。对于配送合同，合同法并未予以规范，而其他法律也尚无明文规定，因此配送合同是一种无名合同。虽然无名合同没有受到法律的直接明确的规范，但是当事人有权根据自己的意愿来创设任何类型的合同，因此只要配送合同符合合同生效的要求，就具有法律上的约束力。此外，虽然无名合同在法律上没有名称，但并不意味着它在实际生活中也一样没有名称，配送合同也是如此。在将来物流立法成熟之时，配送合同也可能会得到立法的认可，从而由无名合同转化为有名合同。

2）配送合同包含买卖、仓储、运输、承揽和委托等合同的某些特点。

① 配送合同在一定情况下包含买卖合同的某些特点，但配送合同并不是单纯的买卖合同。买卖合同是出卖人转移标的物所有权于买受人，由买受人支付价款的合同。不可否认，在销售配送合同中，配送人有将商品所有权转移给用户的义务，而用户也的确从配送费中支付所购商品的价款，因此销售配送合同具有买卖合同的一些特点。但也应当看到，在配送人出售商品的同时，还为用户提供配货、加工、送货等专业的配送服务。在配送人所收取的配送费中，不仅仅包括商品的价款，而且包括因提供配送服务而收取的配送服务费。可见，销售配送合同具有显著的服务特点，而这是单纯的买卖合同所不具备的。

② 配送合同具有仓储合同的某些特点，但配送合同不是单纯的仓储合同。仓储合同是保管人储存存货人交付的仓储物，由存货人支付仓储费的合同。从事配送业务的企业都拥有一定规模的可使用的仓库。配送合同约定配送人在接受用户的指示将货物从工厂或中转站接收后，将货物置于配送人自己的仓库，由配送人为用户提供仓储和保管服务。

因此，配送合同常具有仓储合同的特点。但是仓储和保管的内容仅仅是配送合同中的一部分，仓储和保管的内容必须与其他合同的内容相结合，才能构成配送合同。因此，配送合同也不是单纯的仓储合同。

③ 配送合同具有货物运输合同的某些特点，但配送合同不是单纯的运输合同。货物运输合同是承运人将货物从起运地点运输到约定地点，托运人或者收货人支付运输费用的合同。一般来说，在配送合同中至少包含由配送人将货物送至用户指定的地点的运输服务内容，显然，配送合同具有货物运输合同的某些特点。虽然在配送中不可避免地含有运输，但配送是一系列的活动，运输仅仅是这一系列活动中的一个环节，而不是所有内容。即使运输在配送中占有极为重要的地位，但它仍不足以涵盖配送的全过程，因此，不能简单地将配送合同定性为运输合同。

④ 配送合同具有承揽合同的某些特点，但不是单纯的承揽合同。承揽合同是承揽人按照定作人的要求完成工作，交付工作成果，定作人给付报酬的合同。

出于增加货物的附加值等目的，配送合同中常约定由配送人在货物送达用户指定地点之前对所配送的货物按照用户的要求进行一定的加工。可见，配送合同具有承揽合同的某些特点。但是配送人向用户提供的这些加工服务同样只是配送合同的一部分内容。此外，在销售配送合同中，虽然配送人按照用户的要求而配齐货物并送达，但在这个配送过程中存在所有权的转移，而在承揽合同中标的物的所有权是不发生转移的。因此，配送合同并不是纯粹的承揽合同。

⑤ 配送合同在一定情形下具有委托合同的某些特点，但配送合同不是纯粹的委托合同。委托合同是委托人和受托人约定，由受托人处理委托人事务的合同。配送合同是以为用户处理物品配送事务为目的的合同，用户可能会在一定程度上授权配送人为其处理一定事务，如依用户要求代为进行货物采购等，在这种情形下，配送合同具有委托合同的某些特点。

但是，由于配送包括一系列的活动，所以用户并不会授权配送人处理所有事务，配送合同也不允许配送人仅为代理事务而完全不提供配送服务。如果那样的话用户是就自己的配送活动与他人签订了委托合同，由他人代为处理配送活动。这样的合同并不符合我国所提出的配送合同的概念。因此，配送合同不是纯粹的委托合同。配送合同有机结合了买卖、仓储、运输、承揽及委托等合同的特点。虽然配送合同不是上述合同中的任何一种，却兼备了上述合同的某些特点，并将这些合同的特点紧密结合起来，从而形成了一个有机整体。单个的配送合同可能并不同时具备上述特点，但是这个配送合同中所包含的特点对它而言都是必要的，缺少任何一个环节，合同的履行就很可能出现困难，甚至可能造成使合同的目的无法实现的严重后果。

（2）配送合同的法律属性直接影响了该类合同的法律适用。

如前所述，配送合同为无名合同，而对于无名合同，我国《合同法》第一百二十四条规定："本法分则或者其他法律没有明文规定的合同，适用本法总则的规定，并可以参照本法分则或者其他法律最相类似的规定。"因此，配送合同适用合同法总则的规定，并可以就相关问题参照合同法分则或其他法律最相类似的规定。具体而言，在不违反法律强制性规定的情况下，配送合同双方当事人的权利和义务主要根据双方的约定。在合同没有约定或约定不明确的情况下，配送合同可以根据合同法总则的相关规定解决问题。此外，由于配送合同具有买卖、仓储、运输等合同的某些特点，所以，在具体的法律适用中，配送合同根据所提供的配送服务的具体内容可分别适用买卖合同、仓储合同、运输合同等合同的相关规定。

6.2.4 配送合同的内容

配送合同的约定是明确配送人和用户双方的权利、义务关系的最主要根据。双方当事人除就合同的一般条款进行约定外，还应就配送合同中的特别事务进行明确约定，以避免不必要的纠纷。在出现纠纷时，明确的合同约定也有利于尽快确定当事人各自的责任，从而在一定程度上降低当事人的诉讼成本。

6.2.4.1 配送服务合同的主要内容

配送服务合同是物流和商流分离的合同，是单纯提供配送服务的合同。一般来说，配送服务合同主要有以下条款：

（1）配送人与用户的名称或者姓名和住所。这是配送合同应具备的一般条款。双方当事人的身份、联系方式必须具体明确。否则，合同履行的主体、对象就难以确定。

（2）服务目标条款。配送服务应实现用户特定的经营、管理和财务目标。

（3）服务区域条款。配送是在一定的经济区域内进行的物流活动，因此双方宜约定配送人向用户提供运送服务的地理范围的条款，以便配送人据此安排运力。

（4）配送服务项目条款。该条款主要是就配送人的服务项目进行明确、具体的约定，包括用户需要配送人提供配送的商品品种、规格、数量等；还包括用户需要配送人提供哪些具体的配送作业，如是否需要加工、包装等。

（5）服务资格管理条款。即约定配送人为了实现配送服务的目标应具备的设施、设备，以及相关设施、设备的管理、操作标准等条款。

（6）交货条款。该条款包括用户将货物交付给配送人的环节，也包括配送人将货物配送交给用户或其指定的其他人这一环节。双方应就交货的方式、时间、地点等进行约定。

（7）检验条款。货物检验发生在两个环节：一是用户将货物交付给配送人时的验收，二是配送人向用户或用户指定的人交付货物时的验收。检验条款应规定验收时间、检验标准以及验收时发现货物残损的处理。

（8）配送费用支付条款。该条款主要规定配送人服务报酬的计算根据、计算标准，以及配送费的支付时间、支付方式。根据配送的具体方式不同，配送费包括商品价款和配送服务费两部分。在配送服务合同中，不包含商品销售合同，因此配送费也不包含商品价款而仅包含服务费部分。

（9）合同期限条款。该条款涉及当事人的期限利益，也是确定违约与否的因素之一。

（10）合同变更与终止条款。该条款约定当事人在合同存续期间得以变更、终止合同的条件，以及变更或终止合同的处理。

（11）违约责任条款。该条款主要是为了保证合同的履行而作出的约定。当事人可对双方违约的情形及违约的后果作出约定，以便在出现违约时，可以迅速、公平地解决纠纷。

（12）争议解决条款。当事人可以选择出现争议时的解决方式。一般当事人约定先协商解决，协商不成的，可约定选用调解、仲裁或诉讼的方式解决。

（13）其他特别约定。

6.2.4.2 销售配送合同的主要内容

销售配送合同有机地结合了配送服务合同与买卖合同的特点，该合同中关于配送服务部分的条款与配送服务合同基本相同；而关于转移标的物所有权部分的条款与买卖合同相似。销售配送合同主要包括下列条款：

（1）当事人名称、地址，包括配送人及用户的名称（姓名）、地址（住所）。

（2）商品名称、数量、品质条款。该项内容是对合同标的物的确定。

（3）加工条款。双方关于配送人对商品进行拣选、组配、包装等的约定。

（4）送货条款。约定配送人送货的数量和批次、送货时间和地点等内容。

（5）检验条款。

（6）价格与报酬条款。约定配送人向用户出售商品的价格和配送服务报酬的计算。双方当事人可以将配送费计入商品价格统一计算，也可以分别约定。在这种配送合同中，销售企业可能已将需向用户收取的配送费包含在商品的价款内，也可能在商品价款之外再收取一定数额的配送服务费。

（7）结算条款。

（8）合同变更与终止条款。

（9）违约责任条款。

（10）争议解决条款。

（11）其他特别约定。

6.2.5 配送合同的履行

配送合同的履行是指配送合同的双方当事人依照双方所订立的配送合同中的具体内容全面履行各自义务的行为。由于配送合同具有较多的特点，所以配送合同在履行中也可能将遇到这些相应性质的合同在履行中所遇到的问题。对此，配送合同的双方当事人应给予足够的重视。

(1) 共同配送下的责任承担。

共同配送是为了提高物流效益，配送经营企业间以追求配送合理化为目的相互提供便利的配送业务的协作型配送模式。根据国家标准《物流术语》的解释，共同配送是指由多个企业联合组织实施的配送活动。共同配送可以通过以下形式实现：

① 由一家配送经营企业与用户订立配送合同。在履行时，该配送企业综合各客户的要求，在配送时间、数量、次数、路线等方面的安排上，在用户接受的前提下，作出全面规划和合理计划，以便实现配送的优化。在具体实施时，再由该配送企业与其他配送经营企业进行协作，企业之间可能会另行订立其他类型的合同。

② 由两家以上的配送经营企业共同与用户订立配送合同。在履行时，参与合同订立的配送经营企业之间开展合作，按用户的要求共同对配送事务作出适当安排，各配送企业共同利用配送中心、配送机械装配、货物、设施等，共同履行合同义务。

对于第一种情况，配送合同的义务主体只能是与用户订立配送合同的配送经营企业。该配送经营企业通过与其他人订立合同等方式协作而使其他人协作完成一定的配送作业，这只能视作该配送经营企业履行配送合同义务的一种手段。其他人并不能因其所为的配送作业而成为原配送合同的当事人，配送合同对其不产生效力。

配送合同的义务主体仍为配送经营企业，因合同履行而产生的责任应当由订立配送合同的配送经营企业承担。对于因其他人的不适当履行而产生的责任，该配送经营企业也应当予以承担。

对于第二种情况，应当具体分析。如果在配送合同中，各配送经营企业与用户约定，在合同期内各配送人所应当承担的义务及相应责任范围内的，该配送合同履行中产生的责任应当依照合同由各配送经营企业分别承担。如果在配送合同中，各配送经营企业是作为合同一方的当事人共同为用户提供配送服务，其各自应承担的义务不明确的，各配送经营企业对合同履行中产生的义务及相应的责任应当连带承担。这就意味着，在配送合同中，各配送经营人都负有全部履行的义务，对于相应的责任，任一配送经营人也应全部承担。当用户对各配送经营人中的一人或数人以全部或部分为请求时，被请求的配送经营人不得以其与他人的内部责任承担的约定提出抗辩。在配送经营人中的一人或数人履行了全部义务或承担了全部责任后，有权就超过其应当承担部分而向其他配送经营人请求偿还。

(2) 货物的风险承担。

货物的风险承担是指货物并非由于双方当事人的故意或过失而发生的意外毁损、灭失时损失由谁承担的问题。这里的意外毁损、灭失，包括水灾、火灾、风灾、交通事故、地震等人所预料不到的事故或不可抗力所致的毁损或灭失。

货物的风险承担是任意性的，配送合同双方当事人可以自行约定。有此约定的，在货物出现意外毁损、灭失时，双方当事人按合同约定承担风险。没有约定的，由于《合同法》对配送合同并无相关规定，因此可以参照买卖合同的规定，以交付为标准，使风险在当事人之间发生转移。

在配送服务合同下，原始货物是由用户提供的，因此货物意外毁损、灭失的风险，在用户将货物交付配送人之前由用户承担，交付之后由配送人承担。即使在配送人为用户提供代订服务的情况下，配送人也从未取得过货物的所有权。配送人从他人处代为受领货物时，可视为用户提供了货物，货物的风险仍应当是转移给了用户。配送人最终送达货物时，交付货物之前的风险由配送人承担，交付货物之后由用户承担。

在销售配送合同下，货物在最终送达用户指定地点之前，货物的所有权是属于配送人的，用户尚未与该货物发生任何直接的联系。因此，货物的风险只有在配送人最终交付时才发生转移，即交付之前的货物风险由配送人承担，交付之后由用户承担。

（3）配送人行为后果的承受。

该问题主要是就配送合同中所包含的委托合同的特点而言的。如果在配送过程中，配送人基于配送合同中的授权事项而从事一些法律行为，如为了代购与他人代为订立买卖合同等，这时就会产生配送人的该行为后果由谁承受的问题。

根据《民法通则》和《合同法》对于委托代理的相关规定可以得出，当上述情况下的配送人代为完成有关的配送事务处理后，此种处理行为产生的后果应当由用户承担。此种后果包括有利的后果和不利的后果。以代购为例，配送人为用户与第三人订立买卖合同后，合同的当事人是用户，合同相应的权利和义务应当由用户承受。

当第三人转移货物的所有权后，货物的所有权应当归属于用户，而不得因配送人在该买卖合同关系中所做的工作而由配送人受让货物的所有权。在这类委托代理情况下，即使配送人以自己的名义与第三人订立合同，且第三人在订立合同时知道受托人与委托人之间的代理关系，该合同一般仍应直接约束用户和第三人。

在销售配送合同中，配送人为了配货而与他人订立买卖合同的行为，其后果应由配送人自行承担，而不应当由用户承担。因为在上述情况下，就用户而言，其并未授权配送人为其代理购入货物，就配送人而言，其作为民事主体是买卖合同的当事人而非代理人，应当承受其行为后果。配送人订立并履行买卖合同的行为使配送人自己获得了货物的所有权，之后配送人对该货物进行分拣、加工等作业，最后配送人是作为该货物的所有权人将货物出售给用户的，配送人因此获得货物销售的利润。

任务三　配送服务合同当事人的义务和权利

配送合同是多种合同特点的有机结合，因此其主体的权利和义务也含有多种合同的特点，是各合同主体权利和义务的有机结合。由于相关系列权利和义务是相对的，本书主要阐述配送人（物流企业）的权利和义务。

6.3.1　配送服务合同中配送人的义务和权利

6.3.1.1　配送人的主要义务

（1）妥善保管的义务。

从配送人接收货物时起至交付货物时，货物一直处于配送人的占有之下。对于该货物，配送人必须妥善保管。妥善保管，是指配送人应当尽到与保管自己的物品同等的注意程度来保管用户交托配送的货物。妥善保管要求配送人在主观上尽到相当的注意程度，客观上按照货物的性能分别采取不同的保管方法。

尤其对于危险品及易腐货物等，更应当在适合存放该货物的条件下采用适合货物性质的方法正确保管。虽然在配送业务中，保管并不是配送服务的目标，但是有相应存储、保管能力是配送人必不可少的条件，同时妥善保管货物也是配送人全面完成其他义务的基础。除合同另有约定外，配送人应当对其占有货物期间所发生的货损、货差承担责任。

（2）按约定配货的义务。

配货是配送业务的一个特殊环节。配货不仅要求配送人从原始货物中挑选出符合要求的货物，有时还要求配送人按照用户的要求对货物进行适当的加工，使货物最终以用户指定的形态被送至指定地点。经过物流企业组织配货的物品，应具有用户要求的色彩、大小、形状、包装组合等外部形态，其质量也应当符合用户要求的标准，从而增加商品的商业价值。配送人的配货活动使商品实现了增值。配送人未按约定配货，因此给用户造成的损失，配送人应承担责任。

（3）按合同约定进行供应的义务。

配送的一个重要意义就是提高用户的供应保证能力，因此这应当是配送人最重要的义务。配送人的适当配送、及时供应将减少用户因供应不适而造成的生产损失，或因此承担违约责任的风险。对此，配送人应做到：

① 有良好的货物分拣、管理系统，以便在用户下达指令后，可在最短时间内备齐相关物品。

② 有合理的运送系统，包括车辆、运输人员、装车作业、运送路线等各方面。

③ 有其他必要的配送设施、设备，包括良好的仓储设施、完备的相关加工设备等。

（4）告知义务。

配送人在履行配送合同的过程中，应将履行的情况、可能影响用户利益的事件等，及时、如实地告知用户，以便采取合理的措施防止或减少损失的发生，否则物流企业应承担相应的责任。配送人在接收货物时，应当仔细核对货物与清单记载是否一致，并且对货物进行必要的检验。如发现货物包装出现破损、短量、变质等情况，应及时告知用户。配送人在合理时间内未告知用户的，视为配送人接收的货物完好，与合同约定一致。在配送人保管货物期间，如果发现货物有变质或者其他损坏，将危及其他货物的安全及配送人的正常经营的，应当及时通知用户并催告其作出必要的处置。配送人在配送作业的进行中无论何种原因，无法按用户要求及时完成义务时，应立即通知用户，并按用户的合理指示妥善处理。否则物流企业不仅要承担违反配送义务的违约责任，对由于未及时通知而造成用户的其他损失，也应承担赔偿责任。

6.3.1.2 配送人的主要权利

（1）要求用户支付配送费的权利。

配送服务合同是有偿合同，物流企业通过提供配送服务获得收入，有权要求用户支付配送费。

（2）要求用户按约定提供配送货物的权利。

由于配送服务合同是商物分离的合同，要求物流企业配送的货物（如汽车等）都由用户提供，因此，配送人有权要求用户按约定提供配送货物，否则配送人不能完成配送任务的，无须承担责任。

（3）要求用户及时接收货物的权利。

配送人将货物送到用户指定地点时，有权要求用户指定相应人员及时接收货物，并与配送人办理货物交接。用户迟延接收货物造成配送人损失的，应赔偿其损失。

（4）要求用户协助的权利。

6.3.2 销售配送合同中配送人的义务和权利

6.3.2.1 配送人的主要义务

（1）按照合同约定交付货物的义务。

按照合同约定交付货物，不仅要求配送人向用户交付货物，还要求配送人在此之前按照用户的具体要求进行订货，并在原始货物的基础上对原始货物进行分拣、储存、加工等作业，使货物的外在形态、内在质量都能符合用户的要求。只有完成了必要的配货工作，配送人才能将其配齐的货物及时交付用户。与一般销售合同不同的是，销售配送合同对交付货物的时间性要求较高。因此，配送人除了在配送环节安排好相关事务外，在组织货源环节上也应充分考虑货物的时间性。配送人未按照合同约定交付货物的，应向用户承担替换货物、退货、减价、赔偿损失等责任。

（2）转移货物所有权的义务。

这是销售配送合同与配送服务合同的主要区别。由于销售配送合同的配送人不仅提供配送服务，还进行商品销售，所以配送人应当将己方的货物所有权以适当的方式转让给用户，实现货物所有权的转移。一般的货物，所有权在货物交付时即可实现转移，对于需要以交付有关单证的方式实现所有权转移的货物，配送人还应当向用户交付相关单证，方为适当履行了所有权转移的义务。

（3）告知义务。

与物流服务合同相同，配送人在履行销售配送合同的过程中，应将履行情况、可能影响用户利益的事件等，及时、如实地告知用户，以便用户采取合理的措施防止或减少损失的发生，否则配送人应承担相应的责任。

6.3.2.2 配送人的主要权利

（1）要求用户支付配送费的权利。这是配送人在销售配送合同中最基本的权利。配送人在销售配送合同法律关系中有权向用户收取的配送费包括货物的价款和配送服务费两部分。

（2）要求用户及时受领货物的权利。

（3）要求用户协助的权利。

本章小结

配送服务是一项综合性物流服务，必然导致配送物流服务合同的内容也具有综合性，不仅有运输内容，也有仓储内容，甚至还有包装、流通加工或买卖合同条款，故配送合同是无名合同，在法律的适用上也具有综合性。根据业务的不同，配送合同可以分为配送服务合同和销售配送合同。配送企业只为客户提供配送及相关物流服务而不涉及商流时，与客户签订的是配送服务合同；如果配送企业不仅为客户提供配送服务，而且以供货商的身份向客户提供商品，在配送过程中伴随着商流活动，则配送企业与客户签订的就是销售配送合同。在销售配送合同下，物流企业不仅要承担配送企业的义务和责任，而且要承担经销商的义务和责任。

思考与练习

一、简答题

1. 简述配送合同的法律适用。
2. 简述配送服务合同中服务提供者（配送人）的权利义务和责任。
3. 配送合同履行过程中货物的风险如何分担？

二、案例分析

某公司把从国外进口的原材料运到甲配送企业的仓库，甲配送企业负责确定分货、配货计划和每日的配送数量，然后将配好的货物直接送到生产厂的流水线。一日，仓库在接货时发现原材料有部分锈蚀。

请回答：

1. 本案中，原材料的损失应该由谁负责？为什么？
2. 如果在配送企业将原材料送到生产厂时发现原材料损失，又应该由谁负责？为什么？

物流包装法律制度

知识目标

掌握物流包装合同当事人的权利、义务和责任；了解与物流包装相关的法律规定。

技能目标

通过本项目的学习，能够分析解决物流包装法律纠纷。

任务一 物流包装法律概述

7.1.1 包装法规的特征

包装法规是指一切与包装有关的法律法规的总称。目前我国还没有专门的包装法律或法规，也没有专门的物流法对包装进行集中的规范。与包装相关的法律法规散见于各类有关的法规中，比如《合同法》《专利法》等，除此之外，印刷、出版方面的法律中也有部分包装法规的内容。

（1）强制性。

所谓强制性，是指在包装过程中必须按照相应法律规范的要求进行，不得随意变更。在包装法律规范中，大量包装标准规范都属于强制性法律规范，如《食品卫生法》《一般货物运输包装通用技术条件》《危险货物运输包装通用技术条件》《危险货物包装标志》等。对于这些标准规范，人人都必须遵守，切不得以约定加以排除。包装法规的强制性还体现在《合同法》这种任意性很强的法律规范中，对于一些特殊物品的包装不得由当事人任意约定，而是要强制适用一定标准，以达到保证安全的最低要求。

（2）标准性。

由于物品在物流过程中要经受各种环境的影响或危害，所以包装必须符合一定的盛载性能和保护性能。中国包装业协会为此制定了包装标准体系，主要包括以下四大类：

1）包装相关标准。主要包括集装箱、托盘、运输、储存条件的有关标准。

2）综合基础包装标准。包括标准化工作准则、包装标志、包装术语、包装尺寸、运输包装件基本实验方法、包装管理等方面的标准。

3）包装专业基础标准。包括包装材料、包装容器和包装机械标准。

4）产品包装标准。涉及建材、机械、轻工、电子、仪表仪器、电工、食品、农畜水产、化工、医疗器械、中药材、西药、邮政和军工14大类，每一大类产品中又有许多种类的具体标准。

(3) 技术性。

包装法规中包含大量以自然科学为基础而建立的技术性规范。包装具有保护物品不受损害的功能，特别是高、精、尖产品和医药产品，采取何种技术和方法进行包装对商品本身有重要的影响，因此国家颁布的有关包装法规都含有很强的技术性。

(4) 分散性。

如前所述，我国目前还没有专门的包装法规，而是以分散的形态分布于各类相关的法律规范中，不仅如此，这些法规还广泛地分布于有关主管单位的通知和意见中，如铁道部颁发的一系列关于铁路运输包装的通知和规定等。

7.1.2 与包装相关的法律规范

目前，我国还没有关于包装的专门法律，也没有专门的物流法律专门规范，有关货物包装的规定分散于各个法律部门的多个法律、法规之中，与货物销售、运输、仓储等有关的法律、行政法规、部门规章、国际公约中都包含了对包装的规定。

常见的有《合同法》《产品质量法》《中华人民共和国反不正当竞争法》《中华人民共和国食品卫生法》《海商法》《公路汽车货物运输规则》《国内水路货物运输规则》《联合国国际货物销售合同公约》。除此之外，还包括有关部门颁布的包装标准，如：《一般货物运输包装通用技术条件》《运输包装件尺寸界限》《包装储运图示标志》《运输包装件基本实验》等。

7.1.2.1 包装与合同法律规范

物流服务主体通常都是在与他人订立合同的基础上为物流需求者提供物流服务的，在包装环节也是如此。就包装而言，物流服务主体一般与他人订立的是加工承揽合同，以及包含包装服务在内的综合性的物流服务合同等类型的合同，为他人提供符合法律要求的包装服务。此外，由于包装问题贯穿于物流的全过程，所以在包装中会涉及合同法规的另一重要方面，即物流服务主体所订立的其他物流环节的各类合同中通常都包含包装条款。

合同双方当事人在合同中一般可以对物品的包装材料、包装方式等作出具体约定。在没有约定或者约定不明确的情况下，则可能会采用通用方式或足以保护货物的包装方式进行包装。如《合同法》第一百五十六条规定："出卖人应当按照约定的包装方式交付标的物。对包装方式没有约定或者约定不明确，依照本法第六十一条的规定仍不能确定的，应当按照通用的方式包装，没有通用方式的，应当采取足以保护标的物的包装方式。"需要指出的是，合同当事人对包装条款的约定应当是以遵守有关法律规范的强制性要求为前提的，对于法律规范所规定的强制性标准，即使合同约定也不得将其加以排除。

7.1.2.2 包装与产品质量法

《产品质量法》不仅对产品的内在质量作出规范和调整，而且对产品的外在包装和相关标识也作出了规定。产品或者包装上的标识应当符合下列要求：

（1）有产品质量检验合格证明。

（2）有中文标明的产品名称、生产厂商的厂名和厂址。

（3）根据产品的特点和使用要求，需要标明产品规格、等级、所含主要成分的名称和含量；需要先让消费者知晓的，应当在外包装上标明，或者向消费者预先提供有关资料。

（4）限期使用的产品，应当在显著位置清晰标明生产日期和安全使用期或者失效日期。

（5）使用不当，容易造成产品本身损坏或者可能危及人身、财产安全的产品，应当有警示标志或者中文警示说明。

裸装的食品或其他根据产品的特点难以附加标识的裸装产品，可以不附加产品标识。《产品质量法》还规定，剧毒、危险、易碎、储运中不能倒置以及有其他特殊要求的产品，其包装必须符合相应要求，并依照国家有关规定作出警示标志或者中文警示说明，标明储运注意事项。

7.1.2.3 包装与商标法

《商标法》对包装的规范与调整主要表现为禁止在包装上发生侵犯他人商标权的行为。无论是商品商标还是服务商标，生产者或者销售者一般都会将其置于外包装之上。作为物流服务主体，一是在为他人进行流通加工，特别是包装加工时，注意不要侵犯他人的注册商标权，否则就要承担相应的法律责任；二是要注意在为他人进行运输、仓储、保管、配送时出现标的侵犯他人商标权的问题。

《商标法》规定，未经商标注册人的许可，在同一种商品或者类似商品上使用与其注册商标相同或者相近的商标的；伪造、擅自制造他人注册商标标识或者销售伪造、擅自制造的注册商标标识等几种情形均属于侵犯他人商标权。物流包装主体应当清楚地知道自己的哪些行为属于侵犯他人商标权的行为，不得擅自制造或伪造他人的注册商标标识。对于委托包装加工的商品或货物，应严格审查委托方对委托制造的商标是否具有合法权利，积极防范侵权导致的法律风险。

对于他人运输、仓储、保管、加工或配送的物品或货物，常会出现该物品或货物在这些过程中因侵犯他人权利而被有关机关查封、扣押的情况。物流法律关系主体也可能因此而被他人提起诉讼，从而产生潜在的法律风险。《商标法》规定，因商标侵权而发生纠纷的，权利人可以要求工商行政管理机关进行处理，也可以向人民法院起诉。工商行政管理机关也可以以职权主动对侵权行为或活动进行查处。在处理侵权纠纷时，工商行政管理机关有权查封和扣押涉嫌侵权的物品或货物。

7.1.2.4 包装与反不正当竞争法

《反不正当竞争法》是调整市场竞争过程中因规制不正当竞争行为而产生的社会关系的法律规范的总称。所谓不正当竞争行为是指经营者违反有关法律规定，损害其他经营者的合法权益，扰乱社会经济秩序的行为。《反不正当竞争法》对包装的规范主要体现在禁止经营者利用外包装进行不正当竞争行为。

根据《反不正当竞争法》第五条的规定，经营者不得采用下列不正当手段从事市场交易，损害竞争对手。

（1）假冒他人的注册商标。

（2）擅自使用知名商标特有的名称、包装、装潢，或者使用与知名商品近似的名称、包装、装潢，造成和他人的知名商品相混淆，使购买者误认为是该知名商品。

（3）擅自使用他人的企业名称或者姓名，引人误认为是他人的商品。

（4）在商品上伪造或者冒用认证标志、名优标志等质量标志，伪造产地，对商品质量作出引人误解的虚假表示。

从事上述混淆行为的经营者，应当依法承担民事、行政及刑事法律责任。

《反不正当竞争法》第二十条对混淆行为的民事责任作出了规定："经营者违反本法规定的，给被侵害的经营者造成损害的，应当承担损害赔偿责任，被侵害的经营者的损失难以计算的，赔偿额为侵权人在侵权期间因侵权所获得的利润；并应当承担被侵害的经营者因调查该经营者侵害其合法权益的不正当竞争行为所支付的合理费用。"《反不正当竞争法》第二十一条对混淆行为的行政责任、刑事责任作出了规定："经营者假冒他人的注册商标，擅自使用他人的企业名称或者姓名，伪造或者冒用认证标志、名优标志等质量标志，伪造产地，对商品质量作出引人误解的虚假表示的，依照《商标法》《产品质量法》的规定处罚。经营者擅自使用知名商标特有的名称、包装、装潢，或者使用与知名商品近似的名称、包装、装潢，造成和他人的知名商品相混淆，使购买者误认为是该知名商品的，监督检查部门应当责令停止违法行为，没收违法所得，可以根据情节处以违法所得一倍以上三倍以下的罚款；情节严重的可以吊销营业执照；销售伪劣商品，构成犯罪的，依法追究刑事责任。"

任务二　普通货物包装

7.2.1　普通货物包装所应遵循的基本原则

（1）安全原则。

安全原则是指物品的包装应该保证物品本身以及相关人员的安全。具体包括以下两个方面的安全。

1）物品本身的安全。包装的第一大功能就是保护物品不受外界伤害，保证物品在物流的过程中保持原有的形态，不致损坏和散失。生产的商品最终要通过物流环节送到消费者手中，在这个过程中，商品通常会遇到一系列的威胁：外力的作用，如冲击、跌落；环境的变化，如高温、潮湿；生物的入侵，如霉菌、昆虫的入侵；化学侵蚀，如海水、盐酸等的侵蚀；人为破坏，如偷盗等。而包装则成为对抗这些危险和保护商品的一道屏障。

2）相关人员的人身安全。一些危险的商品如农药、液化气等具有易燃、易爆、有毒、腐蚀性及放射性等特点，如果包装的性能不符合要求或者使用不当很可能引发事故。对于这些商品，包装除起到保护商品不受损害的作用外，还可保护与这些商品发生接触的人员的人身安全，如搬运工人、销售人员等，如果包装不符合要求将会造成严重的后果。1982 年，我国的"莲花城"号轮船在印度洋爆炸沉没，造成了重大人身伤亡，就是因包装的质量差引起危险货物的泄漏而造成的。1990 年商业部颁布的《商业、供销社系统商品包装工作规定》规定商品包装工作必须认真贯彻执行国家的政策、法律，坚持"科学、安全、美观、经济、适用"的原则。

（2）绿色原则。

绿色原则即物品或货物的包装应符合环境保护的要求。环境保护是当今世界经济发展的主题之一，在包装行业中也有所体现。当今世界上，几乎所有国家和地区用来包装商品和药品的材料，绝大多数为塑料制品。让人担忧的是，在一定的介质环境和温度条件下，塑料中的聚合物和一些添加剂会溶出，并且有极少量会转移到商品和药物中去，从而引起人体的急性或慢性中毒，严重的甚至会致癌。由于世界每年消耗的塑料制品很多，它们使用后被人抛弃成为垃圾，很难降解。而作为商品包装工具之一的一次性快餐盒已经变成"白色污染"，成为全球公害。绿色包装是一个迫切需要解决的问题。在国外，许多国家和地区已经开始行动，颁布法律，在包装中全面贯彻绿色意识。我国的包装立法还处于起步阶段，应该顺应国际包装的发展趋势，将绿色原则作为包装法的基本原则之一。

(3) 经济原则。

经济原则即包装应该以最小的投入得到最大的经济效益。包装成本是物流成本的一个重要组成部分，昂贵的包装费用将会降低企业的经济效益。奢华的包装不仅会造成社会资源的极大浪费，还会产生不良的社会影响。但是包装过于简单或粗糙，也会降低商品的吸引力，成为商品销售的障碍。经济原则强调努力追求一种平衡，使包装既不造成资源铺张浪费，又不影响商品的销售。

7.2.2 普通货物运输包装的基本要求

(1) 普通货物运输包装材料及强度的规定。

按照《一般货物运输包装通用技术标准》的规定，一般货物运输包装的包装材料、辅助材料和容器应当符合有关国家标准的规定，没有标准的材料和容器必须经过包装试验，在验证能够满足流通环境条件的要求后，才能投入使用。

因而，物流企业在包装环节中，应该注意掌握以下几点：

1) 根据货物的特性及物流过程的具体特点，包装应该具有防震、防盗、防锈、防霉、防尘的功效。在选用包装材料的时候要综合考虑以上要求。

2) 包装的封口必须严密牢固，对于体积小、容易丢失的物品应该用胶带封合、钉合或黏合。

3) 根据货物的品质、体积、重量、运输方式的不同而选择不同的捆扎材料和捆扎方法，确保货物在物流过程中稳定、不泄漏、不流失。捆扎带应搭接牢固、松紧适度、平整不扭，并且捆扎带不得少于两条。

(2) 运输包装件尺寸的规定。

对运输包装件的尺寸，我国在国家标准化机构的组织下，通过各有关方面共同制作了《运输包装件尺寸界限》的国家推荐标准，标准规定了公路、铁路、水路和航空等运输方式的运输包装件外廓尺寸界限。该标准虽然不具有强制性，但是对于运输包装件的设计和装载运输等具有指导作用。

该标准对包装尺寸的一般要求为长度不超过 5.639 米，宽度不超过 2.134 米，高度不超过 1.981 米（航空运输的包装件除外）。公路运输包装件通用尺寸长、宽、高应分别小于 3.54 米、1.6 米、1.65 米；铁路运输包装件通用尺寸长、宽、高应分别小于 2.3 米、0.7 米、1.782 米；水路运输包装件通用尺寸长、宽、高应分别小于 5 米、3.74 米、1.1 米；航空运输包装件通用尺寸长、宽、高应分别小于 1.514 米、1 米、1.4 米；集装箱运输包装件通用尺寸长、宽、高应分别小于 5.867 米、2.286 米、2.134 米。

(3) 运输包装件测试。

1) 运输包装件测试的概念。即用以评定包装件在流通过程中性能的试验。运输包装件是指产品经过运输包装后形成的总体。根据《运输包装件试验》的相关规定，各种新设计包装均应按照标准的要求进行性能测试，目的在于检测包装在流通过程中所能承受危害的程度。在流通过程中，存在着可能引发包装损害的各种危害，引起危害的因素取决于流通环节的具体特点以及内装货物的特性。新设计包装应定期进行抽样复验。包装的尺寸、材料、制造工艺、包装方式发生改变时均应进行性能测验。

2) 运输包装件测试的分类。根据需要可以分为单项测试、多项测试和综合测试三种。单项测试就是只进行一系列测试中的某一项测试，可以用相同或不同的测试强度和试验样品状态重复进行多次测试。多项测试是用一系列测试中的若干或全部测试进行顺序测试。综合测试是使用两种以上的危害因素同时作用于包装件上，检验其在两种以上危害因素的综合作用下的防护能力。

7.2.3 销售包装的基本要求

销售包装通常情况下是由商品的生产者提供的。但是如果在物流合同中规定，由物流企业为商品提供销售包装的，则物流企业就需要承担商品的销售包装，因而，物流企业在进行销售包装时需要按照销售包装的基本要求进行操作。在销售包装上，一般附有装潢图画和文字说明，选择合适的装潢和说明将会促进商品的销售。销售包装的基本要求主要涉及以下几个方面。

(1) 图案设计。

图案设计是包装设计的三大要素之一。它包括商标图案、产品形象、使用场面、产地景色、象征性标志等内容。在图案设计中，使用各国人民喜爱的形象固然重要，但更重要的是避免使用商品销售地所禁忌的图案。在国际物流中因包装图案触犯进口国禁忌，造成货物在海关扣留或遭到当地消费者抵制的事例时有发生。国际上三角图案普遍当作警告性标志；捷克和斯洛伐克规定红色三角图案为有毒标记；土耳其通用三角形为"免费样品"；日本人忌荷花；意大利人忌菊花；信奉伊斯兰教的国家忌熊猫，因为熊猫似肥猪。在国际物流中进行包装图案设计时，要根据目标市场国的禁忌和喜好进行，趋好避忌。

(2) 文字说明。

在销售包装上应该附有一定的文字说明，表明商品的品牌、名称、产地、数量、成分、用途、使用说明等。在制作文字说明时一定要注意各国的管理规定，例如，日本政府规定凡销往日本的药品除必须说明成分和使用方法外，还要说明功能；加拿大政府则规定，销往该国的商品必须同时使用英文和法文两种文字说明。

(3) 条形码。

商品包装上的条形码是按一定编码规则排列的条、空符号，由表示有一定意义的字母、数字及符号组成，利用光电扫描阅读设备为计算机输入数据的特殊的代码语言。条形码自1949年问世以来得到了广泛运用。20世纪70年代美国将条形码运用到商品零售业。目前世界上许多国家和地区的商品上都使用条形码，各个超市都使用条形码进行结算，如果没有条形码，即使名优商品也不能进入超级市场。有些国家还规定，如果商品包装上没有条形码则不予进口。

在国际上通用的包装上的条形码有两种：一种由美国、加拿大组织的统一编码委员会编制，其使用的物品标识符号为 UPC；另一种是由欧共体 12 个国家成立的欧洲物品编码协会（该组织后更名为国际物品编码协会）编制，其使用的物品标识符号为 EAN。1991 年我国正式加入国际物品编码协会，我国的国别编码代号是 690，691，692 和 693。

7.2.4　普通货物包装合同的订立

包装虽然是物流系统的一个重要构成要素，是一项重要的物流活动，但是在物流活动中，一般很少单独订立包装合同，而是通过在买卖合同、仓储合同、运输合同或综合性物流服务合同中订立包装条款的形式来实现。

7.2.4.1　包装条款的内容

普通货物包装法律关系中的权利与义务主要体现在物流服务合同的包装条款中。包装条款一般包括以下三个方面的内容。

（1）包装的提供方。

在物流服务合同中，包装条款应该载明包装由哪一方提供。这样的规定不仅有助于明确物流企业在包装中所处的法律地位，而且有助于在由于包装的问题引起货物损坏或灭失时分清责任。

（2）包装材料和包装方式。

包装材料和包装方式是包装的两个重要方面，分别反映了静态的包装物和动态的包装过程。包装材料条款主要载明采用什么包装，如木箱装、纸箱扎、铁桶装、麻袋装等；包装方式条款主要载明如何进行包装。在这两点之外可以根据需要加注尺寸、每件重量或数量、加固条件等。随着科学技术的发展，包装材料和包装方式也越来越细，以免产生不必要的纠纷。

（3）运输标志。

运输标志是包装条款中的主要内容。运输标志通常表现在商品的运输包装上。在贸易合同中按国际惯例，一般由卖方设计确定，也可以由买方决定。运输标志会影响货物的搬运装卸，所以要求在合同条款中明确载明。

7.2.4.2　订立包装条款时应注意的事项

1）合同中的有些包装术语如"适合海运包装""习惯包装"等，因可以有不同理解容易引起争议，除非合同双方事先取得一致认识，否则应避免使用。尤其是设备包装条件，应该在合同中作出明确的规定。例如，对于特别精密的设备，除规定包装必须符合运输要求外，还应规定防震措施等条款。

2）包装费用一般都包括在货价内，合同条款不必列入。但如果一方要求特殊包装，则可增加包装费用，如何计费及何时收费也应该在条款中注明。如果包装材料由合同的一方当事人供应，则条款中应明确包装材料的到达时间，以及逾期到达时该方当事人应负的责任。如果运输标志由一方当事人决定，条款中也应该规定运输标志到达时间（运输标志内容须经卖方同意）及逾期不到时该方当事人应担负的责任等。

3）包装条款不能太笼统。在一些合同中，包装条款仅写明"标准出口包装"，而这是一个较为笼统的概念。在国际上还没有统一的标准来界定包装是否符合"标准出口包装"的要求。因此，国外一些客户在这方面大做文章，偷工减料，以减少包装成本。

任务三　危险品包装法律法规

7.3.1　危险物品的概念及类型

危险物品是指具有爆炸、易燃、毒害、腐蚀、放射性等性质，在运输、装卸和存储保管过程中容易造成人身伤亡和财产损毁而需要特别防护的货物。

危险物品一般有9大类：爆炸品；压缩气体和液化气体；易燃液体；易燃固体、自燃物品和遇湿易燃物品；氧化剂和有机过氧化物；毒害品和感染性物品；放射性物品；腐蚀品；杂类，是指在运输过程中呈现的危险性质不包括在上述8类危险物品中的物品，如带有磁性的某些物品。

7.3.2　对危险货物包装的基本要求

由于危险货物自身的危险性质，我国对危险货物的包装采用了不同于普通货物的特殊要求，并且这些规定和包装标准均是强制性的，所以，物流企业在进行危险货物的包装时，应当严格按照我国的法律规定和标准进行，以避免危险货物在储存、运输、搬运装卸中出现重大事故。根据《危险货物运输包装通用技术条件》《水路危险货物运输规则》及其他相关法规的规定，我国对危险货物包装的基本要求如下：

(1) 保证货物的质量不受损坏。
(2) 保证货物数量上的完整。
(3) 防止物流中发生燃烧、爆炸、腐蚀、毒害、放射性辐射等事故造成损害，保证物流过程的安全。
(4) 危险货物包装的基本要求、等级分类、性能试验、检验方法都应该符合国家强制性标准。

7.3.3　危险货物运输包装的要求

在运输过程中，危险货物随着运输工具的运动而长时间处于运动状态中，加之运输过程中危险货物可能会处于多种环境条件下，其发生物理、化学等变化的可能性增加，危险性也随之上升，因此，对于危险货物的运输包装必须特别注意。

7.3.3.1　危险货物运输包装的概念

根据《危险货物运输包装通用技术条件》的规定，危险货物的运输包装是指运输中的危险货物的包装，除爆炸品、压缩气体、液化气体、感染性物品和放射性物品的包装外，危险货物的包装按其防护性能分为：

(1) Ⅰ类包装——适用于盛装高度危险性的货物的包装。
(2) Ⅱ类包装——适用于盛装中度危险性的货物的包装。
(3) Ⅲ类包装——适用于盛装低度危险性的货物的包装。

7.3.3.2　危险货物运输包装所适用的标准及基本内容

危险货物运输包装所适用的国家标准是《危险货物运输包装通用技术条件》，该标准是国家颁布的，规定了危险货物运输包装的分级，运输包装的基本要求、性能测试和测试方法，同时也规定了危险货物运输包装容器的类型和标记代号的强制适用的技术标准。该标准强制适用于盛装危险货物的运输包装，是运输生产和检验部门对危险货物运输包装质量进行性能试验和检验的依据。但该标准不适用盛装放射性物质的运输包装、盛装压缩气体和液体气体的压力容器的包装和净重超过 400kg 的包装、容积超过 450L 的包装。

（1）对危险货物运输包装的强度、材质等的要求。

根据《危险货物运输包装通用技术条件》的规定，危险货物运输包装的强度及采用的材质应满足以下基本要求：

1）危险货物运输包装应结构合理，具有一定的强度，防护性能好。

2）包装的材质、形式、规格、方法和单件质量（重量），应与所装危险货物的性质和用途相适应，并便于装卸、运输和储存。

3）包装应该质量良好，其结构和封闭形式应能承受正常运输条件下的各种作业风险，不会因温度、湿度、压力的变化而发生任何泄漏，包装表面应该清洁，不允许黏附有害的危险物质。

4）包装与内包装直接接触部分必要时应该有内涂层或进行防护处理。

5）包装材质不能与内包装物发生化学反应而形成危险产物或导致削弱包装强度；内容器应该固定。如果属于易碎品的，应采用与内装物性质相适应的衬垫材料或吸附材料衬垫妥实；盛装液体的容器，应能经受在正常运输条件下产生的内部压力。灌装时必须留有足够的膨胀余地，除另有规定外，应该保证在温度 55℃ 时，内装物不会完全充满容器。

6）包装封口应该根据内包装物性质采用严密封口、液密封口或气密封口。

7）盛装需浸湿或夹有稳定剂的物质时，其容器缝补形式应能有效地保证内装液体、水溶剂或稳定剂的百分比在储运期间保持在规定范围内。

8）有降压装置的包装，排气孔设计和安装应能防止内装物泄漏和外界杂质的混入，排出的气体量不得造成危害和污染环境。复合包装的内容器和外包装应紧密贴合，外包装不得有擦伤内容器的凸出物。

9）无论是新型包装、重复使用的包装还是修理过的包装，均应符合《危险货物运输包装通用技术条件》关于危险货物运输包装性能测试的要求。

10）盛装爆炸品包装的附加要求：

① 盛装液体爆炸品容器的封闭形式，应具有防止渗漏的双重保护。

② 除内包装能充分防止爆炸品与金属物接触外，铁钉和其他没有防护涂料的金属部件不得穿透外包装。

③ 双重卷边接合的钢桶、金属桶或以金属做衬里的包装箱，应能防止爆炸物进入缝隙。钢桶或铝桶的封闭装置必须有合适的垫圈。

④ 包装内的爆炸物质和物品，包括内容器，必须衬垫妥实，在运输中不得发生危险性移动。

⑤ 盛装有对外部电磁辐射敏感的电引发装置的爆炸物品，包装应具备防止所装物品受外部电磁辐射源影响的功能。

（2）危险货物运输的包装容器。

包装容器是储运货物的载体。包装的盛装、保护、识别等功能通过运输包装容器来实现。《危险货物运输包装通用技术条件》中所规定的包装容器包括钢（铁）桶、铝桶、钢罐、胶合板桶、木琵琶桶、硬质纤维板桶、硬纸板桶、塑料桶、天然木箱、胶合板箱、再生木板箱、硬纸板箱、瓦楞纸箱、钙塑板箱、钢箱、纺织品编织袋、塑料编织袋、塑料袋、纸袋、瓶、坛、筐、篓等。

(3) 危险货物运输包装的防护材料。

防护材料包括用于支撑、加固、衬垫、缓冲和吸附等的材料。危险货物运输包装所采用的防护材料及防护方式，应与内装物性能相容，符合运输包装件总体性能的需要，能经受运输途中的冲击与振动，保护内装物与外包装，当内容器破坏、内装物流出时也能保证外包装安全无损。

(4) 危险货物运输包装标记和标志。

危险货物在物流过程中，货物包装的外表应该按照规定的方式标以正确耐久的标记和标志。包装标记是指包装中的内装物的正确运输名称文字；包装标志则表明包装内所装的物质性质的识别图案。标记和标志的主要作用是便于从事运输作业的人员在任何时候、任何情况下都能对包装内所装的物质进行迅速识别，以便正确地识别危险货物以及危险货物所具有的危害特征，在发生危险的情况下采取相应的安全措施，避免损害的发生或降低损害的程度。根据《包装储运图示标志》(GB190—1990) 的规定，每种危险品包装件应按其类别贴相应的标志。但如果某种物质或物品还有属于其他类别的危险性质，包装上除了粘贴该类标志作为主标志以外，还应粘贴表明其他危险性的标志作为副标志，副标志图形的下角不应标有危险货物的类项号。标志应清晰，并保证在货物储运期内不脱落。标志应由生产单位在货物出厂前标打，出厂后如改换包装，其标志由改换包装单位标打。

储运的各种危险货物性质的区分及其应标打的标志，应按 GB6944，GB12268 及有关国家运输主管部门规定的危险货物安全运输管理的具体办法执行。出口货物的标志应按我国执行的有关国际公约办理。

1) 包装标志的图形共有 21 种，19 个名称，其图形分别标示了 9 类危险货物的主要特性，见下表。

标志号	标志名称	标志图形	对应的危险货物类项号
标志1	爆炸品	(符号：黑色，底色：橙红色)	1.1 1.2 1.3
标志2	爆炸品	(符号：黑色，底色：橙红色)	1.4

续表

标志号	标志名称	标志图形	对应的危险货物类项号
标志3	爆炸品	1.5 爆炸品 1 （符号：黑色，底色：橙红色）	1.5
标志4	易燃气体	易燃气体 2 （符号：黑色或白色，底色：正红色）	2.1
标志5	不燃气体	不燃气体 2 （符号：黑色或白色，底色：绿色）	2.2
标志6	有毒气体	有毒气体 2 （符号：黑色，底色：白色）	2.3
标志7	易燃液体	易燃液体 3 （符号：黑色或白色，底色：正红色）	3
标志8	易燃固体	易燃固体 4 （符号：黑色，底色：白色红条）	4.1

续表

标志号	标志名称	标志图形	对应的危险货物类项号
标志9	自燃物品	(符号：黑色，底色：上白下红)	4.2
标志10	遇湿易燃物品	(符号：黑色或白色，底色：蓝色)	4.3
标志11	氧化剂	(符号：黑色，底色：柠檬黄色)	5.1
标志12	有机过氧化物	(符号：黑色，底色：柠檬黄色)	5.2
标志13	剧毒品	(符号：黑色，底色：白色)	6.1
标志14	有毒品	(符号：黑色，底色：白色)	6.1

续表

标志号	标志名称	标志图形	对应的危险货物类项号
标志15	有害品（远离食品）	有害品（远离食品）6 （符号：黑色，底色：白色）	6.1
标志16	感染性物品	感染性物品 6 （符号：黑色，底色：白色）	6.2
标志17	一级放射性物品	一级放射性物品 I 7 （符号：黑色，底色：白色，附一条红竖条）	7
标志18	二级放射性物品	二级放射性物品 II 7 （符号：黑色，底色：上黄下白，附二条红竖条）	7
标志19	三级放射性物品	三级放射性物品 III 7 （符号：黑色，底色：上黄下白，附三条红竖条）	7
标志20	腐蚀品	腐蚀品 8 （符号：上黑下白，底色：上白下黑）	8

续表

标志号	标志名称	标志图形	对应的危险货物类项号
标志21	杂类	（符号：黑色，底色：白色）	9

2）标志的尺寸一般分为4种，见下表。

尺寸（mm）号别	长	宽
1	50	50
2	100	100
3	150	150
4	250	250

注：如遇特大或特小的运输包装件，标志的尺寸可按规定适当扩大或缩小。

3）标志的使用方法。标志的标打，可采用粘贴、钉附及喷涂等方法。标志的位置规定如下：箱状包装——位于包装端面或侧面的明显处；袋、捆包装——位于包装明显处；桶形包装——位于桶身或桶盖；集装箱、成组货物——粘贴四个侧面。

4）标志和标牌的规格。标志上的颜色及符号应该符合有关国家标准以及《危险货物运输规则》的要求，标牌应该做到：不小于250mm×250mm；应与运输组件内的每一危险货物标志的颜色以及符号一致；在标牌的下半部的适当位置显示类别号码，如对标志的要求一样，其数字高度不应小于25mm。

5）标志代号。根据《危险货物运输包装通用技术条件》的规定，标志代号是用来标明包装材质、类型等特点的一组代号。

① 包装级别的标志代号用下列小写英文字母表示：

x—符合Ⅰ、Ⅱ、Ⅲ级包装要求。

y—符合Ⅱ、Ⅲ级包装要求。

z—符合Ⅲ级包装要求。

② 包装容器的标志代号用下列阿拉伯数字表示：

1—桶。

2—木琵琶桶。

3—罐。

4—箱、盒。

5—袋、软管。

6—复合包装。

7—压力容器。

8—筐、篓。

9—瓶、坛。

③ 包装容器的材质标志代号用下列大写英文字母表示：

A—钢。

B—铝。

C—天然木。

D—胶合板。

F—再生木板（锯末板）。

G—硬质纤维板、硬纸板、瓦楞纸板、钙塑板。

H—塑料材料。

L—编织材料。

M—多层纸。

N—金属（钢、铝除外）。

P—玻璃、陶瓷。

K—柳条、荆条、藤条及竹篾。

根据所用标志代号的组成又分为单一包装型号和复合包装型号两类。单一包装型号由一个阿拉伯数字和一个英文字母组成，英文字母表示包装容器的材质，其左边平行的阿拉伯数字代表包装容器的类型；英文字母右下方的阿拉伯数字，代表同一类型包装容器不同开口的型号，例如，$1A_1$ 表示钢桶小开口。复合包装型号是由一个表示复合包装的阿拉伯数字"6"以及一组表示包装材质和包装形式的字符组成的。这组字符为两个大写英文字母和一个阿拉伯数字，第一个英文字母表示内包装的材质，第二个英文字母表示外包装的材质，右边的阿拉伯数字表示包装形式，例如6HA1表示内包装为塑料容器，外包装为钢桶的复合包装。

7.3.4 危险品包装应该注意的问题

7.3.4.1 铁路危险货物运输包装应该注意的事项

（1）危险货物的运输包装和内包装应按铁路危险货物品名表及危险货物包装表的规定确定包装方法，同时还需要符合下列要求：

1）包装材料的材质、规格和包装结构应与所装危险货物的性质和重量相适应。包装容器与所装货物不得发生危险反应或削弱包装强度。

2）充装液体危险货物，容器应至少留有5%的空隙。

3）液体危险货物要做到液密封口；对可产生有害及以潮解或遇酸雾能发生危险反应的应做到气密封口。对必须装有通气孔的容器，其设计和安装应能防止货物流出和杂质、水分进入，排出的气体不致造成危险或污染。其他危险货物的包装应做到严密不漏。

4）包装应坚固完好，能抗御运输、储存和装卸过程中正常的冲击、振动和挤压，并便于装卸和搬运。

5）包装的衬垫物不得与所装货物发生反应而降低安全性，应能防止内装物移动和起到减震及吸收的作用。

6）包装表面应清洁，不得黏附所装物质和其他有害物质。

(2) 危险货物包装，需做包装性能测试。测试方法、要求和合格标准，可比照铁路危险货物运输包装性能测试方法办理。盛装液体危险货物的金属桶、金属罐、塑料桶、塑料罐及钢塑复合桶，每桶（罐）每次使用前都必须做气密测试。钢瓶的机械强度测试应符合劳动部《气瓶安全检查规程》规定的要求；放射性物品包装应按照《放射性物质安全运输规定》（GB11806—1989）的要求进行设计和测试。铁路局可指定包装检测机构根据相关规定对危险货物的包装性能、质量和材质进行检查和测试，保证包装符合安全要求。

(3) 托运人要求改变包装时，应填写改变运输包装申请书，并应首先向始发站提出经县级以上（不包括县）主管部门审查同意的包装方法、产品物理化学特性及经包装检测机构出具的包装测试合格证明。

(4) 性质或消防方法相互抵触，以及配装号或类项不同的危险货物不得混装在同一包装内。

(5) 每件货物的包装应牢固、清晰地标明规定的危险货物包装标志和包装储运图示标志，并有与货物运单相同的危险货物品名。

7.3.4.2 水路危险货物运输包装应注意事项

(1) 危险货物的包装（压力容器和放射性物品的包装另有规定）应按《水路危险货物运输规则》的规定进行性能测试。申报和托运危险货物应持有交通部认可的危险检验机构出具的"危险货物包装检验证明书"，符合要求后，方可使用。

(2) 盛装危险货物的压力容器和放射性物品的包装应符合国家主管部门的规定，压力容器应持有商检机构或锅炉压力容器检测机构出具的"检验合格证书"。

(3) 根据危险货物的性质和水路运输的特点，包装应满足以下基本要求：

1) 包装的规格、形式和单位质量（重量）应便于装卸或运输。

2) 包装的材质、形式和包装方法（包括包装的封口）应与拟装货物的性质相适宜。包装内衬垫材料和吸收材料应与拟装货物性质相容，并能防止货物移动和外漏。

3) 包装应具有一定强度，能经受住运输中的一般风险。盛装低沸点货物的容器，其强度须具有足够的安全系数，可以承受住容器内可能产生的较高的蒸汽压力。

4) 包装应干燥、清洁、无污染，并能经受住运输过程中温度、湿度的变化。

5) 容器盛装液体货物时，必须留有足够的膨胀余位（预留容积），防止在运输中因温度变化而造成容器变形或货物渗漏。

6) 盛装下列危险货物的包装应达到气密封口的要求：产生易燃气体和蒸汽的货物；干燥后成为爆炸品的货物；产生毒性气体或蒸汽的货物；产生腐蚀性气体或蒸汽的货物；与空气发生危险反应的货物。

(4) 采用与本规则不同的其他包装方法（包括新型包装），应符合危险货物水路运输包装相关的防护性能、性能测试和基本要求的规定，由运港的港务（航）监督机构和港口管理机构共同根据技术部门的鉴定审查同意并报交通部批准后，方可作为等效包装使用。

(5) 危险货物包装重复使用时，应完整无损、无锈蚀，并应符合危险货物运输包装的性能测试及基本要求的规定。

(6) 危险货物的成组件应具有足够的强度，并便于用机械装卸作业。

(7) 每一盛装危险货物的包装上均应标明所装货物的正确运输名称，名称的使用应符合"危险货物明细表"中的规定。

包装明显处、集装箱四侧、可移动罐柜四周及顶部应粘贴或刷印符合"危险货物标志"的规定。具有两种或两种以上危险性的货物，除按其主要危险性标贴主标志外，还应标贴《水路危险货物运输规则》中"危险货物明细表"规定的副标志（副标志无类别号）。标志应粘贴、刷印牢固，在运输过程中清晰，不脱落。

7.3.4.3 航空危险品运输包装应注意事项

航空危险品运输包装应符合一般要求，即航空运输的危险品应根据技术细则的规定进行分类和包装，提交正确填制的危险品航空运输文件。

（1）包装容器应当注意：

1）航空运输的危险品应当使用优质包装容器，该包装容器应当构造严密，能够防止在正常的运输条件下由于温度、湿度或压力的变化，或由于振动而引起的渗漏。

2）包装容器应当与内装物相适宜，直接与危险品接触的包装容器不能与该危险品发生化学反应或其他反应。

3）包装容器应当符合技术细则中有关材料和构造规格的要求。

4）包装容器应当按照技术细则的规定进行测试。

5）对用于盛装液体的包装容器，应当承受技术细则中所列明的压力而不渗漏。

6）内包装应当进行固定或衬垫，控制其在外包装容器内的移动，以防止在正常航空运输条件下发生破损或渗漏。衬垫和吸附材料不得与内装物发生危险反应。

7）包装容器应当在检查后证明其未受腐蚀或其他损坏时，方可再次使用。当包装容器再次使用时，应当采用一切必要措施防止随后装入的物品受到污染。

8）如由于先前内装物的性质，未经彻底清洗的空包装容器可能造成危害时，应当将其严密封闭，并按其构成危害的情况加以处理。

9）包装件外部不得黏附构成危害的危险物质。

（2）对于标签，除技术细则另有规定外，危险品包装件应当贴上适当的标签，并且符合技术细则的规定。

（3）标记应注意事项：

1）除技术细则另有规定外，每一危险品包装件应当标明货物的运输专用名称。如有指定的联合国编号，则需表明此联合国编号以及技术细则中规定的其他相应标记。

2）除技术细则另有规定外，每一按照技术细则的规格制作的包装容器，应当按照技术细则中的有关规定予以标明；不符合技术细则中有关包装规格的包装容器，不得在其上标明包装容器规格的标记。

（4）标记使用的文字应注意事项：

国际运输时，除始发国要求的文字外，包装上的标记应加用英文。

任务四　国际物流中的包装法律法规

7.4.1 国际物流中的包装的特点

国际物流是相对于国内物流而言的，是国内物流的延伸和发展，同样包括运输、包装、流通加工等若干子系统。相对于国内物流的包装，国际物流中的包装具有以下特点：

(1) 国际物流对包装强度的要求相应提高。

国际物流的过程与国内物流相比时间长、工序多，因此在国际物流中，一种运输方式难以完成物流的全过程，经常采取多种运输方式联运，与此同时就增加了搬运装卸的次数及存储的时间。在这种情况下，只有增加包装的强度才能达到保护商品的作用。

(2) 国际物流的标准化要求较高。

这也是由国际物流过程的复杂性所引起的。为了提高国际物流的效率，减少不必要的活动，国际物流过程中对包装标准化程度的要求越来越高，以便于商品顺利流通。

(3) 国际物流中与包装有关的法律适用更加复杂。

国际物流涉及两个或两个以上不同的国家，法律制度存在着差异，同时又存在着若干调整包装的国际公约，所以国际物流中与包装有关的法律适用就更加复杂。

7.4.2 国际物流中包装所适用的法律

(1) 国际物流参与国的国内法。

国际物流是商品在不同国家的流动，所以其包装应遵守相关国家的法律规定。这里的相关国家指的是物流过程中的各个环节所涉及的国家，如运输起始地所在国、仓储地所在国、流通加工地所在国。

国际物流中的包装必须遵守参与国际物流国家的关于包装的强制法，对于任意性的法律规定及当事人可以选择适用的法律，可以由当事人自行决定。

(2) 相关的国际公约。

目前世界上并没有专门规定商品包装的国际公约，但是在国际贸易以及国际运输领域的公约中包含着对商品包装的规定，如《汉堡规则》《联合国国际货物销售合同公约》等。

7.4.3 国际物流中运输包装的标志

在国际物流中，为了方便装卸、运输、仓储、检验和交接工作的顺利进行，提高物流效率，防止发生错发错运和损坏货物与人身伤害事故，保证货物安全迅速准确地交给收货人，同样要在运输包装上书写、印刷各种有关的标志，用来识别和提醒人们操作时注意，相对于国内物流来说国际物流中的运输包装标志更加重要。它们包括：

(1) 运输标志。

运输标志又称唛头，通常由一个简单的几何图形和一些字母、数字及简单的文字组成。其主要作用是便于运输、装卸、仓储等工作中识别货物，避免错发错运。运输标志要求贴、刷或喷写在货物包装的明显部分，色牢防褪。运输包装标志一般由以下三部分组成：

1) 目的港或目的地名称。

2) 收货人、发货人的代号，多用简单的几何图形，如三角形、圆形等，图形内外刷以字母表示收货人和发货人的代号和名称。

3) 件号、批号，是货主对每件包装货物编排的顺序号，由顺序号和总件号组成，如1—200或1/200，前面的1代表该批货物的第一件，后面的200代表总件数。目前运输标志的内容繁简不一，主要由买卖双方根据商品特点和具体要求商定。

为了顺应物流业迅速发展的要求以及运输方式的变革、电子技术和网络技术的应用，联合国欧洲经济委员会简化国际贸易程序工作组在国际标准化组织和国际货物装卸协调协会的支持下，制定了一套运输标志，向各国推荐使用。该运输标志包括：收货人或买方名称的英文缩写字母或简称；参考号，如运单号、订单号或发票号；目的地；件号。

这些运输标志要求列为四行，每行不超过 17 个印刷字符，并能用打字机一次完成，一般不宜采用几何图形。例如：

ABC ……………………………… 收货人名称
1234 …………………………… 参考号
HONGKONG ……………………… 目的地
1—100 …………………………… 件号

（2）指示性标志。

指示性标志又称安全标志、保护性标志或货物操作标志，是提示人们在装卸、运输和保管过程中需要注意的事项，一般以简单、醒目的图形在包装中标出，故又有人称其为注意事项，如"小心轻放""保持干燥"等。根据商品性质的不同应该选择不同的标志，以确保商品在整个物流过程中不受到错误的操作。由于国际物流的特殊性，标志上的文字大多采用英文。我国国家质量监督检验检疫总局发布的中华人民共和国国家标准《包装储运图示标志》（GB191—2000）规定的指示性标志见下表：

序号	标志名称	标志图形	含义	备注/示例
1	易碎物品	（高脚杯图形）	运输包装件内装易碎品，因此搬运时应小心轻放	使用示例：
2	禁用手钩	（禁用手钩图形）	搬运运输包装件时禁用手钩	
3	向上	（两个向上箭头图形）	表明运输包装件的正确位置是竖直向上	使用示例：a) b) c)

续表

序号	标志名称	标志图形	含义	备注/示例
4	怕晒		表明运输包装件不能直接照晒	
5	怕辐射		包装物品一旦受辐射便会完全变质或损坏	
6	怕雨		包装件怕雨淋	
7	重心		表明一个单元货物的重心	使用示例： 本标志应标在实际的重心位置上
8	禁止翻滚		不能翻滚运输包装	
9	此面禁用手推车		搬运货物时此面禁用手推车	
10	禁用叉车		不能用升降叉车搬运的包装件	

续表

序号	标志名称	标志图形	含义	备注/示例
11	由此夹起		表明装运货物时夹钳放置的位置	
12	此处不能卡夹		表明装卸货物时此处不能用夹钳夹持	
13	堆码重量极限	kg_{max}	表明该运输包装件所能承受的最大重量极限	
14	堆码层数极限	n	相同包装的最大堆码层数，n 表示层数极限	
15	禁止堆码		该包装件不能堆码并且其上也不能放置其他负载	
16	由此吊起		起吊货物时挂链条的位置	使用示例： 本标志应标在实际的起吊位置上

续表

序号	标志名称	标志图形	含义	备注/示例
17	温度极限		表明运输包装件应该保持的温度极限	a) b)

(3) 警告性标志。

警告性标志又称危险货物包装标志。凡在运输包装内装有易燃易爆物品、有毒物品、腐蚀性物品、放射性物品、氧化剂等危险货物时,必须在运输包装上标有各种危险品的标志,以示警告,使装卸、运输和保管人员按货物特性采取相应的防护措施,以保证物资和人员的安全。警告性标志依据国家颁布的《危险货物包装标志》刷制。联合国海事组织对危险货物也规定了《国际海运危险品标志》,国际物流的危险品,应刷写国际海运危险品标志。

(4) 包装检疫。

进口国为了保护本国的森林资源、农作物、建筑物,防止包装材料中夹带病毒害,以致传播蔓延而危害本国的资源,在货物进入海关时进行检疫。各国通常对包装的材料作了若干规定,所以在国际物流中选择包装材料十分重要,否则在海关检疫过程中可能被禁止入境。

美国、菲律宾、澳大利亚、新西兰、英国等国家都禁止使用稻草作为包装的材料或者衬垫;日本由于木结构的房屋较多,所以日本买方通常拒绝在包装中使用竹子;澳大利亚则规定使用木板箱、木托盘的,必须在出口国进行熏蒸处理,出口商必须提供已作熏蒸处理的证明,否则不准入境。各国根据国情对包装检疫的要求各不相同,并各有侧重,这就要求物流企业在实际操作中了解进口国的法律法规、生活习惯,事前做好准备,避免不必要的损失。

7.4.4 《国际海运危险货物规则》中对于危险货物包装的基本要求

(1) 包装的材质、种类应与所装危险货物的性质相适应。

危险货物的种类不同,性质也有所差异,所以对包装的要求也不相同,这一点在一些化学制品上表现得十分明显。包装应该具备一定的强度,保证在正常的海运条件下,包装内的物质不会散漏和受到污染。越危险的货物对包装的要求就越高;同样,危险的货物单件包装重量越大,对包装的强度要求也越高。

同时,包装的强度也应该与运输的长度成正比。包装的设计应考虑到在运输过程中温度、湿度的变化。包装应该保证在环境发生变化的情况下,也不发生损坏。

（2）包装的封口应该符合所装危险货物的性质。

在通常情况下，危险货物的包装封口应该严密，特别是易发挥、腐蚀性强的气体。但是有些物质由于温度上升或其他原因会散发气体，使容器内的压力逐渐加大，导致危险的发生。对于这种货物，封口不能密封，所以采用什么样的封口应该由所装的危险货物的性质来决定。封口分为气密封口、液密封口。

（3）内外包装之间应该有合适的衬垫。

内包装应处于外包装内，以防止内包装发生破裂、渗漏和戳破，使货物进入外包装，所以在内外包装之间应该采取适当的减震衬垫材料。衬垫不能削弱外包装的强度，而且衬垫的材料还必须与所装的危险货物的性能相适应，以避免危险的发生。

（4）包装应该能经受一定范围内温度、湿度的变化。

在物流过程中，包装除应具有一定的防潮衬垫外，本身还要具有一定的防水、抗水性能。

（5）包装的重量、规格和形式应便于装卸、运输和储存。

根据《国际海运危险货物规则》的规定，包装最大容量为450L，最大净重为400kg。同样，包装的外形尺寸与船的容积、载重量、装卸机具应相适应，以方便装卸、运输和储存。

本章小结

包装业务从物流活动角度来讲是一项独立的活动，从法律角度来看，则属于加工承揽合同内容，但是包装涉及的法律法规和制度规范非常广泛，特别是对于危险货物的包装更有其特殊要求，物流服务提供企业不仅要具有相应的从业资质，而且要承担特殊的义务和责任。另外，包装还涉及知识产权法、消费者权益保护法和反不正当竞争法等法律法规的相关规定，所以物流企业在提供包装服务或提供综合物流服务包含包装内容时，一定要遵守相关法律法规的规定。

思考与练习

简答题

1. 包装法规的特征有哪些？
2. 普通货物包装所应遵循的基本原则是什么？
3. 销售包装的基本要求有哪些？
4. 订立包装条款时应注意哪些事项？
5. 对危险类货物包装的基本要求是什么？

物流搬运装卸法律制度

知识目标

掌握搬运装卸合同的主要条款,各种搬运装卸作业合同当事人的主要权利、义务和责任;掌握各种装卸作业的具体要求。了解搬运装卸作业合同的构成、内容和形式。

技能目标

通过本项目的学习,能够起草搬运装卸合同,能分析解决搬运装卸业务中发生的法律纠纷。

导入案例

【案情】

原告(反诉被告):连云港市土产畜产进出口公司

被告(反诉原告):连云港港务局第三港务公司

原告诉称:1997年10月,原告自泰国进口一批木薯干,装载船舶为"向阳"轮,该船于同年10月13日停靠被告的第34号泊位并于15日开始卸货作业,25日卸货完毕。原告进口该批货物的提单数量为3 150吨,商检水尺计重为3 140吨,所卸货物全部存放于被告的码头货场,后原告提货销售。连云港港务局铁路运输公司最终轨道衡过磅,被告只交付给原告2 872.64吨,实际短少277.36吨,价值30.8万元。原告多次与被告协商未果,因此对应支付给被告的港口费用9万余元予以拒付,即由于被告的违约行为使原告遭受了21.8万元的经济损失。请求判令被告赔偿21.8万元并承担本案的诉讼费用。

扫一扫,百度一下

被告辩称:原告连云港市土产畜产进出口公司的诉讼主张无事实依据。原告、被告双方的法律关系是港口作业合同关系,且根据港口作业合同,双方选择适用《水路货物运输规则》的有关条款作为合同约定内容的补充;双方对木薯干的交付方法有明确的约定。在合同履行中,原告与被告约定"舱内灌包",这表明双方认可了对该批装卸的木薯干只按件数而不按重量交接的操作计量规则；被告完全按照合同的约定履行了义务。从本案事实看，被告负有两项义务：一是负责合同项下的木薯干船到场之间的装卸作业；二是负责木薯干场到车之间的装卸作业。根据被告当庭提交的场库理货记录单和周春雷签字的装船单，被告在船到场之间的作业期间收到作业委托人（原告）交付的木薯干是63 924袋，被告在场到车作业期间交付给原告的木薯干也是63 924袋，对此，原告的经办人周春雷均在有关手续上注明了"合格"字样予以认可。所以，被告已完全履行了合同约定的义务，根本不存在"违约行为"；原告出具的证据不足以支持其诉讼主张。

原告的诉讼主张也无法律依据。双方选择了《水路货物运输规则》作为合同的补充内容，原告在货物交付时，如发现存在货损现象，应履行作业委托人的义务及时编制货运记录，但原告没有履行这一行为；原告也没有在法定的期间向被告提出过索赔主张。根据《水路货物运输规则》第九十条的规定，原告应在编制货运记录的次日起180日内提出索赔书，但在庭审中，没有看到这方面的证据。综上，请求法院依法驳回原告的诉讼请求。

本案在审理过程中，被告提出反诉称：1997年10月至12月间，为反诉被告装卸一批进口木薯干，共发生港口费用174 583.11元，反诉被告支付了80 000元，尚欠94 583.11元。1999年12月2日，反诉被告以反诉原告在装卸作业中造成货损为由向法院起诉，在诉状中明确表示拒付上述94 583.11元的费用，反诉原告方知权利受到了侵害，故提出反诉，请求判令反诉被告支付拖欠的港口费用94 583.11元，并承担本案的诉讼费用。

反诉被告辩称：反诉原告未对94 583.11元的欠款举证；此款已在本诉中冲减；反诉原告的诉讼请求已超过时效。

【审判】

经审理查明：1997年10月15日，原告（反诉被告）与被告（反诉原告）签订了一份港口作业合同，约定由被告（反诉原告）为原告（反诉被告）卸载从泰国进口的3 150吨木薯干，装卸方式为"舱内灌包"，有关作业委托人与港站经营人之间的权利、义务和责任界限，适用于《水路货物运输规则》和港口收费的有关规定。同年10月15日至18日，被告（反诉原告）从"向阳"轮卸下的木薯干的数量是63 924袋。10月19日，中华人民共和国江苏进出口商品检验局出具检验证书，确定出舱货物的水尺计量为3 140吨。12月1日至3日，被告（反诉原告）向原告（反诉被告）交付木薯干的实际重量为2 872.64吨。12月9日，原告（反诉被告）向连云港市口岸委员会和被告（反诉原告）等单位发函称：涉案木薯干与提单数相比短少了277.36吨，亏损率为8.81%，要求赔偿。1999年11月26日，原告（反诉被告）要求被告（反诉原告）赔付短少的木薯干货款。经查，木薯干的销售价格为每吨1 045元。

被告（反诉原告）为原告（反诉被告）卸载木薯干发生的港口费、翻装费等费用共计174 583.11元，原告（反诉被告）已向被告（反诉原告）支付了80 000元，尚欠94 583.11元。

以上事实，有港口作业合同、港口作业计费存根联、中华人民共和国江苏进出口商品检验局检验证书、报告及索赔函、轨道衡过磅单、理货记录、发票和庭审笔录等佐证。

法院依据《中华人民共和国民法通则》第一百零六条第一款、第一百一十一条、第一百一十二条第一款、第一百三十五条和《中华人民共和国民事诉讼法》第六十四条的规定，判决如下：

一、被告（反诉原告）赔偿原告（反诉被告）货物短少的经济损失人民币21.8万元。在本判决生效之日起十日内一次性支付，逾期加倍支付迟延履行期间的债务利息。

二、对被告（反诉原告）的诉讼请求不予支持。

【分析】

本案中，原告、被告双方签订的港口作业委托合同是双方当事人真实的意思表示，内容不违反法律规定，应予确认。既然在合同中约定适用《水路货物运输规则》，就应按约履行。中华人民共和国江苏进出口商品检验局检验结果表明，被告（反诉原告）从"向阳"轮卸下的货物重量是3 140吨，原告以提单记载重量即3 150吨为基础计算货物短少数量于法无据。被告（反诉原告）实际交付的木薯干重量是2 872.64吨，短少267.36吨，短少货物的价值为279 391.20元。货物短少发生在被告（反诉原告）保管货物的责任期间，按《水路货物运输规则》第六十条的规定，被告（反诉原告）应对此承担赔偿责任。但原告（反诉被告）只要求被告（反诉原告）赔偿21.8万元，本院予以准许。

被告（反诉原告）辩称其与原告（反诉被告）约定"舱内灌包"，就是以包数而不是以重量交付。本院认为"舱内灌包"只是一种作业方式，并非货物的计量方式，故"舱内灌包"并不意味着货物按件交接。被告还认为，原告（反诉被告）没有在编制货运记录的次日起180日内提出索赔。事实上，原告（反诉被告）在1997年12月9日，已向被告（反诉原告）提出了货物短少问题并要求解决。况且，按《水路货物运输规则》第八十八条的规定，在交付时发现和发生的货物短少，应由到达港港站经营人会同收货人编制货运记录。因此，对被告（反诉原告）的辩解，法院不予采纳。

被告（反诉原告）在1997年12月3日交付货物时，原告（反诉被告）即有义务支付货物作业款而未予支付，被告（反诉原告）就应该知道自己的权利受到了侵害，并非其所称的原告（反诉被告）在诉状中明确表示拒付港口作业费时才知道。被告（反诉原告）提出反诉的时间是2000年5月30日，此前并无时效中断的法定事由，因此，其反诉已超过了法律规定的两年诉讼时效。

任务一　货物搬运装卸作业合同

8.1.1　货物搬运装卸作业合同的构成

货物的装卸作业可能在运输、仓储或其他物流环节由相关当事人作出约定，比如铁路货物运输合同中就明确有搬运装卸义务的分配；也可能在一个综合性的服务合同中作出约定，如港口作业合同就属于这一种，它包括对水路货物的装卸、驳运、储存、装拆集装箱等一系列内容；还可能由单独签订的货物装卸作业合同来完成。无论是哪一种合同，都是由主体、标的和内容构成的。

（1）货物搬运装卸作业合同的主体。

货物搬运装卸作业合同的主体在法律上有一个统一的称谓——港站经营人，其主要是指港口码头、内陆车站、机场货运中心的经营者以及经营仓储、装卸、转运工作的其他人，比如装卸公司。另一方主体是向港站提出服务要求的人，即托运人、货主或承运人等。

(2) 货物搬运装卸作业合同的标的。

搬运装卸法律关系的客体即搬运装卸法律关系主体双方权利义务所共同指向的事物，也即货物搬运装卸作业合同的标的。货物搬运装卸作业合同的标的是一种服务行为，而不是搬运装卸的货物，这与运输合同标的的性质相同。

服务行为与具体货物之间存在一定联系，具体货物是服务行为的直接作用对象，服务行为的质量将影响到货物的客观状态，因此行为的方式必须结合货物的特点进行，不同的货物需要不同的服务标准，法律很难作出统一的规定，这就需要当事人自己事先约定，否则出现纠纷时，不容易认定双方的责任。在搬运装卸作业合同，特别是复杂的搬运装卸作业中也存在类似的隐患。

(3) 货物搬运装卸作业合同的内容。

货物搬运装卸作业合同一般包括以下条款：作业委托人、港站经营人和货物接收人的名称、地址及联系方式，作业项目、货物的基本情况（包括货物名称、件数、重量、体积），作业费用及其结算方式，货物交接的地点和时间，包装方式，识别标志，装卸双方的其他权利和义务，违约责任，解决争议的方法等。

8.1.2 货物搬运装卸作业合同的形式

货物搬运装卸作业合同在形式上无特殊要求，按照我国《合同法》的规定，可以为口头合同也可以为书面合同，实践中基本都采用书面合同，电子资料和电子邮件等也视为书面形式。

任务二 港口装卸搬运法律法规

8.2.1 港口装卸搬运法律法规概述

整体来说，有关港口装卸作业的法律法规并不算多。在港口经营方面，我国虽然于2003年6月28日通过了《港口法》，但该法主要在于确立我国港站经营人的法律地位和一些基本活动准则，几乎没有涉及装卸作业的规定。目前，调整港口作业的国内规范主要有交通部2000年7月17日发布，于2001年1月1日开始实施的《港口货物作业规则》。该规则共5章54个条款，主要适用于在我国港口为水路运输货物提供的有关作业。但需要指出的是，在港口不涉及水运的作业，如货物是由铁路专线或者汽车等其他运输工具运进港口时，其装卸活动虽然发生在港口，却受制于铁路和公路方面的相关法规；另外，这里的水路运输既包括国内水路运输也包括国际海上货物运输；再有就是该规则中所指的港口作业以装卸为主，并涉及货物的储存、拆装集装箱、分拣货物、更换包装、捆绑和加固等多项服务。有关集装箱的装卸作业问题，中华人民共和国国家质量监督检验检疫总局、中国国家标准化管理委员会于2007年7月11日联合发布了《集装箱港口装卸作业安全规程》，其内容涉及集装箱港口装卸作业的一般要求以及集装箱在船舶装卸、调运、货场堆码、拖运和拆装箱作业中的安全要求，为强制性标准，是集装箱装卸方面的最新规范。集装箱专用码头的装卸作业，非专用码头和集装箱中转站均可适用。

有关港站作业服务的国际公约主要是《联合国国际贸易运输港站经营人赔偿责任公约》

(以下简称《港站经营人赔偿责任公约》),该公约于1991年4月19日在联合国贸易法委员会召开的专门会议上讨论通过。公约总共25条,涉及公约的适用、港站经营人的责任及其限额、索赔与诉讼时效等内容。公约至今尚未生效,但其内容为很多国家的国内立法所借鉴。下面,结合国内和国际规范的规定,着重介绍港口作业合同、港口与船方之间的货物交接关系以及国际公约中港站经营人的赔偿责任等内容。

8.2.2 一般货物的港口作业合同

根据《港口货物作业规则》第三条的规定,所谓港口作业合同(以下简称作业合同),是指港站经营人在港口对水路运输货物进行装卸、驳运、储存、装拆集装箱等作业,作业委托人支付作业费用的合同。

8.2.2.1 作业合同的订立

作业合同的实质是委托合同,由双方在不违反法律法规的强制性规定的前提下,根据合同自由的原则,签订口头或书面合同,但实务中多为书面合同。合同中的港站经营人称为作业受托方(人),另一主体称为作业委托方(人)。

8.2.2.2 作业合同当事人的权利、义务与责任

(1) 作业委托人的权利、义务与责任。

1) 交付货物作业所需的单证。这些单证的办理涉及港口、海关、检验、检疫、公安等部门。因办理不及时、不完备或者不正确,造成港站经营人损失的,作业委托人应当承担赔偿责任。

2) 交付与合同约定相符的货物。作业委托人向港站经营人交付货物的名称、件数、重量、体积、包装方式、识别标志,应当与作业合同的约定相符。笨重、长大货物委托人应当声明货物的总件数、重量和体积以及每件货物的重量、长度和体积。作业委托人未按照规定交付货物、进行声明的,需要向港站经营人按照实际重量或体积支付费用以及承担衡量费,造成港站经营人损失的,还应当承担赔偿责任。

3) 按要求对作业货物进行包装。货物运输需要包装的,由委托人按照国家标准进行包装;没有国家标准的,在保证作业安全和货物质量的原则下进行包装。危险品应当按相关规定妥善包装,向作业人出具必要的书面提示。

4) 承担因货物自身引起的相关费用。因货物的性质或者携带虫害等情况,需要对库场或者货物进行检疫、洗刷、熏蒸、消毒的,应当由作业委托人或者货物接收人负责,并承担有关费用。

5) 按时接收或交付作业货物。作业委托人应当在约定或者规定的期限内交付或者接收货物。如果约定由第三方交付货物或者第三方收取货物的,委托人对第三方行为造成受托人的损失负责。

6) 变更收货人。作业委托人在港站经营人将货物交付货物接收人之前,可以要求港站经营人将货物交给其他货物接收人,但应当赔偿港站经营人因此受到的损失。

7) 除另有约定外,作业委托人应当预付作业费用。

(2) 港站经营人。

1) 港站经营人的义务。

① 做好作业前的准备工作。港站经营人应当按照作业合同的约定,根据作业货物的性

质和状态，配备适合的机械、设备、工具、库场，并使之处于良好的状态。

② 在约定期间或合理期间完成货物作业。港站经营人未能在约定期间或者合理期间完成货物作业造成作业委托人损失的，港站经营人应当承担赔偿责任。

③ 以约定或者法律规定方式交接货物。港站经营人应当按照双方约定的时间、地点以约定的方式交付符合要求的货物。没有约定的，适用《港口货物作业规则》中的规定：

一是核对货物的重量。除另有约定外，散装货物按重量交接；其他货物按件数交接。散装货物按重量交接的，货物在港口经技术监督部门检验合格的计量器具计量的，重量以该计量确认的数字为准；未经技术监督部门检验合格的计量器具计量的，除对计量手段另有约定外，有关单证中载明的货物重量对港站经营人不构成其交接货物重量的证据。

二是签发收据，编制交接记录。港站经营人对于接收的货物应当签发收据，除非属单元滚装货物作业以及货物在运输方式之间立即转移的。集装箱交接状况，应当在交接单证上如实记载。如果货物在作业完成后又由港站经营人交与货物接收人的，交付时，港站经营人应当核对货物接收人单位或者身份以及经办人身份的有关证件，以确保货物交付正确。货物接收人应当验收货物，并签发收据。发现货物损坏、灭失的，交接双方应当编制货运记录。货物接收人在接收货物时没有就货物的数量和质量提出异议的，视为港站经营人已经按照约定交付货物，除非货物接收人提出相反的证明。

④ 妥善保管和照料作业货物。作业受托人应对其作业过程中的货物尽到必要的注意义务，发现货物表面状况有变质、滋生病虫害或者其他损坏，应当及时通知作业委托人或者货物接收人。

⑤ 承担作业过程造成货物毁损、灭失或迟延交付的责任。但港站经营人证明货物的损坏、灭失或者迟延交付是由于下列原因造成的除外：不可抗力；货物的自然属性和潜在缺陷；货物的自然减量和合理损耗；包装不符合要求；包装完好但货物与港站经营人签发的收据记载内容不符；作业委托人申报的货物重量不准确；普通货物中夹带危险、流质、易腐货物；作业委托人、货物接收人的其他过错。

2）港站经营人的权利。

① 拒绝对不符合包装要求的货物作业。

② 处置对自身安全带来影响的危险物。作业委托人对危险物作业事项通知有误或者港站经营人明知是危险物仍然同意作业而遭受了实际危险时，可以对危险物进行合理处置，并不承担相应损失。

③ 对作业货物转栈储存或者提存。货物接收人未按照约定期限或在合理期限内接收货物的，港站经营人应当每 10 天催提一次，满 30 天货物接收人不提取或者找不到货物接收人，港站经营人应当通知作业委托人，作业委托人在港站经营人发出通知后 30 日内负责处理该批货物。作业委托人未在前款规定期限内处理货物的，港站经营人可以将货物转栈储存；符合《合同法》规定的提存条件的，可以提存货物。

④ 对货物的留置权。除双方另有约定外，港站经营人在未收到作业费、速遣费和为货物垫付的必要费用，而且没有被提供适当担保时，可以留置相应价值的运输货物。

8.2.3 集装箱货物的装卸合同

集装箱货物作业与一般散装货物的作业有所不同，《国内水路集装箱货物运输规则》对港口集装箱作业合同中当事人的责任作了专门规定,除此之外,集装箱货物还可以单独签订装、拆箱合同。

8.2.3.1 集装箱的港口作业合同

(1) 作业委托人的义务与责任。

1) 港口集装箱作业应填制"港口集装箱作业委托单"。

2) 作业委托人委托作业货物的品名、性质、数量、重量、体积、包装、规格应与委托作业单记载相符。委托作业的集装箱货物必须符合集装箱装卸运输的要求,其标志应当明显清楚。由于申报不实给港站经营人、承运人造成损失的,作业委托人应当负责赔偿。

(2) 港站经营人的义务与责任。

1) 港站经营人应使装卸机械及工具、集装箱站场设施处于良好的技术状况,确保集装箱装卸、运输和堆存的安全。

2) 港站经营人在装卸运输过程中应做到:

① 稳起稳落、定位放箱,不得拖拉、甩关、碰撞。

② 起吊集装箱要使用吊具,使用吊钩起吊时,必须四角同时起吊,起吊后,每条吊索与箱顶的水平夹角应大于45°。

③ 随时关好箱门。

3) 集装箱堆场应具备下列条件:

① 地面平整、坚硬,能承受重箱的压力。

② 有良好的排水条件。

③ 有必要的消防措施、足够的照明设施和通道。

④ 应备有装卸集装箱的机械、设备。

4) 集装箱作业的交接。集装箱交接时,应填写"集装箱交接单"。重箱交接时,双方需检查箱体、封志状况并核对箱号无误后交接;空箱交接时,需检查箱体并核对箱号无误后交接。交接时应当作出记录并共同签字确认。发现箱体有下列情况之一的,应填写"集装箱运输交接记录":

① 集装箱角配件损坏。

② 箱体变形严重,影响正常运输的。

③ 箱壁破损,焊缝有裂纹,梁柱断裂,密封垫件破坏。

④ 箱门、门锁损坏,无法开关。

⑤ 集装箱箱号标志模糊不清。

对上述情况未妥善处理前,不应装船发运。

5) 港站经营人的责任。港站经营人对集装箱货物的责任期间为装货港(卸货港)接收(卸下)集装箱货物时起至装上船(交付货物)时止,集装箱货物处于港站经营人掌管之下的期间。

港站经营人如发现集装箱货物有碍装卸运输作业安全时,应采取必要处置措施,由此引起的经济损失,由责任者负责赔偿。

在港口装卸运输过程中,因港站经营人操作不当造成箱体损坏、封志破坏,箱内货物损坏、短缺,港站经营人应负赔偿责任。

8.2.3.2 装拆箱合同

装拆箱合同是指装拆箱人受托运人、承运人、收货人的委托，负责将集装箱货物装入箱内或从箱内搬出堆码并收取费用的合同。装拆箱合同除双方当事人可以即时结清者外，应当采用书面合同形式，并由委托方注明装拆箱作业注意事项。委托装拆箱作业的货物品名、性质、数量、重量、体积、包装、标志、规格必须与"集装箱货物运单"记载的内容相符。装拆箱人对于集装箱货物应当承担如下责任：

（1）确保集装箱适合装运货物。

装箱人装箱前，应按规定认真检查箱体，不得使用不适合装运货物的集装箱。因对箱体检查不严，导致货物损失的由装箱人负责。

（2）填写有关单据。

对于有两个以上收货人或两种以上货物需要拼装一箱时，装箱人应填写"集装箱货物装箱单"。

（3）装箱的作业要求。

装箱人在装箱时要做到：

① 货物堆码必须整齐、牢固，防止货物移动及开门时倒塌。

② 性质互抵、互感的货物不得混装于同一箱内。

③ 要合理积载，大件不压小件，木箱不压纸箱，重货不压轻货，箭头朝上，力求箱底板及四壁受力均衡。

④ 集装箱受载不得超过其额定的重量。

（4）拆箱人的特殊义务。

整箱交付的集装箱货物需在卸货港拆箱的，必须有收货人参加。集装箱拆空后，由拆箱人负责清扫干净，并关好箱门。

（5）装拆箱人的赔偿责任。

由于装箱不当，造成经济损失的，装箱人应负赔偿责任。装拆箱时不得损坏集装箱及其部件，如有损坏则由装拆箱人负责赔偿。装箱人装箱后负责施封，凡封志完整无误、箱体状况完好的重箱，拆封开箱后如发现货物损坏或短缺，由装箱人承担责任。

8.2.4 港口与船方之间的货物交接关系

如果由托运人或者收货人与港站经营人签订了港口作业合同，作业人有义务将货物装上或者搬下承运船舶，这时必然涉及港站经营人与船舶承运人就货物交接的问题，一方除了向对方签发收货凭证之外，是否还需要承担其他义务，这关系到因双方交接不当而引起货物损害时责任的分担。为此，《港口货物作业规则》直接就双方的权利义务作出了特别规定，这是一种法定义务，与作业合同中双方约定产生的义务性质不同。换句话说，港口与船方之间的货物交接关系受到《港口货物作业规则》的直接调整，这在第四十六条中有明确规定，"除另有约定外，港站经营人与船方在水路运输货物港口装卸作业过程中的交接，适用本章规定。"另外有关集装箱的交接问题适用《国际集装箱运输管理规则》中的特别规定。

（1）船方的配积载义务。

适当的配积载不仅可以更好地保持运输货物的良好状况，而且与船舶自身的航行安全密切相关。在运输关系中，船舶的配积载是船方的一项法定义务。因此《港口货物作业规则》

要求船方应当向港站经营人提供配积载图（表），港站经营人应当按照配积载图（表）进行作业。船方可以在现场对配积载提出具体要求。当作业货物因配积载原因产生货损时，船方应承担相应的法律责任。

（2）船方提供船舶预报、确报的义务。

船方应当向港站经营人预报和确报船舶到港日期，提供船舶规范以及货物装卸载的有关资料，使船舶处于适合装卸载作业的状态，办妥有关手续。

（3）货物的交接。

国际运输以件交接货物、集装箱货物和集装箱。同品种、同规格、同定量包装的件装货物，船方与港站经营人应当商定每关货物的数量和类型，约定计数方法，逐关进行交接，成组运输货物比照执行。

（4）货物交接双方和交接地点。

对于海上运输的承运人（船方）应当通过理货机构与港站经营人在船边交接；如果是经水路集疏运的集装箱，港口装卸企业与水路承运人在船边交接。

（5）编制交接清单。

船方与港站经营人交接水路运输货物应当编制货物交接清单。

（6）交接时的货损责任。

《国际集装箱运输管理规则》规定，承运人、港口装卸企业对集装箱、集装箱货物的损坏或者短缺的责任，原则上交接前由交方承担，交接后由接方承担。但装箱人对造成人员伤亡、运输工具、其他货物、集装箱损失有过失的，由装箱人负责。

除法律另有规定的除外，国内和国际集装箱货物运输中的相关权利人对船方或装卸方交接过程中造成的货物损害赔偿责任的时效是180日，从收到货运记录或者交付集装箱之日起计算。

8.2.5　国际公约中港站经营人的赔偿责任

8.2.5.1　公约的适用

根据《港站经营人赔偿责任公约》第二条的规定，当提供与国际货物运输有关服务的港站经营人的营业地处于缔约国内，或者依照国际私法规则与运输有关的服务受到一缔约国法律的制约，则适用该公约。为了正确理解该条的含义，需要依公约的规定对几个名词进行解释：

（1）货物：指组装于集装箱、托盘或其他载货器具中的物品及这些载货器具本身，但由经营人提供的载货器具不属于公约中的货物范围。

（2）国际运输：经营人接管货物时该货物的发运地和目的地位于不同国家的任何运输。

（3）与运输有关的服务：包括堆存、仓储、装载、卸载、积载、平舱、隔垫和绑扎等服务项目。

（4）港站经营人：指在其控制下的某一区域内或在其有权出入或使用的某一区域内，负责接管国际运输的货物，以便对这些货物从事或安排从事与运输有关的服务的人。但是按照法律规定以承运人或多式联运经营人身份接管货物的人不能视为公约所指的港站经营人。

鉴于上述解释，我们看出公约适用的两种情形：其一，营业地在缔约国的港站经营人，从事与国际货物运输有关的服务时应受到公约的调整；其二，与运输有关的服务行为受到缔约国国内法调整时，公约优先于国内法适用于行为人。

8.2.5.2　港站经营人的责任基础

责任基础，有时也被称为归责原则或责任依据，是判断港站经营人是否应当承担赔偿责任的一个总标准。按照公约的规定，港站经营人对货物的毁损、灭失或迟延交付承担责任的基础是推定过失责任，即港站经营人如果不能证明自己及其受雇人、代理人或经营人已经采取了一切合理措施防止货物的毁损、灭失就应当承担相应的赔偿责任。

认定货物灭失除了事实灭失以外，在明确约定的交货日期届满后的连续 30 日内或无约定时间时，在有提货权的人要求交货后连续 30 日内，未能向权利人交付货物的，也可以视为货物灭失。

8.2.5.3 港站经营人的责任期限

港站经营人从其接管货物之时起，至其向有权提货的人交付货物或将货物交由该人处理之时止，应对货物负责。

8.2.5.4 赔偿责任的限制

（1）港站经营人对货物灭失或损坏而引起的损失所负赔偿责任，以灭失或损坏货物的毛重每千克不超过 8.33 计算单位的数额为限。但是若货物为海运或内陆水运后立即交给经营人，或者货物是由经营人交付或待交付给此类运输，则货物灭失或损坏的赔偿责任以货物毛重每千克不超过 2.75 计算单位为限。如部分货物的灭失或损坏影响到另一部分货物的价值，则在确定赔偿责任限额时，应计及遭受灭失或损坏的货物和其价值受到影响的货物加在一起的总重量。

（2）港站经营人对交货迟延应负的赔偿责任，以相当于经营人就所迟交货物所收费用两倍半数额为限，但这一数额不得超过对包含该货物在内的整批货物所收费用的总和。

（3）任何情况下，经营人按照第（1）和第（2）项所承担的赔偿总额不应超过依第（1）项下计算货物全部灭失时的赔偿责任限额。

（4）因当事人的自愿约定，港站经营人的赔偿责任可以高于公约中的限额。

（5）经证明，货物的灭失或损坏或迟延交付是因经营人本人或受雇人或代理人故意的行为或不为所造成，或明知可能造成这一灭失、损坏或迟延而轻率地采取的行为或不为所造成时，经营人也无权享受责任限额。经营人的雇佣人或代理人存在上述情形时，责任限额权利的丧失同样适用于他们。

8.2.5.5 索赔与诉讼时效

就货物灭失、损坏以及迟延交付提出赔偿请求的诉讼时效是 2 年，时效起点的计算有两种方式：一为经营人将全部或部分货物交给有权提货的人或将货物交由他支配之日开始；二为索赔人收到经营人发出的货物灭失的通知之日或货物视为灭失之日，两者以先者为起算点。2 年时效不包括开始之日。

另外，公约还就港站经营人的留置权和承运人或其他承担赔偿责任的人对经营人的追索权做了相应规定，本书对此不再作详细介绍。

任务三　铁路装卸搬运中的法律法规

8.3.1　铁路装卸搬运法律法规概述

1991 年开始实施的《铁路法》并未就铁路站场经营人对货物的装卸搬运等作业问题作

出相应规定。铁道部为此专门发布了《铁路货物运输规程》《铁路货物运输管理规则》《铁路装卸作业标准》《铁路货物装卸作业安全技术管理规则》《铁路车站集装箱货运作业标准》等货场装卸作业准则，以规范有关人员的行为。

8.3.2 铁路货物运输合同中的装卸搬运义务

与港口装卸搬运为单独作业合同不同，铁路货物的装卸无须作业方签订独立的作业合同，有关装卸的权利义务，按照《铁路货物运输规程》第二十二条的规定，由铁路承运人和托运人或收货人在铁路货物运输合同中约定。因此铁路货物装卸搬运关系是铁路货物运输合同中的一部分。

8.3.2.1 装卸义务的分配原则

（1）以装卸地点进行分配。

货物装车和卸车的组织工作，在车站公共装卸场所内由承运人负责；在其他场所，均由托运人或收货人负责。

（2）以货物的种类进行分配。

罐车运输的货物、冻结易腐货物、未装容器的活动物、蜜蜂、鱼苗、一件重量超过1吨的放射性同位素以及用人力装卸带有动力的机械和车辆，均由托运人或收货人负责组织装车或卸车。

（3）协商分配。

其他货物由于性质特殊，经托运人或收货人要求，并经承运人同意，也可由托运人或收货人组织装车或卸车。

8.3.2.2 合同双方在装卸方面的义务与责任

（1）由车站组织装车时。

1）托运人应按时将货物搬入车站内。凡在车站公共装卸场所内装车的货物，托运人应在承运人指定的日期全部搬入车站。

2）车站应当及时核收货物并组织装车。车站接收货物时，应对品名、件数、运输包装、标记及加固材料等进行检查。接收货物时，应及时组织装车。

3）车站有权核收暂存费。如果托运人托运整车货物，而托运人未在指定之日将货物全部搬入车站的，自指定搬入之日起至再次指定搬入之日或将货物全部搬出车站之日止，车站有权向托运人核收货物暂存费。

托运人托运的整车货物因车辆容积或载重量的限制，装车后有剩余货物时，托运人应于装车的次日起算3日内将剩余货物全部搬出车站或另行托运。逾期未搬出或未另行托运时，对于超过的日数按车核收货物暂存费。

（2）由托运人组织装卸时。

1）作业双方有互相通知的义务。由托运人或收货人组织装车或卸车的货车，车站应在货车调到前，将调到时间通知托运人或收货人。托运人或收货人在装卸车作业完了后，应将装车完了或卸车完了的时间通知车站。

2）专用线装卸应签订运输协议。托运人、收货人使用他人专用线装卸货车时，应与车站、专用线所有人签订运输协议。

另外，无论是哪方负责装卸，都应当尽快装卸和安全摆放货物。尽快装卸是指在保证货物安全的条件下，积极组织快装、快卸，昼夜不间断地作业，以缩短货车停留时间，加速货物运输。安全摆放是指存放在装卸场所内的货物，应距离货物线钢轨外侧15米以上，并且堆放整齐、稳固。

8.3.3 铁路货物装卸作业标准

铁路货物装卸作业标准是指导铁路站场的人员规范组织装卸作业的依据，一旦运输合同中出现因装卸作业引起货物毁损、灭失的纠纷，这些标准可以作为认定铁路承运人在管理货物方面存在一定过错，但具体责任的承担以及索赔问题，还应按运输合同的有关规定办理。

8.3.3.1 铁路一般货物的装卸作业

按照《铁路货物运输管理规则》和《铁路装卸作业标准》规定，铁路装卸作业可以分为货物入场、装车和卸车三个环节，大致划分为准备作业、实施作业和整理作业三个阶段。为了方便起见，本书按环节进行介绍。

（1）货物入场。

1）车站核对货物。对搬入货场的货物，车站要检查：

① 货物品名、件数是否与运单记载相符。

② 运输包装和标志是否符合规定要求。

③ 零担和集装箱货物的货签是否齐全、正确。零担货物还应核对货物外形尺寸和体积；集装箱货物核对箱号、封号以及施封是否正确、有效；个人托运的行李、搬家货物，要按照物品清单进行核对，并抽查是否在包装内放入货签。

④ 对货物上的加固装置的加固材料的数量、质量、规格进行检查。对超长、超限、集重货物，应按托运人提供的技术资料复测。

2）安全摆放货物。货物应稳固、整齐地堆码在指定货位上。整车货物要定型堆码，保持一定高度；零担和集装箱货物，要按批堆码，货签向外，留有信道。需要隔离的，应按规定隔离。货物与线路或站台边缘的距离符合规定，即1.5米以上。

（2）装车作业。

1）选择合适的车种。装运货物要合理使用货车种类。除规定必须使用棚车装运的货物外，对怕湿或易于被盗、丢失的货物，也应使用棚车装运。

发生车种代用时，应按《铁路货物运输管理规则》的要求报批，批准代用命令号码要记载于货物运单和货票"记事"栏内。有毒物品专用车不得用于装运普通货物；冷藏车严禁用于装运可能污染和损坏车辆的非易腐货物。

2）认真检查车体状况。装车前，应检查货车车体、车门、车窗、盖阀是否完整良好，有无扣修通知、色票、货车洗刷回送标签或通行限制；车内是否干净、是否被毒物污染；装载粮食、医药品、食盐、鲜活货物、饮食品、烟草制品以及押运人摆的货物等时，应检查车内有无恶臭异味。

3）认真监装。装车时，必须核对运单、货票、实际货物，保证三者统一。做到不错装、不漏装、巧装满载，防止偏载、偏重、超载、重量过于集中以及亏吨、倒塌、坠落和超限等。

4）按货物性质采取合理的防护措施。对易磨损货件应采取防磨措施，怕湿和易燃货物应采取防湿或防火措施。对以敞、平车装载且需要加固的货物，有定型方案的，严格按方案装车；无定型方案的，车站应制定定型加固方案，经审核批准后按方案装车。装载散堆货物，顶面应平整；对自轮运转的货物、无包装的机械货物，车站应要求托运人将货物的活动部位予以固定，以防止脱落或侵入限界。

5）确保装车后车体和货物的良好状况。装车后，应再次检查车门、车窗、盖、阀关闭及拧固和装载加固情况。对装载货物的敞车，要检查车门插销、底开门搭扣和篷布苫盖、捆绑情况。两篷布间的搭头应不小于500mm。绳索、加固铁线的余尾长度应不超过300mm。装载超限、超长、集重货物的，应再次检查加固情况并核对装车后的尺寸。

6）制作相关单据和标识。需要填制货车装载清单及标画示意图的，应按规定填制。需要施封的货车，按规定施封，并用直径32mm的铁线将车门门鼻拧紧。需要插放货车标示牌的，应按规定插放。篷布不得遮盖车号和货车标示牌。

(3) 卸车作业。

1）检查车体状态。卸车前应检查车辆、篷布苫盖、货物装载状态有无异状，施封是否完好。

2）认真监卸。核对货物的件数、标记，以保证运单、货票和货物相一致。对集装箱货物应检查箱体，核对箱号和封印。严格按照《铁路货物装卸作业安全技术管理规则》及有关规定作业，合理使用货位，按规定堆码货物。发现货物有异状时，要及时按章处理。

3）卸车后，应将车辆清扫干净，关好车门、车窗、阀、盖，检查卸后货物的安全距离，清理线路，将篷布按规定折叠整齐，送到指定地点存放。对托运人自备的货车装备物品和回固材料，应妥善保管。对于须洗刷除污的货车，应在卸车站洗刷除污。如卸车站洗刷除污有困难时，须凭分局调度命令向指定站回送。对回送洗刷除污的货车，卸车站应清扫干净，并在两侧车门外部及车内明显处粘贴"货车洗刷回送标签"各一张，货物如有撒漏，应在标签上注明。洗刷除污站应按规定要求洗刷除污后将标签撤除，并在车内两侧车门附近粘贴"洗刷工艺合格证"各一张。沿途零担车或分卸货车按规定需要洗刷除污时，由列车货运员或分卸站在"货车装载清单"或整车分卸货票上注明原装货物品名及"需要洗刷除污"字样，由最终到站负责洗刷除污。未经洗刷除污的货车严禁排空或调配装车。

4）填写有关记录。卸下的货物登记《卸货簿》《集装箱到发登记簿》或具有相同内容的卸货卡片。在货票上记明卸车日期。

8.3.3.2 铁路危险货物的装卸作业

(1) 按规定配备车种。

除有特殊规定外，危险货物限使用棚车（包括毒品专用车）装运。整车发送的毒害品和放射性矿石、矿砂必须使用毒品专用车。如棚车、毒品专用车不足，经发送铁路局批准采取安全和防止污染措施的条件下，可以使用全钢敞车运输；爆炸品（爆炸品保险箱除外）、氯酸钠、氯酸钾、黄磷和铁桶包装的一级易燃液体应选用木底棚车装运，如使用铁底棚车时，须经铁路局批准。使用木底棚车装运爆炸品，如危险货物品名表中未限定"停止制动作用"时应使用有防火板的木底棚车。

(2) 配备专业人员和专业防护用品以及检测仪器和作业工具。

从事危险货物运输的货运、装卸人员都要经过专业知识培训，熟悉危险货物特性和有关规章，并保持人员的相对稳定。办理危险货物的车站和货车洗刷所应配备必要的劳动防护用品（包括处理意外事故需使用的供氧式呼吸防毒面具等）。经常运输放射性物品的车站和洗刷所应配备必要的检测仪器。装卸危险货物严禁使用明火灯具照明。照明灯具应具有防爆性能，装卸作业使用的机具应能防止产生火花。

(3) 做好作业前的准备工作。

危险货物装卸前，应对车辆和仓库进行必要的通风和检查。车内、仓库内必须清扫干净。作业前货运员应向装卸工组详细说明货物的品名、性质，布置装卸作业安全注意事项和需准备的消防器材及安全防护用品。

(4) 严格按照规定作业。

1) 爆炸品的作业。

开关车门、车窗不得使用铁撬棍、铁钩等铁质工具，必须使用时，应采取防火花涂层等防护措施。装卸搬运时，不准穿铁钉鞋，使用铁轮、铁铲头推车和叉车，应布防火花措施。禁止使用可能发生火花的机具设备。照明应使用防爆灯具。作业时应轻拿轻放，不得摔碰、撞击、拖拉、翻滚。整体爆炸物品、抛射爆炸物品和燃烧爆炸物品的装载和堆码高度不得超过1.8米。车内、库内不得残留酸、碱、油脂等物质。发现跌落破损的货件不得装车，应另行放置，妥善处理。

2) 压缩气体和液体气体的作业。

作业时，应使用抬架或搬运车，防止撞击、拖拉、摔落、滚动。防止气瓶安全帽脱落及损坏瓶嘴。装卸机械工具应有防止产生火花的措施。气瓶装车时应平卧横放。装卸搬运时，气瓶阀不要对准人身。装卸搬运工具、工作服及手套不得沾有油脂。装卸有毒气体时，应配备防护用品，必要时使用供氧式防毒面具。

3) 易燃气体的作业。

装卸前应先通风，开关车门、车窗时不得使用铁制工具猛力敲打，必须使用时应采取防止产生火花的防护措施。作业人员不准穿铁钉鞋。装卸搬运中，不能撞击、摩擦、拖拉、翻滚。装卸机具应有防止产生火花的措施。装载钢桶包装的易燃液体，要采取防磨措施，不得倒放和卧放。

4) 易燃固体、自燃物品和遇湿易燃物品的作业。

作业时不得摔碰、撞击、拖拉、翻滚，防止容器破损。特别注意勿使黄磷脱水，引起自燃。装卸搬运机具，应有防止产生火花的措施。雨雪天无防雨设备时，不能装卸遇湿易燃物品。

5) 氧化剂和有机过氧化物的作业。

装车前，车内应打扫干净，保持干燥，不得残留酸类和粉状可燃物。卸车前，应先通风后作业。装卸搬运中不能摔碰、拖拉、翻滚、摩擦和剧烈震动。搬运工具上不得残留或沾有杂质。托盘和手推车尽量专用，装卸机具应有防止发生火花的防护装置。

6) 毒害品和感染性物品的作业。

装卸车前应先行通风。装卸搬运时严禁肩扛、背负，要轻拿轻放，不得撞击、摔碰、翻滚，防止包装破损。装卸易燃毒害品时，机具应有防止发生火花的措施。作业时必须穿戴防护用品，严防皮肤破损处接触毒物。作业完毕及时清洁身体后方可进食和吸烟。

7) 放射性物品的作业。

装卸车前应先行通风，装卸时尽量使用机械作业。严禁肩扛、背负、撞击、翻滚。作业时间应按《铁路危险货物运输规则》条文中表9的要求控制。堆码不宜过高，应将辐射水平低的放射性包装件放在辐射水平高的包装件周围。

皮肤有伤口者、孕妇、哺乳妇女和有放射性工作禁忌证（如白血细胞低于标准浓度等）者，不能参加放射性货物的作业。在搬运Ⅲ级放射性包装件时，应在搬运机械的适当位置安放屏蔽物或穿防护围裙，以减少人员受照剂量。装卸、搬运放射性矿石、矿砂时，作业场所应喷水防止飞尘，作业人员应穿戴工作服、工作鞋，戴口罩和手套。作业完毕应清洗全身。

8）腐蚀品的作业。

作业前应穿戴耐腐蚀的防护用品，对易散发有毒蒸气或烟雾的腐蚀品装卸作业，还应备有防毒面具。卸车前先通风。货物堆码必须平稳牢固，严禁肩扛、背负、撞击、拖拉、翻滚。车内应保持清洁，不得留有稻草、木屑、煤炭、油脂、纸屑、碎布等可燃物。

另外，装卸时如果在同一车内配装了数种危险货物时，应符合危险货物配装表的规定。铁路局认为有必要时，可按配装表组织沿途零担危险货物分组运输。

（5）使用专线应办理有关手续。

托运人、收货人有专用铁路、专用线的，整车危险货物的装车和卸车必须在铁路专用线办理。托运人、收货人提出专用铁路、专用线共用时，需由铁路分局批准。

8.3.3.3 铁路车站集装箱的装卸作业

按照《铁路集装箱运输规则》第十六条规定，集装箱的装卸作业可以分为铁路组织的集装箱装卸和托运人组织的集装箱装卸，两者规定的作业人的义务与责任有所不同。

（1）铁路组织的装车作业。

1）确认配装计划，确保装运条件、中转范围正确。

2）向货运调度提报装箱车种、车数，提报应及时、准确，选配的车种应符合要求。

3）装车前进行票、箱、车三检，要求货票齐全，票箱相符，箱体状态完好。

4）认真指导装车，保证不偏载，不错装，不漏装。

5）装车后进行箱区残存箱、车辆装载状态、施封三检，使装载符合规定，施封符合要求。

6）整理货票，正确填写货车装载清单和封套。台账、货票、清单相符，戳记齐全。及时报告作业完了时间。

（2）铁路组织的卸车作业。

1）卸车前的核对。确认车号，检查车辆装载状态；棚车装载时，检查施封，召开车前会，按规定对棚车进行启封；发现异状，编制记录，及时处理。

2）认真正确卸车。按指定箱位卸车，卸车时核对货票、装载清单、封套是否填写一致。做到不错卸，不漏卸。

3）卸车后的检查。检查箱体，凭票核对箱号、箱数、货签、施封锁（环）内容，注明箱位，在货票上加盖卸车日期戳，并填写到达登记台账；票、箱、台账要一致。发现异状，如实编制记录。

4）卸车后的交接。凭卸车清单（卡）办理集装箱交接，卸车货运员凭卸车清单向内勤货运员办理货票交接，签章，使货票交接清楚。作业完了及时报告时间。铁路拼箱货物在卸车作业完毕后，将拼箱货物掏出，办理交接。发现问题，及时编制记录。

（3）托运人组织的装卸作业。

由托运人自备箱装箱的，应由托运人自己装箱。托运人具有以下义务：

1) 装箱时应码放稳固，装载均匀，充分利用箱内容积，不撞砸箱体。集装箱内单件货物的重量超过 100 公斤时，应在货物运单"托运人记载事项"栏内注明。

2) 集装箱由托运人进行施封并拴挂货签。施封时左右箱门把锁舌和把手须入座，在右侧箱门把手锁件施封孔施封锁（环）一个。使用施封环施封时，应用 10 号或 12 号铁线将箱门把手锁件拧固并剪断燕尾。5 吨以上集装箱必须使用施封锁施封。托运的空集装箱不施封。特殊类型集装箱的施封方法另行规定。货签应拴挂在集装箱门把手上（1 吨集装箱在箱顶吊环上加挂一个），货签上货物名称栏免填。

3) 托运人施封后，应在货物运单上逐箱填记集装箱箱号（自备集装箱应有箱主代号）和相应的施封号码。货物运单内填记不下时，填记在货物运单背面。已填记的施封号码不得随意更改，必须更改时，托运人应在更改处盖章证明。

任务四　公路运输货物的装卸搬运法律法规

8.4.1　公路运输货物的装卸搬运法律法规概述

公路运输的货物在站场进行装卸和搬运时的主要依据有《汽车货物运输规则》和《汽车危险货物运输规则》《汽车危险货物运输、装卸作业规程》。前者对站场经营人在站场内的搬运装卸、存放等作业行为进行了规范；后者对特殊货物的站场作业行为进行了规范。

8.4.2　公路装卸搬运作业人的义务与责任

在公路运输中，对于货物的装卸搬运义务可以由承运人和托运人在货物运输合同中约定；如果承运人或托运人委托站场经营人、搬运装卸经营人进行货物的装卸搬运的，应签订货物装卸搬运合同。由此可见，公路运输货物装卸搬运关系既可以是运输合同中的一部分，也可以为独立的合同。无论是哪一种，作业人都应按照装卸搬运的有关规则进行作业行为，并承担相应责任。

8.4.2.1　作业人装卸搬运义务的一般性规定

（1）装卸前的清扫。

搬运装卸人员应对车厢进行清扫，发现车辆、容器、设备不适合装货要求的，应立即通知承运人或托运人。

（2）作业方在装卸前应认真核对货物。

接受作业委托的一方在装卸前，应当认真核对货物的名称、重量、件数是否与运单上记载的相符，包装是否完好。发现货物包装破损，搬运装卸人员应当及时通知托运人或承运人，并做好记录。

（3）作业时要规范，保证货物的良好状态。

搬运装卸作业应当轻装轻卸，堆码整齐；防止混杂、撒漏、破损；严禁有毒、易污染物品与食品混装，危险货物与普通货物混装。对性质不相抵触的货物，可以拼装、分卸。

（4）严格按标准搬运装卸危险物。

对于危险物的搬运和装卸，应按《汽车危险货物运输、装卸作业规程》进行作业，以确保货物及作业人员和场地的安全。

(5) 作业完成后，应做好检查和交接工作。

搬运装卸作业完成后，货物需要绑扎苫盖篷布的，搬运装卸人员必须将篷布苫盖严密并绑扎牢固；由作业双方编制有关清单，做好交接记录，并按有关规定施加封志和外贴有关标志。

8.4.2.2 作业人装卸搬运责任的一般性规定

对于因装卸搬运引起的货物毁损、灭失的赔偿责任，如果装卸搬运是在运输合同中由双方作出了约定，则承运人按约定承担责任。即便承运人将货物的装卸作业又委托站场经营人来完成的，也应由承运人先向托运人承担赔偿责任，然后再向站场经营人追偿。如果货物的装卸搬运是由托运人直接委托站场经营人或装卸公司进行的，站场经营人或者装卸公司应对搬运装卸人员过错造成的货物毁损、灭失承担赔偿责任。货物在站场存放期间，发生毁损或灭失的，站场经营人应负赔偿责任。但有下列情况之一者，站场经营人举证后可不负赔偿责任：

(1) 不可抗力。
(2) 货物本身的自然性质变化或者合理损耗。
(3) 包装内在缺陷，造成货物受损。
(4) 包装体外表完好而内装货物毁损或灭失。
(5) 托运人违反国家有关法令，致使货物被有关部门查扣、弃置或作其他处理。
(6) 押运人员责任造成的货物毁损或灭失。
(7) 托运人或收货人过错造成的货物毁损或灭失。

8.4.2.3 汽车集装箱运输中双方的义务与责任

(1) 装卸责任的分担。

集装箱装箱和拆箱作业应由托运人、收货人或承运人、站场作业人委托装拆箱作业人负责。

(2) 装卸作业人的义务。

1) 确保集装箱的状态良好。装拆箱作业人在装箱前，应按规定认真检查箱体，主要包括检查箱体外表有无损伤、变形、破口等异样；检查箱体内侧六面是否有漏水、漏光、水迹、油迹、残留物、锈蚀；检查箱门、搭扣件、密封条有无变形、缺损，箱门能否开启180°。发现集装箱不适合装运货物时，应拒绝装箱，并立即通知集装箱所有人或承运人。

2) 确保货物装箱的安全和完好。集装箱装卸作业应轻装轻卸，确保集装箱货物和集装箱的安全。装箱过程中，发现货物包装破损，装拆箱作业人应在做好记录并及时通知有关方后，再决定是否装箱。装拆箱作业人应根据货物的性质，严格按装箱积载的要求装载货物，并采用合适的方法对箱内货物进行固定、捆绑、衬垫，防止货物在箱内移动或翻倾，其所需材料费用由委托装拆箱作业的人承担。

3) 装箱后做出标记。货物装箱后，装拆箱作业人应缮制货物装箱单，按有关规定施加封志，并按要求在箱体外贴上运输及有关标志。

(3) 装卸作业人的责任。

装箱和集装箱货物在站场存放期间发生短少、变质、污染、丢失（箱体完好、封志完整除外），或在站场装卸作业中，由于站场作业人的作业不当，造成集装箱、集装箱货物的损坏，站场作业人应负赔偿责任。因装拆箱操作不当，造成货物损坏、变质、污染或集装箱箱体损坏，装拆箱作业人应负赔偿责任。

本章小结

搬运装卸是物流活动中的附属性活动、支撑性活动，发生的频率高，容易对货物造成损坏，容易产生法律纠纷。货物的装卸作业可能在运输、仓储或其他物流环节由相关当事人作出约定，比如铁路货物运输合同中就明确有搬运装卸义务的分配；也可能在一个综合性的服务合同中作出约定，如港口作业合同就属于这一种，它包括对水路货物的装卸、驳运、储存、装拆集装箱等一系列内容；还可能由单独签订的货物装卸作业合同来完成。而我国物流法律条块分割、不系统、不统一的现状，导致调整搬运装卸活动的法律法规并不一致，作为搬运装卸服务的提供方的物流企业，其权利义务和责任也会因此而不同。

思考与练习

一、名词解释
1. 港站经营人　2. 港口作业合同

二、简答题
1. 港口作业合同中作业人的义务和责任。
2. 铁路货物运输中搬运装卸作业人的义务和责任。
3. 公路货物运输中搬运装卸作业人的义务和责任。

项目九

流通加工法律制度

知识目标

掌握加工承揽合同的概念、主要条款；掌握定作人和承揽人的主要权利和义务；了解加工承揽合同的种类和特征。

技能目标

通过本项目的学习，能够签订加工承揽合同，分析并解决物流企业在流通加工业务中遇到的加工承揽合同纠纷。

关键名词

加工承揽合同、样品条款、保密条款、权利与义务

导入案例

【案情】

某大酒店与广告公司于2000年5月份就部分印刷品签订加工承揽合同，合同中对承揽的标的、数量、质量、承揽方式、材料提供、履行期限等进行了约定，但对验收标准、方法及质量异议期限双方未有约定。在合同履行过程中，广告公司完成了90%的合同，酒店方支付了60%的加工费，双方对此没有争议。但在使用过程中，酒店方发现部分印刷品存在错字、漏字及译文错误等质量问题。2001年10月，广告公司向人民法院提起诉讼，要求酒店支付尚欠的加工费，酒店方同时提起反诉，以印刷品存在质量问题要求拒付剩余款并退回广告公司制作的印刷品。

扫一扫，百度一下

【分析】

本案在审理过程中，争议主要集中在酒店方提出的质量异议是否已过异议期限的问题，

对此有两种观点。

一种观点认为，本案属于承揽合同纠纷而非买卖合同纠纷，因此确定酒店方对合同标的验收义务的法律依据应当是《合同法》第 261 条，而该条规定"承揽人完成工作的，应当向定作人交付工作成果，并提交必要的技术资料和有关质量证明。定作人应当验收该工作成果。"，从本条可以看出，《合同法》并没有规定必须"及时"验收工作成果；同时该条也没有限定，定作人在发现工作成果质量瑕疵之后的合理期限内未对承揽人提出异议的，就视为该工作成果符合合同约定的要求，即没有规定特殊的时效期间，故应按普通时效的规定将承揽合同中定作人提出质量异议的期限确定为两年。

而且，从立法的本意来说，法律之所以没有为承揽合同中定作人提出质量异议规定特殊的时效，是因为承揽合同标的物一般是特定人为满足其特殊目的或特殊用途而定作的特殊物，而非种类物，一旦合同标的物不符合质量要求，承揽人一般不能将合同标的物移作他用或转让他人。换言之，即使定作人在较长时间内未就质量瑕疵通知承揽人，通常情况下不会对承揽人造成额外的损失，其承担的修理、重作、减少报酬、赔偿损失等违约责任与时效并没有太大的关联。

因此，《合同法》没有在分则中为承揽合同定作人的质量异议限定特殊的时效。法律如此规定，显然是为平衡定作人与承揽人之间的利益冲突，并充分考虑了承揽合同与买卖合同的不同性质。所以从立法的本意上去分析，在两年内对定作物提出质量异议，仍然符合法律的规定，应当获得支持。

另一种观点认为，在承揽合同中，虽然我国《合同法》第 261 条没有对定作人的质量异议期限及不在规定的期限内提出异议的法律后果作出明确的规定，但在市场经济条件下，为促进经济的发展、保护当事人的合法权益，要求当事人之间的法律关系不应当过长时间地处于不确定状态。

《合同法》第 261 条规定的是定作人应当验收，我们知道，验收的目的主要是检验工作成果是否按时交付、工作成果的质量数量是否符合合同的约定或者定作人的要求等，同时验收往往是双方当事人进行结算、定作人支付报酬等费用的前提条件。因此，根据公平和诚实信用原则，定作人接到工作成果时应当及时进行验收，验收的内容其中就包括查验工作成果的质量以及有关技术资料和质量证明。经检验，工作成果质量方面存有严重缺陷的，定作人可以拒收并通知承揽人。对质量异议的期限有约定的从其约定，合同没有约定或约定不明确的，应当在发现定作物不符合约定之日起的合理期限内通知，在李国光主编的《中国合同法条文释解》中阐明的是以 30 日为限。

根据现实情况看，承揽合同相对买卖合同而言其异议的期限应限定得更短，因为相对于承揽方来讲，为完成这些非种类物的定作物，通常情况下要制定特殊的方案、准备特定的物质条件，如规定定作人质量异议的期限过长，承揽方则需要较长的时间去保留这些特殊装备，以预期承担《合同法》第 262 条规定的修理、重作的违约责任。其后果是造成社会资源的大量闲置，以及当事人之间法律关系的长期不确定，不利于市场经济条件下资源的合理利用及债权债务关系的及时结清。因此，定作人在接收工作成果时应及时进行检验，检验后应及时通知。定作人未及时检验或者在检验发现问题后怠于通知，或者在收到工作成果之日起两年内未通知承揽人的，视为工作成果的质量符合要求。这里说的两年是最长的异议通知时间，即在两年内无论定作人是否发现定作物不符合质量约定，只要未向承揽人提出异议，就都视为对质量的认可。在本案中，酒店方对定作物已使用了一年多的时间，在没有证据证明就质量问题曾向承揽人及时提出异议的情况下，就视为其对质量异议怠于通知，应承担怠于通知的后果，即法庭应驳回其要求拒付余款及退货的反诉请求。

笔者同意第二种观点。

任务一　流通加工法律概述

流通加工法律法规是与流通加工相关的法律规范的总称。关于流通加工的立法主要表现在加工承揽合同上。就我国现有的法律而言，与其他物流法规一样，目前我国没有单独的流通加工法规，《民法通则》《合同法》及关于加工承揽合同的具体规定，可适用于流通加工。

相对于物流中其他环节的法律关系而言，流通加工环节所涉及的法律关系比较简单，其主要涉及的法律关系就是加工承揽合同关系。物流加工服务提供方与需求方一般都采用订立加工承揽合同而成立加工承揽合同关系。当双方当事人在物流合同中约定物流企业承担流通加工义务时，根据物流企业履行流通加工义务所采用的方式不同，物流企业具有不同的法律地位。

1）物流企业按照物流合同的约定提供流通加工服务并且亲自进行流通加工。

物流企业如果有加工的能力，并以自身的技术和设备亲自加工的，则物流企业即是物流服务合同中的物流提供者，其权利和义务根据物流服务合同和相关法规的规定予以确定。这时物流企业是以承揽人的身份出现的。

2）物流企业按照物流合同的约定提供流通加工服务但不亲自进行流通加工。

虽然物流过程中的流通加工与生产加工相比较简单，但在一些情况下仍然需要一些特殊的技能或者工具。从效率和技术的角度着想，物流企业可能将流通加工转交给有能力的专业加工人进行。此时，物流企业通过与加工人签订加工承揽合同的方式履行其在物流服务合同中的义务。在这种情况下，物流企业一方面针对物流服务合同的需求方而言，为物流服务提供方，是承揽人；另一方面，针对具体实施加工承揽合同的承揽人而言，又是定作人。

任务二　流通加工服务合同

9.2.1　加工承揽合同的概念和特征

9.2.1.1　加工承揽合同的概念

根据我国《合同法》第二百五十一条的规定，加工承揽合同是指承揽人按照定作人的要求完成工作，交付工作成果，定作人给付报酬的合同。在加工承揽合同中，按照他方的要求完成一定工作的人是承揽人，接受工作成果并给付约定报酬的人是定作人。定作人要求完成的工作成果，即为定作物。承揽人和定作人是承揽合同关系的主体。

9.2.1.2　加工承揽合同的法律特征

（1）以承揽人完成约定的工作为目的。这是加工承揽合同最典型的特征，也是其区别于劳务合同的本质特征。虽然在加工承揽合同中，承揽人为了完成工作成果，需要付出劳动，但劳动本身不是加工承揽合同的目的，而是加工承揽合同的手段；而承揽人完成约定的承揽工作后产生工作成果，工作成果的产生是承揽工作完成的标志。虽然这种工作成果是通过承揽人付出一定的劳动取得的，但若离开了工作成果而仅有劳务存在，则该承揽工作对定作人而言也是没有意义的；对承揽人而言也将因没有报酬而失去订立合同的意义，因此承揽人虽然付出劳动但没有成果从而无权请求定作人给付报酬。

（2）标的具有特定性。加工承揽合同的标的是承揽人完成一定的工作，承揽人在承揽活动中对于承揽标的的种类、规格、形状、质量等均需按照定作人的特定要求进行。因而，承揽人完成的工作成果不是普通的工作成果，而是具有特定性的成果。

加工承揽合同的意义就在于以特定性的工作成果满足定作人的特定需要。其特定性主要表现在以下3个方面：

1）该工作成果是按定作人的特定要求完成的。加工承揽合同是以完成一定工作作为目的的合同，而该工作的完成则需要按照定人的要求进行。承揽人在承揽工作的进程中对于定作物甚至原材料的品种、规格、形状、颜色、质量等均需按照定作人的特定要求进行。承揽人最终完成的工作成果是具有定作人特定要求的成果。

2）加工承揽合同标的物具有特定性。当标的物本身是特定物时，其特定性毋庸置疑。即使加工承揽合同的标的物是种类物，也将因承揽工作过程中的选定而特定化，从而具有特定性。

3）完成工作成果的承揽行为具有特定性。加工承揽合同中的承揽行为是承揽人依据定作人的要求进行的。该承揽行为的行为人是由定作人基于信任等因素选定的特定的承揽人，其整个工作也是为定作人量身定做的，因此承揽行为也是特定化了的。

（3）承揽人在完成工作过程中承担风险责任。加工承揽方在加工承揽合同中用自己的设备、技术和能力完成工作并承担相应的风险。定作人将某项特定的工作交给承揽人完成，是基于定作人对承揽人所具备的完成该项工作的设备、技术和能力的信任，因此承揽人必须以自己的设备、技术和能力来为定作人完成工作。未经过定作人许可，承揽人不得将承揽工作交由第三方完成。同时，承揽人在加工承揽合同的履行过程中要对自己占有和管理的物品承担意外毁损、灭失的风险。在完成工作过程中，因不可抗力等不可归责于双方当事人的原因致使工作成果无法实现或工作物遭受意外灭失或损坏，从而导致工作物的原材料损失和承揽人劳动价值的损失由承揽人承担。但如果原材料是由定作人提供的，则原材料的损失由定作人自行承担。

（4）该合同是双务合同、有偿合同。在加工承揽合同中，当事人双方互有债权、互负债务，因而是双务合同；双方互为等价，因而是有偿合同；加工承揽合同的成立不以实际交付标的物为要件，因而是诺成合同。

9.2.2 加工承揽合同的种类

加工承揽合同是社会经济生活中极为常见的合同，适用范围十分广泛。我国《合同法》第二百五十一条第二款规定加工承揽包括加工、定作、修理、复制、测试、检验等工作。事实上，加工承揽合同的种类繁多，由此可以将加工承揽合同按照工作内容的不同主要分为以下几类：

（1）加工合同。

加工合同是指承揽人按照定作方的具体要求，使用自己的设备、技术和劳动对定作人提供的原材料或者半成品进行加工，将工作成果交给定作人，定作人支付价款的合同。该合同的特点是由定作方提供大部分或全部的原材料，承揽方只提供辅助材料，仅收取加工费用。这种合同是物流中常见的合同。

（2）定作合同。

定作合同是由承揽方根据定作方需要，利用自己的设备、技术、材料和劳动力，为定作方制作成品，由定作人支付报酬的合同。如运输企业为运输某些特殊商品而向承揽人定作专门的包装物。定作合同与加工合同的主要区别在于两者原材料的来源不同，前者所需要的原材料全部由承揽人提供，而后者所需的原材料则全部或大部分由定作人提供。鉴于这个原因，与加工合同中承揽人只收取加工费用不同，在定作合同中，原材料全部由承揽方提供，定作方则支付相应的价款，定作合同的价款包括加工费和原材料费用。

（3）修理合同。

修理合同是指承揽人为定作人修理、整治出现损坏、缺失或外观损坏等状况的物品，使其恢复原状，由定作人支付报酬的承揽合同。在修理合同中，定作方可以提供原材料，也可以不提供原材料。在不提供原材料的情况下，定作人所支付的价款主要是原材料的价值。修理合同在物流过程中也很常见。由于物流过程中产品和包装的破损不可避免，所以修理合同履行的好坏将影响物流的效果。

（4）劳务合同。

劳务合同是指承揽方根据定作方的委托而为其提供劳动服务，并向对方收取相应报酬的合同。承揽方提供的劳务既可以是脑力劳动服务，如设计、测试、测绘、翻译书刊资料等，也可以是体力劳动服务，如打扫卫生等。

（5）复制合同。

复制合同是指承揽人按照定作人的要求，根据定作人提供的样品，重新制作类似的成品，定作人接受复制品并支付报酬的合同。复制包括复印文稿，也包括复制其他物品，如文物部门要求承揽人复制文物用以展览。

（6）测试合同。

测试合同是指承揽人根据定作人的要求，利用自己的技术和设备为定作人完成某一项目的性能进行检测试验，定作人接受测试成果并支付报酬的合同。

（7）检验合同。

检验合同是指承揽人以自己的技术和仪器、设备等为定作人提出的特定事物的性能、问题、质量等进行检查化验，定作人接受检验成果，并支付报酬的合同。

除上述列举的合同以外，还有测绘、装配、包装、装潢、翻译、出版、印刷、广告等合同。

9.2.3 加工承揽合同的法律适用

有关加工承揽合同的法律法规主要为《合同法》和1984年12月20日由国务院发布的《加工承揽合同条例》。因此，有关加工承揽合同的争议，应首先适用《合同法》关于加工承揽合同的规定；加工承揽合同一章未规定的，在不违反《合同法》相关规定的情况下，应适用《加工承揽合同条例》的有关规定。

9.2.4 加工承揽合同的订立和形式

当事人在订立加工承揽合同时,首先应当核实对方当事人的主体资格,不应盲目地与他人签订加工承揽合同。这一点对于加工承揽合同中的定作人来说尤为重要,如果承揽人不具备签约主体资格或借用别的单位名义签订合同,或者不具备承揽该工作的资质或完成该工作的能力,则加工承揽合同将不能得到很好的履行,承揽项目的质量也将难以保证,这将给定作人造成损失。因此,定作人在订立合同时一定要了解对方当事人是否具备完成承揽工作所必需的设备条件、技术能力、工艺水平等情况,以确保承揽人是否具有履约能力。承揽人对这一点也不可忽视,只要定作人具备足够的履约能力,承揽人付出劳动完成工作就能得到保障。所以,加工承揽合同的订立过程,是双方当事人就其相互间的权利义务协商一致的过程。

加工承揽合同的订立过程,与其他合同相同,根据《合同法》的规定,加工承揽合同的订立包括要约和承诺两个阶段。一般情况下,在加工承揽合同中,要约是由定作人发出的,承揽人是被要约人。当然,承揽人同样可以主动向定作人发出要约。无论是哪一方发出的要约,取得双方当事人承诺后,加工承揽合同均即告成立并生效。

加工承揽合同不是要式合同,《合同法》没有对加工承揽合同的形式作出特别的要求,因而,双方当事人不仅可以以书面形式,也可以选择口头或其他形式订立承揽合同。但在实践中,承揽合同一般都采用书面形式或证明力更高的形式(如公证)订立,以便在发生纠纷时分清责任。

9.2.5 加工承揽合同的主要内容

合同的内容,是双方当事人协商一致的,约定双方当事人具有的权利和义务的条款。合同内容既是检验合同合法性和有效性的凭证,又是当事人享受权利和承担义务的根据。根据我国《合同法》第二百五十一条规定,加工承揽合同包括以下具体内容:

(1) 当事人条款。

当事人是民事法律关系的主体,反映在合同内容中即当事人条款。在合同内容中,当事人条款是首要内容,不可或缺。加工承揽合同的当事人就是定作人和承揽人,可以是自然人、法人或者其他组织。对于定作人,法律一般没有限定其资格;但对于承揽人,就应当具备完成承揽工作所必需的设备、技术和能力。

(2) 承揽合同的标的条款。

承揽合同的标的是定作人和承揽人权利和义务指向的对象,即定作物,其是承揽合同必须具备的条款。承揽标的是将承揽合同特定化的重要因素,在合同中应该将加工定作的物品名称、项目、质量等要素规定明确、具体,不能含糊混淆不清,否则将导致合同履行的困难。承揽合同的标的应该具有合法性,标的不合法将导致合同无效。

(3) 承揽标的数量条款。

数量,是以数字和计量单位来衡量定作物的尺寸。根据标的物的不同,有不同的计算数量的方法。数量包括两个方面:数字和计量单位。在合同中,数量条款中的数字应当清楚明确,数量的多少直接关系双方当事人的权利义务,也与价款或酬金有密切的关系。在计量单位的使用上,应该采用国家法定的计量单位,如米、立方米、千克等。

(4) 承揽标的质量条款。

质量是定作物适合一定用途、满足一定需要的特征，不仅包括特定物本身的物理化学和工艺性能等特性，还包括形状、外观、手感及色彩等，主要是对承揽标的品质的要求。承揽合同中的标的质量通常由定作人提出要求。因此，加工承揽合同中的质量条款不仅包括标的物的技术标准、标号、代号等，还包括对标的物的形状、外观、手感及色彩等的具体要求，必要时还应附有图纸。

(5) 报酬条款。

报酬是指定作人对承揽人所完成的工作应支付的酬金。承揽人订立合同、完成承揽工作的直接目的就是取得报酬，因此报酬条款也是加工承揽合同的重要内容之一。报酬条款应当在合同中明确约定，包括报酬的金额、货币种类、支付期限和支付方式等。在原材料由承揽人提供的情况下，报酬条款还应明确原材料的价款、支付方式、支付期限等。

(6) 材料提供条款。

承揽合同中的原材料既可以由承揽人提供也可以由定作人提供。原材料的提供不仅会影响价金的确定，而且原材料的质量将会直接影响定作物的质量，从而影响合同是否能得到完全履行。流通加工是在流通的过程中对货物进行加工，加工的对象是货物，所以在由物流企业进行流通加工的情况下，原材料通常由物流需求方提供。但是在一定情况下，如将货物进行分包装，包装物有可能由物流企业提供。

(7) 履行条款。

履行条款包括履行期限、履行地点、履行方式3部分。

1) 履行期限是合同当事人履行合同义务的期限。承揽合同的履行期限包括提供原材料、技术资料、图纸及支付定金、预付款等义务的期限。

2) 履行地点是指履行合同义务和接受对方履行成果的地点。履行地点直接关系到履行合同的时间和费用。

3) 履行方式是指承揽人完成工作的方式。履行方式最主要的一个方面就是确定承揽工作是否交由第三人完成，即承揽工作是由承揽人独立完成还是两个以上承揽人共同承担完成还是承揽人可将一定工作交由第三人完成。此外，履行方式条款还应包括承揽工作采用何种工作手段或工艺方法，以及工作成果的交付方式等。例如是一次性交清还是分期分批履行，定作物是定作人自己提取还是由承揽人送货等。

(8) 验收标准和验收方法条款。

验收标准和验收方法是指定作人对承揽人所完成的工作成果进行验收所采用的标准和方法。验收标准用于确定承揽人预交的工作成果是否达到定作人所规定的质量要求和技术标准。验收方法则是进行验收的具体做法。由于检验标准和验收方法关系到工作成果的实用性、安全性以及风险责任的转移等，因此在加工承揽合同中，这一条款应该规定得具体、明确。

(9) 样品条款。

凭样品确定定作物的质量是加工承揽合同中一种常见的现象。在这种情况下，定作人完成的工作成果的质量应该达到样品的水平。样品可以由定作人提供，也可以由承揽人提供。提供的样品应封存，由双方当场确认并签字，以作为成果完成后的检验依据。

(10) 保密条款。

由于加工承揽合同的特殊性，定作人有时会向承揽人提供一定的技术资料和图纸，可能涉及定作人不愿被他人所知的商业秘密或技术秘密。所以，在合同中规定保密条款是十分必要的。保密条款应该对保密的范围、程度、期限、违反的责任进行细致约定。

(11) 违约责任。

违约责任是绝大多数合同的主要内容之一，加工承揽合同自然也应当在合同内容中约定违约责任的承担，明确责任承担的情况、责任承担的方式、计算方法或数额等，以便作为解决纠纷的根据。

任务三 流通加工服务合同当事人的权利和义务

依合同履行的一般规则，加工承揽合同的双方当事人都应当全面履行各自的义务，在需要协助的情况下给予对方必要的协助，以使合同高质、高效地得到履行。具体来说，承揽人应当全面按照合同中定作人提出的特定要求进行承揽工作，并最终交付符合要求的工作成果。在履行合同的过程中，重要的一点就是承揽人要亲自履行合同义务。当然，在双方约定可由第三方做一定工作等条件下，承揽人可以将一定的工作交由第三人辅助完成，但该工作仅限于辅助工作，且其质量等问题的责任仍然由承揽人承担。对于定作人而言，则应按时、按约支付报酬。此外，协助承揽人的承揽工作也是定作人履行合同的一个重要方面。定作人应当按合同约定及时、准确地提供承揽工作所需的原材料、图纸及技术资料等。定作人在行使其监督检验权时也不得妨碍承揽人正常工作。具体权利和义务如下：

9.3.1 承揽人的权利与义务

9.3.1.1 承揽人的主要权利

(1) 承揽人的收益权。

按照合同的约定，承揽人有权要求定作人支付报酬和有关原材料的费用。在定作人没有按照约定支付报酬和费用时，承揽人可以对其定作物和原材料行使留置权。留置经过一定的时间（一般不少于 2 个月）后，定作人仍未支付报酬和费用的，承揽人有权将定作物或原材料变卖或拍卖，以所得价款优先清偿其报酬和费用。另外，当定作人无正当理由拒绝受领定作物或无法交付定作物时，承揽人有权将定作物交给提存机关提存，以免除自己的交付义务。

(2) 承揽人的留置权。

这指承揽人享有的依法留置定作物，作为取得工作报酬的担保权利。承揽人的这一权利，是法律对承揽人所付出的劳动的一种特别保护。加工承揽合同中，定作人往往是在承揽人交付工作成果时支付报酬。如果定作人取得定作物时仍不支付报酬及相关费用，承揽人所付出的劳动仅能为自己带来对定作人的债权。相对于定作人的其他债权人，承揽人没有任何优势可言。这种处境对于已付出了大量劳动的承揽人而言，是不公平的。为了体现对承揽人所付出的劳动的尊重，法律规定了承揽人的留置权。承揽人依法留置定作物，在一定意义上可以促使定作人支付合同约定的报酬及相关费用。如果定作人收到通知后，逾期不履行其义务，承揽人可将该留置物折价或就该留置物拍卖、变卖所得的价款优先受偿，这在很大程度上保护了承揽人的利益。

承揽人依法享有留置权的前提是定作人不支付合同约定的报酬或者其他相关费用。承揽人行使留置权的目的在于促使定作人按约定支付上述款项。

因此，只要定作人支付了相应的款项或提供了其他适当的担保，承揽人就应交付被其留置的定作物。至于用于留置的财产，应是承揽人基于加工承揽合同而合法占有的属于定作人的工作成果、材料以及其他财产。

所留置的定作物的价值，应尽可能与定作人所应支付的报酬及其他费用的金额相近。当所留置的定作物或其他财产为可分物时，留置物的价值应相当于债务的金额。此外，承揽人的留置权是一种法定担保物权，但当事人也可以在合同中约定加以排除。

9.3.1.2 承揽人的主要义务

（1）按加工承揽合同约定完成承揽工作的义务。

这是承揽人最基本的义务，对此，承揽人应恪守信用，严格按加工承揽合同约定的有关流通加工的标的、规格、形状、质量等完成工作，以满足定作人的要求，且非经定作人的同意不得擅自变更。在工作过程中，若发现定作人提供的图纸或技术要求不合理，应及时通知定作人变更，而不得擅自修改。因定作人怠于答复等原因造成承揽人损失的，定作人应当赔偿损失。在未交付前，承揽人应当妥善保管完成的工作成果及定作人提供的材料，因保管不善造成毁损、灭失的，承揽人应当承担损害赔偿责任。这一义务主要包括以下三个方面：

1）应该在合同规定的时间开始工作，并在合同规定的期限内完成工作。

2）应当按照物流委托人的要求按质按量地完成工作。

3）应当以自己的设备、技术和劳力完成工作或主要工作。

（2）亲自完成主要工作的义务。

由于承揽合同往往是基于定作人对承揽人在技术、工艺、经验、实力等方面的信任而产生的，所以我国《合同法》第二百五十三条明确规定"除非当事人另有约定，承揽人应当以自己的设备、技术和劳力完成主要工作。"承揽人将其承揽的主要工作交由第三人完成的，应当就该第三人完成的工作成果向定作人负责；未经定作人同意的，定作人也可以解除合同。

承揽工作分为主要工作和辅助工作。对于辅助工作，承揽人可以未经定作人的同意将其交由第三人完成。承揽人将其承揽的辅助工作交由第三人完成的，应当就该第三人完成的工作成果向定作人负责。若定作人不愿意承揽人将辅助工作交由第三人完成的，则必须在合同中明确约定。

（3）对定作人提供的材料进行检验、保管和诚实使用的义务。

承揽人的保管义务是针对材料由物流委托方提供的情形而言的。在原材料由物流委托方提供时，承揽人应当及时对原材料进行检验，并在发现不符合约定的情形下及时通知物流委托方。

（4）提供原材料并接受检查、监督及诚信的义务。

根据合同约定流通加工的原材料由承揽人提供的，承揽人应当按照约定选用材料。承揽人在工作期间，应当接受定作人必要的监督检验，但定作人不得因监督检验妨碍承揽人的正常工作。

（5）对流通加工中涉及的商业秘密负有保密义务。

承揽人应当按照物流需求方的要求，保守秘密，未经物流需求方的同意，不得保留复制品和技术资料，否则定作人有权要求赔偿损失并销毁有关资料或文件。承揽人的保密义务是一种随附义务,基于诚信原则而产生。

(6) 瑕疵担保义务。

承揽人应保证加工物在品质、效用等方面符合物流服务合同的约定,否则就要承担瑕疵担保责任。据《合同法》第二百六十二条的规定,承揽人对定作物有瑕疵担保义务,承揽人所完成的工作成果应当符合质量要求。如果承揽人所提供的定作物不符合合同约定的质量标准和要求,或使定作物的价值减少,或不符合通常效用,承揽人应负瑕疵担保责任。

(7) 共同承揽人义务。

为了增强承揽能力,常出现两个以上承揽人共同与定作人签订承揽合同的情况。加工承揽合同中,当承揽人为两人以上时,通常称为共同承揽人。我国《合同法》第二百六十七条规定:"共同承揽人对定作人承担连带责任,但当事人另有约定的除外。"

9.3.2 定作人的权利与义务

9.3.2.1 定作人的主要权利

定作人的权利是与承揽人的义务相对应的,即前述承揽人的义务,从另一方面来说就是定作人的权利。这些权利主要为按合同约定受领工作成果的权利、对原材料以及交付的工作成果按约定验收的权利、对承揽人进行必要监督的权利等。以下介绍其中的几种。

(1) 对材料的检验权。

在加工承揽合同中,双方当事人可以自由约定材料由定作人提供或由承揽人提供。无论哪方提供材料,材料的品种、质量等因素都将直接影响承揽工作成果的最终质量,因此,任何一方所提供的材料都应当是符合合同要求且满足定作物质量需要的。在承揽人提供材料的情况下,定作物一般自始至终都将在承揽人的占有之下。如果不允许定作人进行检验而仅凭承揽人的诚心进行承揽工作,一旦承揽人提供的材料不符合合同的要求,定作人将无从知晓,定作物的质量也无从得到保证,定作人将处于十分不利的地位。基于此原因,应当赋予定作人对材料的检验权。我国《合同法》第二百五十五条规定:"承揽人提供材料的,承揽人应当按照约定选用材料,并接受定作人检验。"如果定作人对承揽人选用的材料质量提出异议,承揽人应当给予调换。承揽人因原材料的缺陷导致工作成果有瑕疵的,承揽人应当承担违约责任。

(2) 监督检验权。

按照加工承揽合同所应完成的工作成果,应当是按照定作人的要求专门加工制作的。一旦最终的定作物不符合定作人在合同中所提出的特定要求,该定作物很可能也将因过于个性化而难以转让给其他人。因此,为保证定作物在加工、制作的各个阶段都符合合同的要求,且能最终满足定作人的特殊要求,应当规定定作人有权监督检验承揽人的工作是否按照特定的要求进行。对于定作人的监督检验,承揽人有义务予以配合,给定作人以合理的机会行使权利,但是定作人监督检验权利的行使应当以不妨碍承揽人的正常工作为限。对此,我国《合同法》第二百六十条规定:"承揽人在工作期间,应当接受定作人必要的监督检验。定作人不得因监督检验妨碍承揽人正常工作。"这里的监督检验权是对承揽人承揽工作的监督检验,不包括对承揽人提供材料的验收。定作人在监督检查中发现承揽工作有问题的,应当及时提出并要求承揽人改正、变更工作要求等。

（3）中途变更要求的权利。

在加工承揽合同中，承揽人应按照定作人的要求完成工作，这是加工承揽合同订立的基础之一，定作人的要求体现在承揽工作的整个过程中。由于种种原因，定作人可能会对最初在合同中所约定的要求觉得不满意、不适合，在这种情况下，应当允许定作人对其提出的要求进行变更，但定作人应承担这种变更所带来的不利后果。我国《合同法》第二百五十八条规定："定作人中途变更承揽工作要求，造成承揽人损失的，应当赔偿损失。"

（4）定作人有单方解除权。

一般而言，合同生效后，双方当事人中的任何一方都不得任意解除。但加工承揽合同具有按定作人要求进行承揽工作的特殊性，在合同成立后如定作人因种种原因不再需要承揽人完成该项工作时，允许定作人单方解除合同应当是最佳选择。因为此时如果定作人迫于合同的约束力而继续该合同，将会造成人力、物力的更大损耗。法律因此赋予了定作人单方解除权。我国《合同法》第二百六十八条规定："定作人可以随时解除承揽合同，造成承揽人损失的，应当赔偿损失。"

9.3.2.2 定作人的主要义务

（1）及时接受工作成果的义务。

定作人应按约定的方式、时间、地点及时验收工作成果。定作人在验收时发现工作成果有缺陷的，可以拒绝受领；但定作人如果迟延接受或无故拒绝加工物的，应承担违约责任。定作人无正当理由拒绝接受的，承揽人可以向提存机关将定作物提存，视为完成工作成果。

（2）按合同约定和法律规定支付报酬和材料费的义务。

合同对报酬有约定的，定作人应当按照约定的期限和方式支付报酬。对报酬的支付期限没有约定或者约定不明确的，双方可以协议补充，定作人按此补充协议支付报酬，不能达成补充协议的，按照合同有关条款或者交易习惯确定；仍不能确定的，定作人应当在承揽加工人交付工作成果时支付。工作成果部分支付的，定作人应当按照合同的约定支付。对支付方式未作约定或约定不明时，定作人应当在接受工作成果时，以货币为支付方式。定作人逾期支付报酬和原材料费用的，承揽人有权要求其支付迟延交付款项在迟延期间的利息损失。

（3）按合同约定提供原材料、设计图纸、技术资料等的义务。

在定作人有特殊要求或者承揽工作有一定复杂程度的情形下，合同往往约定由定作人提供相关原材料、设计图纸、技术资料等。此时定作人应该按照合同约定的质量、数量、规格、种类提供原材料。这里的材料，不仅包括钢材、木料、沙石等生产材料，还包括加工承揽合同中涉及的技术资料，如技术标准、技术要求等。定作人若未按约定提供的，承揽人有权解除合同，并要求赔偿损失。

（4）协助承揽人完成加工的义务。

因承揽工作的性质，承揽人在工作期间需要定作人协助的，定作人应尽协助的义务。多数流通加工工作需要定作人的协助，只是根据具体合同的要求所需要的协作程度不同。这里的协作不仅包括技术上的，如及时提供技术资料、有关图纸，而且包括物质上的，如提供场地、水、电等。定作人不履行协助义务致使承揽工作不能完成的，承揽人可以催告定作人在合理期限内履行义务，并可以顺延履行期限；定作人逾期不履行的，承揽人可以解除合同，并有权要求定作人赔偿损失。

任务四　物流企业在流通加工中涉及的责任

9.4.1　物流企业作为承揽人的责任

（1）违约责任。

物流企业承揽人根据物流服务合同的要求进行流通加工，物流服务合同中规定了物流企业承揽人应履行的义务，当其违反了合同中的约定时，就应当承担违约责任。其承担的违约责任应该根据物流服务合同的具体内容确定。

（2）产品责任。

若加工物本身的缺陷给物流需求方或第三人的人身、财产造成损失的，物流企业承揽人应当承担产品责任。依据《民法通则》和《产品质量法》的有关规定，这种产品责任是一种侵权责任。

9.4.2　物流企业作为定作人的责任

（1）提供的原材料不符合合同要求的责任。

物流企业没有能在合同的约定时间内提供原材料及技术资料，或者提供的原材料、技术资料不符合合同的规定，应该承担违约责任，并且承担由此给加工承揽人带来的损失。

（2）不领取或逾期领取定作物的责任。

加工承揽人按照合同的约定完成定作物后，物流企业应该在合同约定的时间内领取加工物，如果无故推迟领取，应该承担违约责任，并且承担由此给加工承揽人造成的额外费用和其他损失。

（3）中途变更加工要求的责任。

在加工承揽合同的履行过程中，物流企业单方面改变合同的内容，变更标的的内容，增加定作物的数量、质量、规格、设计等，同样是一种违约行为，对此应该承担违约责任，并对由此给加工承揽方所带来的其他损失负赔偿责任。

本章小结

物流企业在流通加工业务中的法律纠纷主要是加工承揽合同纠纷。加工承揽合同包括复制合同、定作合同、加工合同等一系列合同。在加工承揽业务中，原材料可以由定作人提供，也可以由承揽人提供。由于加工承揽合同标的物的特殊性，法律允许定作人单方变更、解除合同，但要承担违约责任，如给承揽人造成损失的，要赔偿损失。

思考与练习

一、名词解释

1. 加工承揽合同　2. 加工合同　3. 定作合同

二、简答题

1. 加工承揽合同的法律特征有哪些？

2. 加工承揽合同的标的具有哪些特定性？
3. 加工承揽合同的主要内容（条款）是什么？
4. 承揽人的主要权利有哪些？
5. 承揽人的主要义务有哪些？
6. 定作人的主要权利有哪些？
7. 定作人的主要义务有哪些？
8. 物流企业作为定作人的责任有哪些？

三、案例分析

某物流公司和某客户签订运输茶叶的物流合同。合同中规定，运输前，由某物流公司提供包装材料并进行运输包装，把小包装的茶叶装入5层的瓦楞纸纸箱内，每箱100小包。但物流公司无5层的瓦楞纸纸箱，最后用了3层的瓦楞纸纸箱。此批货物在运输途中纸箱破裂，损失500小包茶叶，并发生运输包装修理费500元。

请问：货物损失及包装修理费损失应该由谁来承担？为什么？

项目十

货物保险法律制度

知识目标

掌握货物保险的基本概念、基本理论和基本原则;掌握货物保险的种类及保险范围、保险责任、除外责任;了解保险的特征、分类;了解保险合同的订立、转让和解除。

技能目标

能通过本项目的学习,利用货物保险的基本理论和原则,分析解决物流企业提供物流服务过程中的货物保险法律纠纷。

关键名词

保险责任、除外责任、保险期间、保险价值、保险金额、保险费、航空货物运输保险

导入案例

【案情】

原告中国抽纱公司上海进出口公司(以下简称抽纱公司)因与被告中国太平洋保险公司上海分公司(以下简称保险公司)发生海上货物运输保险合同纠纷,向上海海事法院提起诉讼。

扫一扫,百度一下

原告诉称:原告把从上海运往圣彼得堡的9 127箱玩具向被告投保了一切险和战争险,责任期间是仓至仓。货物运抵目的地后,由于客户迟迟不付货款,原告遂持正本提单到圣彼得堡提货,却提货不着。这是保险合同约定的一种风险,为此向被告索赔,遭被告拒绝。请求判令被告按约定赔偿原告的货物损失550 508美元和延迟理赔期间的利息损失,诉讼费由被告负担。

被告辩称:1. 所谓"提货不着",是指"整件提货不着",而且必须伴有偶然的、意外的保险事故发生,否则保险人无赔偿责任。本案货物已经运抵目的地并被收货人清关提走,

去向是明确的。这个事实说明，不存在"提货不着"的问题。2. 原告与被告签订的是海上货物运输保险合同，责任期间是仓至仓。圣彼得堡没有原告的仓库或储存场所，只要货物运抵圣彼得堡的仓库或储存场所，就应当视为运抵原告指定的仓库或储存场所。收货人是在圣彼得堡的储存场所提走本案货物的，提货时没有提出货物索赔。这个事实说明，本案货物安全运抵。海上货物运输保险属于财产损失保险，保险标的是运输中的货物。只有货物本身在保险期间由于外来原因，造成形体上的损坏或发生了费用，才可以向保险人索赔。3. 在本案中，收货人是凭填写着自己名称的二程海运正本提单和铁路运单提货的，提取的是其购入并已支付了部分价款的货物，并通过正常渠道报关完税，不是非法提货。按海上货物运输保险合同的仓至仓条款，只要是向合法的、贸易合同预定的任何一个收货人（包括买卖合同买方、提单或运单上指定的收货人、被保险人）安全、合法地交货，保险人的保险责任就终止了。4. 作为收货人的买方提货后不付货款，是出口信用保险的承保范围，不属于海上货物运输保险。原告把买方提货后不付货款的商业信用风险当作海上货物运输风险向被告索赔，混淆了保险标的的类别，于法无据。5. 无论是海上货物运输合同中的承运方擅自处分、违约交付货物，还是购销合同的买方提货后不付款，都不是海上货物运输保险合同所指的"运输途中的外来原因"或者海上"保险事故"。特别是买方提货后不付货款，必然发生在货物运抵目的地仓库之后，这不属于仓至仓责任期间。海上货物运输保险合同的保险人对这些原因造成的损失，没有赔偿义务。6. 根据《民法通则》第72第2款关于"财产所有权从财产交付时起转移"的规定和买卖双方约定的贸易条件，原告的货物在上海港装船时，所有权和风险均已从原告方转移给了买方，所以原告没有保险利益。7. 没有证据证实本案海上货物运输的代理人（International Forwarders）在中国合法注册，有权以自己的名义在中国承揽货运、签发提单。原告持有这样一个无资格从事海上货物运输的人开出的提单，不具有物权凭证作用。8. 原告在货物卸离海轮满60日，保险人的责任已终止后才第一次调查货物下落，又在货物被买方提走后2个多月才提货，"提货不着"后不及时申请检验人检验。原告作为被保险人不能正确履行合同义务，保险人有权拒绝承担赔偿责任。

【审判及分析】

上海海事法院经审理查明：原告抽纱公司与被告保险公司于1997年7月4日签订了海上货物运输保险合同2份，约定：被保险人抽纱公司，保险标的物9 127箱玩具，保险金额计550 508美元，险别为中国太平洋保险公司海上货物运输保险条款及海上货物运输战争险条款（1981年1月1日）规定的一切险和战争险，保险费率按1.01%计共为5 560.13美元；开航日期根据提单，航程为上海至圣彼得堡，责任起讫期间为仓至仓，即自被保险货物运离保险单所载明的起运地仓库或储存处所开始运输时生效，包括正常运输过程中海上、陆上、内河和驳船运输，直至货物到达保险单所载明目的地收货人的最后仓库或储存处所或被保险人用作分配、分派或非正常运输的其他储存处所为止；如未抵达上述仓库或储存处所，则以货物在最后卸载港全部卸离海轮后满60日为止。保险公司据此签发了保险单，抽纱公司按约定支付了保险费。

本案货物于1997年7月15日装船，华夏船务有限公司作为承运人银风公司（Silver Wind Corporation）的代理，为原告抽纱公司签发了上海至圣彼得堡的全程提单（Through

Bill of Lading)。提单载明：托运人抽纱公司，收货人凭指示，通知人为与抽纱公司签订贸易合同的 LINSTEK 公司（以下简称买方）。货物由上海运至韩国釜山，后转装二程船运至俄罗斯东方港，再由东方港改由铁路运输，9月初运抵目的地圣彼得堡。9月13—14日，买方持二程海运提单（釜山—东方港）和铁路运单（东方港—圣彼得堡）要求提货。因买方是这两个单证上的收货人，承运人便在未收回全程正本提单的情况下放货，买方办理完清关手续后将货物提走。

原告抽纱公司在贸易合同中与买方约定的付款方式是付款寄单，因见买方迟迟没有支付货款，遂派人持正本提单至圣彼得堡提货。抽纱公司因提不着货物，于1998年8月10日向被告保险公司提交了索赔单据和涉案货物在圣彼得堡报关的材料，要求赔偿。此后双方经多次协商不成，抽纱公司提起诉讼。现抽纱公司尚持有本案货物的全套单证，包括正本全程提单、装箱单、商业发票。

根据保险公司的主要险种条款汇编介绍，中国太平洋保险公司的海上货物运输保险条款中的一切险，在保险公司业务习惯上包括"偷窃、提货不着险"在内的11种普通附加险，"提货不着"指"整件提货不着"。

上述事实，有保险合同、保险单、保费收据、保费清单、保险公司的主要险种条款汇编、销货确认书、正本全程提单、装箱单、商业发票、我国驻圣彼得堡总领事馆的函件、圣彼得堡海关给我国总领事馆的函件、涉案货物在圣彼得堡报关的材料、抽纱公司申请赔偿书、抽纱公司和保险公司之间的信函等证据证明，双方均无异议。

还查明，原告抽纱公司已收取买方预付货款100 076.51美元，这一事实有抽纱公司和买方的销货确认书、买方的付款凭证证明。

因无充分证据且双方存有异议，对被告保险公司主张订立保险合同时曾向原告抽纱公司特别解释过"偷窃、提货不着险"，抽纱公司的货物损失是受买方贸易欺诈所致，不能认定为事实。抽纱公司提供的向中国银行上海市分行借款的合同书，因不能证明所借款项与本案损失的关系，不能认定为有效证据。

上海海事法院认为：

原告抽纱公司和被告保险公司签订的海上货物运输保险合同依法成立，对双方当事人具有法律约束力。如何理解海上货物运输保险中的"提货不着险"，是双方当事人争议的焦点。"提货不着险"条款，来源于英国海上保险中的"Non-delivery"（"交货不能"或"没有交货"）条款，但中文的"提货不着"，在文义上已经脱离了"Non-delivery"，即不仅包括"Non-delivery"文义中因承运人"交货不能"所致的"提货不着"，还包括其他原因所致的"提货不着"；既可能是因货物本身形体的绝对损坏或灭失而造成的提货不着，也可能是如同条款的"偷窃"一样，因货物脱离所有人而造成的提货不着。《保险法》第30条规定："对于保险合同的条款，保险人与投保人、被保险人或者受益人有争议时，人民法院或者仲裁机关应当作有利于被保险人和受益人的解释。"本案所涉海上货物运输保险合同，使用的是中文"偷窃、提货不着险"条款，在保险合同订立时，没有对该条款作过其他解释或附加其他条件。应当认为，这是本案被告保险公司向原告抽纱公司承诺，只要被保险的货物"整件提货不着"，将按现有中文条款文义承担责任。

《海商法》第71条规定："提单，是指用以证明海上货物运输合同和货物已经由承运人接收或者装船，以及承运人保证据以交付货物的单证。"由此可以看出，提单代表着货物的所有权，是物权凭证。原告抽纱公司作为本案货物海运正本全程提单的持有人、海上货物运输保险合同的被保险人，持有提单却提货不着。既然保险合同已将"偷窃、提货不着"约定在风险责任范围内，则当这种事故发生时，保险公司理应承担赔偿责任。

双方当事人对本案存在的承运人无单放货和收货人无正本全程提单而提货的事实均无异议。在正本全程提单转让前，原告抽纱公司自己即是收货人，"仓至仓"条款所指的"目的地收货人的最后仓库或储存处所"，是指抽纱公司在目的地的最后仓库、储存处所。本案货物由不是正本全程提单持有人的人提走，因此即使提货时没有提出货物索赔，也不能说明本案货物已安全运抵，不存在形体上的损坏或发生了费用等问题。

合法、安全地交货，是指向正本提单持有人交货，并非向任何人交货都是安全的、合法的。原告抽纱公司持有正本全程提单，有权根据贸易合同的履行情况，通过控制提单而控制货物的所有权。抽纱公司既可以通过转让提单而实现向贸易对方交货，也可以自提，都是合法的、正常的贸易做法。买方无正本全程提单而提走了货物，即使经过清关，也不能认为货物被"安全""合法"地提走和未发生保险事故，保险人的"仓至仓"保险责任并未终止，抽纱公司有权凭正本全程提单向保险人索赔。

出口信用保险，只适用于货物合法地交付给贸易买方而买方不付款的情况。本案的货物没有合法交付，致使原告抽纱公司持有正本全程提单却提货不着。抽纱公司遭受的这个损失，不在出口信用保险的承保范围内。

根据国际贸易惯例，贸易条件或相关的价格术语只涉及货物风险的转移，并不涉及货物所有权的转移。本案货物按照商定的贸易条件装船，只是转移了货物风险，并不转移所有权；货物交到船上，只是交给承运人，而不是交给买方，货物所有权仍然在提单持有人手中，不存在民法通则第72条关于"财产所有权自财产交付时起转移"的问题。原告抽纱公司作为持有正本全程提单的被保险人，当然对货物享有所有权和保险利益。被告保险公司辩称抽纱公司对本案货物没有保险利益，是对法律的误解。

银风公司在本案所涉提单上的身份是国际货运代理人，可以从事包括海运在内的多式联运，从而具有承运人资格，并可签发全程提单。即使银风公司未在中国合法注册而在中国承运货物，也只是违反了行业管理和市场准入的行政管理规定，不能据此否定其在民事活动中签发的提单作为物权凭证的效力。被告保险公司的这一辩解不能成立。

《海商法》第216条第2款规定："前款所称保险事故，是指保险人与被保险人约定的任何海上事故，包括与海上航行有关的发生于内河或者陆上的事故。"由于本案海上货物运输保险合同约定的责任期间是"仓至仓"，而且承运人采用了海陆联运的方式承运货物，所以对合同中关于"如未抵达上述地点则按货物'在最后卸载港全部卸离海轮后满60日为止'"的约定，应当是指货物到达最后地点即圣彼得堡并全部卸离运输工具，不是指在东方港卸离海轮。在此期间，原告抽纱公司无论是自提还是向买方交货，都是允许的，不能认为没有及时提货。抽纱公司在被告保险公司负责的"仓至仓"期间，因提货不着，向保险公司提交了索赔单据和涉案货物在圣彼得堡报关的材料，不能认为未履行保险条款约定的由被保险人提交货损证明、提交单证等的义务，保险公司不能拒绝承担赔偿责任。

《海商法》第237条规定："发生保险事故造成损失后，保险人应当及时向被保险人支付保险赔偿。"《保险法》第25条规定："保险人自收到赔偿或者给付保险金的请求和有关证明、资料之日起60日内，对其赔偿或者给付保险金的金额不能确定的，应当根据已有证明和资料可以确定的最低数额先予支付；保险人最终确定赔偿或者给付保险金的数额后，应当支付相应的差额。"原告抽纱公司已收到的预付款部分，已无损失可言，应从损失总额即全额保险金中予以扣除。抽纱公司请求赔偿延迟赔付的利息损失，于法有据，但其主张的利息计算方法，依据不足。

综上所述，原告抽纱公司诉请被告保险公司赔偿，有事实根据和法律依据，应予支持。据此，上海海事法院于2000年1月19日判决：被告保险公司向原告抽纱公司赔偿损失450 431.49美元及其利息。从抽纱公司申请赔偿后60日起至判决生效日止的利息，按中国人民银行美元活期存款利率计算。

案件受理费人民币32 856.08元，由被告保险公司负担26 941.99元，原告抽纱公司负担5 914.09元。

保险公司不服一审判决，向上海市高级人民法院提起上诉。理由是：在涉案保险单中，没有"偷窃、提货不着险"的文字表述，将"偷窃、提货不着险"认定为本案投保险种，没有事实根据。涉案货物损失发生在仓至仓保险责任期满后，保险人不应承担赔偿责任。被上诉人未提供责任方关于提货不着的证明，根据规定不应理赔。被上诉人投保的一切险，是指被保货物在运输途中由于外来原因所致的损失，不能包括承运人无单放货。据此，请求驳回被上诉人的诉讼请求。

被上诉人抽纱公司答辩称：一切险中包括"偷窃、提货不着险"在内的11种附加险，有上诉人保险公司编制的《主要险种条款汇编》一书佐证。被上诉人持有全程正本提单，是唯一合法的提货人。被上诉人在目的港提不到货物，有权向上诉人提出索赔。仓至仓是指起运仓库至合法收货人的仓库，在此期间被上诉人提货不着，属于保险责任期间的保险事故。提货不着不仅指由于自然灾害导致货物的损失或灭失，而且包括人为因素造成的损坏和灭失。对提单持有人来说，这两种情况均属外来原因所致。上诉人的上诉无理，应当驳回。

上海市高级人民法院经审理，除确认了一审认定的全部事实以外，还查明：根据上诉人保险公司在《主要险种条款汇编》一书中的解释，一切险的责任范围除包括平安险和水渍险的各项责任外，还包括被保险货物在运输途中由于外来原因所致的全部或部分损失，其中有"偷窃、提货不着险"。

上海市高级人民法院认为：

虽然本案保险单上没有明文将"偷窃、提货不着险"约定为保险合同中应予赔偿的一种风险，但在上诉人保险公司的《主要险种条款汇编》一书中，已经将一切险解释为包括"偷窃、提货不着险"。鉴于被上诉人抽纱公司投保的是一切险和战争险，因此应当包括"偷窃、提货不着险"。

保险事故发生后，被保险人只要以所举证据证明保险事故客观存在，就完成了举证责任。至于被保险人从何处取得证据，法律没有特别规定。上诉人保险公司认为被上诉人抽纱公司必须提交责任方出具的证明才能索赔，其理由不能成立。

应当将海上货物运输保险合同仓至仓条款的责任期间，理解为从货物在起运仓库起运开始，至抵达收货人仓库并向提单持有人合法交货时为止的期间。在此期间发生的保险事故，均属保险人承保范围。被上诉人抽纱公司在此期间提货不着，属于上诉人保险公司的责任范围。

提货不着虽然是本案海上货物运输保险合同中约定的一种风险，但并非所有的提货不着都应当由保险人承担赔偿责任。海上货物运输保险合同中的风险，一般是指货物在运输过程中因外来原因造成的风险，既包括自然因素造成的风险，也包括人为因素造成的风险。但是，凡海上货物运输保险合同所指的风险，都应当具备不可预见性和责任人不确定性的特征。托运人、承运人、收货人等利用接触、控制保险货物的便利，故意毁损、丢弃或无单放行以致提货不着，是确定的责任人不正确履行职责而发生的可以预见的事故。本案是因承运人银风公司无单放货，造成持有正本提单的被上诉人抽纱公司提货不着。无单放货虽然能导致提货不着，但这种提货不着不具有海上货物运输保险的风险特征，故不属于保险合同约定承保的风险。

承运人是被上诉人抽纱公司选定的，抽纱公司与其签订了海洋货物运输合同。抽纱公司在选定承运人时，有责任审查承运人以及承运代理人的资格和信誉。当承运人故意违约无单放货时，抽纱公司应当根据海洋货物运输合同的约定，向这个确定的责任人追究违约责任。抽纱公司不去追究承运人银风公司的违约责任，却以"提货不着是约定的风险"为由，起诉请求判令上诉人保险公司赔偿，致使应承担无单放货违约责任的银风公司免受追偿。抽纱公司的诉讼请求，不仅不符合承运人应该根据提单交货的国际惯例，有悖于海上货物运输保险合同中保险风险系外来因素造成的特征，混淆了海上货物运输合同与海上货物运输保险合同之间的法律关系与责任界定，也不符合公平、正义的法律原则。

综上所述，虽然本案的海上货物运输保险合同中约定承保"偷窃、提货不着险"，但对承运人无单放货造成的提货不着，上诉人保险公司可不承担赔偿责任。原判从字义上对"偷窃、提货不着险"作出的解释，不符合保险合同只对外来原因造成的风险给予赔偿的本意，不当地扩大了保险人的义务。保险公司此上诉理由成立，予以采纳。原审判决不当，应予纠正。据此，上海市高级人民法院于2001年3月20日判决：

一、撤销第一审民事判决。

二、对被上诉人抽纱公司的诉讼请求不予支持。

三、二审案件受理费共计人民币65 712.16元，均由被上诉人抽纱公司负担。

任务一　保险法律制度概述

10.1.1　保险的概念

保险法所称的保险，是指投保人根据合同约定，向保险人支付保险费，保险人对于合同约定的可能发生的事故因其发生所造成的财产损失承担赔偿保险金责任，或者当被保险人死亡、伤残、疾病或者达到合同约定的年龄期限时承担给付保险金责任的商业保险行为。保险的实质不是保证危险不发生、不遭受损失，而是对危险发生后遭受的损失予以经济补偿。其最大的功能在于将个人在生活中因遭遇各种人身危险、财产危险及对他人之责任危险所产生的损失，分摊消化于共同团体。保险具有减少社会问题、维持社会安定、促进经济繁荣的作用。

10.1.2 保险的特征

(1) 保险是一种经济保障制度。

保险是指为维护社会的安定,通过运用多数社会成员的集合力量,根据合理的计算,共同建立保险基金,用于补偿少数社会成员因特定危险事故或因特定人身事件发生而造成的经济损失,"集众人之力救助少数人灾难"的经济保障制度,其基本原理是聚合风险,分散损失。

(2) 保险是一种具有经济补偿性质的法律制度。

保险是一种双务有偿的合同关系。保险是一种因合同而产生的债权债务关系。这种债权债务关系是基于保险法律规范和保险事实而产生的保险法律关系,其实质是当事人互为约定承担给付义务,即投保人承担给付保险费的义务,保险人承担赔偿或给付保险金的责任。在保险法律关系中,保险人的责任与一般民事赔偿责任的区别在于,投保人所遭受的损失是由不可抗力等危险事故造成的,保险人承担的保险赔偿责任和给付责任是基于保险合同设定的一种义务,具有对损失进行经济补偿的性质;而一般民事损害赔偿责任是当事人的侵权行为或违约行为所导致的法律后果。

(3) 保险以特定的危险为对象。

危险的存在是构成保险的一个要件,无危险则无保险。作为保险对象的危险必须具备如下特征:

1) 危险发生与否具有不确定性。不可能发生或者肯定要发生的危险,不能构成保险危险。

2) 危险发生的时间不能确定。

3) 危险所导致的后果不能确定。

4) 危险的发生对于投保人或者被保险人来说,必须为非故意的。

另外,危险的种类、范围、性质亦需明确。

10.1.3 保险的分类

保险按照不同的划分标准,可作多种分类。

(1) 按照保险设立是否以营利为目的划分。

可分为社会保险和商业保险。社会保险是指国家基于社会保障政策的需要,不以营利为目的而举办的一种福利保险。社会保险属法定保险,一般由社会保障立法予以规范,其费用主要来源于国家财政资金或企事业单位资金和经费。商业保险是指社会保险以外的普通保险,它以营利为目的,其资金主要来源于投保人交纳的保险费,一般受保险法规范。我国《保险法》规定的保险,以商业保险为限。

(2) 按照保险标的划分。

可分为财产保险和人身保险。财产保险是以物质财产或财产性利益为保险标的,以实物的毁损和利益的灭失为保险事故的各种保险,包括家庭财产保险、企业财产保险、机动车辆保险、责任保险、信用保险和海上保险等。人身保险是以人的生命或健康为保险标的,以人的生理意外事故作为保险事故的保险。人身保险又可分为人身意外伤害保险、健康保险和人寿保险等。

(3) 按照保险责任发生的效力依据划分。

可分为自愿保险和强制保险。自愿保险是投保人与保险人双方平等协商，自愿签订保险合同而产生的一种保险。这种保险责任发生的效力依据是保险合同，投保人享有投保或不投保的自由，保险人则可决定是否承保。强制保险又称法定保险，是指国家法律、法规直接规定必须进行的保险。其保险标的多与人民生命、健康和国家重大经济利益有关。

(4) 按照保险人是否转移保险责任划分。

可分为原保险和再保险。原保险又称第一次保险，是指保险人在保险责任范围内直接由自己对被保险人负赔偿责任的保险。再保险又称分保或第二次保险，是原保险人为减轻或避免所负风险把责任的一部分或全部转移给其他保险人的保险。再保险的目的主要是分散风险、扩大承保能力、稳定经营。

(5) 按照保险人的人数划分。

可分为单保险和复保险。单保险是投保人对于同一保险标的、同一保险利益、同一保险事故与一个保险人订立保险合同的行为。复保险，或称重复保险，是投保人对于同一保险标的、同一保险利益、同一保险事故与数个保险人分别订立数个保险合同的行为。

此外，按照保险是否具有涉外因素，保险可分为国内保险和涉外保险；按照保险标的的价值，保险可分为定值保险和不定值保险；按照所保对象与被保险人的利害关系，保险可分为积极保险和消极保险；按照保险利益存在的时间，保险可分为现在保险、追溯保险和未来保险。

10.1.4 保险法的基本原则

(1) 守法原则。

《保险法》第四条规定："从事保险活动必须遵守法律、行政法规，尊重社会公德，遵循自愿原则。"作为保险法的一项基本原则，它是指保险活动的内容必须合法，保险活动的形式必须合法，保险活动应遵守法律、法规。

(2) 自愿原则。

自愿原则是指商业保险活动的开展是出于参加者的自愿，除法律、行政法规规定必须保险的以外，保险公司和其他单位不得强制他人订立保险合同。这是由保险行为的性质决定的，也是市场经济运作的基本原则。从事保险活动，必须尊重保险活动各方当事人的自由意志。

(3) 最大诚信原则。

最大诚信原则是诚实信用原则的功能和作用在保险法中的体现。《保险法》第五条规定："保险活动当事人行使权利、履行义务应当遵循诚实信用原则。"我国保险业正处于一个关键的转折时期，诚信服务对保险业发展至关重要，各保险公司必须树立诚信意识，开展诚信服务和公平竞争，促进保险业健康发展。

(4) 公平竞争原则。

《保险法》第八条规定："保险公司开展业务，应当遵循公平竞争的原则，不得从事不正当竞争。"这是保险业健康发展的必然要求。一方面，保险领域的竞争有利于降低保险费率、改善保险公司的管理，但是没有节制的费率战竞争会导致保险人准备金不足或丧失清偿能力；另一方面，要防止出现不合理的限制竞争行为，特别是价格固定。保险领域的反垄断也是一个值得关注的问题。在美国，保险业基本上属于反垄断法的适用除外领域；但是在其他国家，保险业一般要受反垄断法的调整。维护公平竞争是政府监管部门及保险行业协会的共同责任，我国《保险公司管理规定》对保险公司的业务竞争作了具体规定。

此外，有学者认为还有保险专营原则、境内投保原则、近因原则、损失补偿原则。

任务二　海上货物运输保险法律法规

10.2.1　海上货物运输保险概述

10.2.1.1　海上货物运输保险的概念

海上货物运输保险（简称海上保险）是保险人和被保险人通过协商，对船舶、货物及其他海上标的所可能遭遇的风险进行约定，被保险人在交纳约定的保险费后，保险人承诺一旦上述风险在约定的时间内发生并对被保险人造成损失，保险人将按约定给予被保险人经济补偿的商务活动。海上保险属于财产保险的范畴，是对由于海上自然灾害和意外事故给人们造成的财产损失给予经济补偿的一项法律制度。

海上保险与一般财产保险的不同主要在于：

（1）海上保险的标的通常与海上航行有关，如船舶和船上的货物等。

（2）海上保险承保的风险除了一般陆上也存在的风险（如雷电、恶劣气候、火灾、爆炸等）之外，还有大量海上所特有的风险（如触礁、搁浅、海水进舱等）。

（3）海上保险一般属于国际商务活动，因为通常情况下，或者海上保险的当事人属于不同的国家，或者保险事故发生在异国他乡，总之大多牵涉国际关系。由于上述原因，我国的保险公司一般均把海上保险业务归属在国际业务部，有的将海上保险称为水险。

10.2.1.2　海上保险的原则

海上保险的原则是指在海上保险活动中当事人应当遵循的行为准则。海上保险活动作为一种独立的经济活动类型，基于自身的特点和适用范围，在长期的发展过程中逐步形成了一系列基本原则。根据国际惯例，这些基本原则可归纳为：损失补偿原则、可保利益原则、近因原则、最大诚信原则和代位求偿原则。

（1）损失补偿原则。

损失补偿原则是指被保险人在保险合同约定的保险事故发生之后，保险人对其遭受的实际损失应当进行充分的补偿。其具体内容有：

1）保险赔偿金额应当公平合理，充分补偿，协商一致。所谓公平合理，充分补偿，就是说保险人在保险事故发生后的具体赔偿数额应当有利于保险人和被保险人的双方利益。一方面，要充分补偿被保险人的实际损失，达到保险保障的目的；另一方面，不能使赔偿数额超过实际损失，使被保险人获取额外收益而损害保险人的合法权益。至于协商一致，则是说海上保险合同的保险金额作为保险赔偿的最高限额，应由保险人和被保险人根据保险标的的实际价值，协商确定。而赔偿数额的计算方法也须双方协商一致才予适用。

2）保险金额是计算赔偿数额的依据，一般不允许超值保险。

3）防止道德危险的发生。海上保险合同是对被保险人的保险保障措施，并非其牟利的手段，所以要防止道德危险的发生。

4)保险人的赔偿责任依法律和海上保险合同予以限制。

(2)可保利益原则。

可保利益原则是指只有对保险标的具有可保利益的投保人与保险人签订的海上保险合同才有法律效力,保险人才承担保险责任。其具体内容表现在:

1)可保利益是海上保险合同生效的依据。

2)可保利益是保险人履行保险责任的前提。可保利益原则上为大多数国家的海商法和保险法所确认,并将其作为海上保险合同成立的法定条件,当事人不得协商变更。

(3)近因原则。

近因原则是为了明确事故与损失之间的因果关系,认定保险责任而专门设立的一项基本原则。它的含义是指保险人对于承保范围内的保险事故作为直接的、最接近的原因所引起的损失,承担保险责任,而对于承保范围以外的原因造成的损失,不负赔偿责任。

近因原则为海上保险人所重视的根源在于它对于海上保险具有普遍意义。由于海上运输复杂多变,风险四布,从事海上运输的船舶或货物遭受损失的原因往往不是一个;而保险人出于其商业利益的需要,不可以将这些致损原因全部承保。于是,海上保险人根据海上事故的性质、发生概率及其与损害后果的关系,予以分类研究,设立了不同的海上保险险种、险别,确立各自所承保的危险范围。当损失发生后,保险人从致损原因与损害后果之间的因果关系入手,认定直接造成损失或最接近损失后果的原因是否属于其承保范围,进而判断是否承担赔偿责任。由此可见,近因原则是确认保险人之保险责任的主要依据。

虽然近因原则在海上保险中广泛适用,但是,如何认定其致损的近因尚无统一标准,具体论证方法多种多样,主要有三种:一是最近时间论,它将各种致损原因按发生的时间顺序进行排列,以最后一个作为近因;二是最后条件论,它区别于前一方法,将致损所不可缺少的各个原因列出,以最后一个作为近因;三是直接作用论,将对致损具有最直接、最重要作用的原因作为近因,这一方法为大多数人所认可。

按照直接作用论来认定海上损失的近因时,应当把握两个条件,一是致损原因与损失后果之间因果关系的客观性,二是海上保险合同约定的承保危险范围。有两个以上致损原因的,因其对损失所起的作用一般不会完全一样,则需要判定它们对于损失后果所起作用的大小。若致损的各个原因都属于保险责任范围的,则无须判断其作用大小,保险人必然要承担赔偿责任。若致损的各个原因,有的属于保险责任之内,有的不属于保险责任之内,则应当判断其作用的主次之别。对于致损的最直接、作用最大的原因在保险责任之内构成近因的,保险人应当承担保险责任;反之,最直接、作用最大的原因为非保险责任的,保险人少承担甚至不承担保险责任。

(4)最大诚信原则。

最大诚信原则是指签订保险合同的各方当事人必须最大限度地按照诚实与信用精神协商签约,海上保险合同当事人应当做到:

1)告知,也称"披露",通常指的是被保险人在签订保险合同时,应该将其知道的或推定应该知道的有关保险标的的重要情况如实向保险人进行说明。因为如实告知是保险人判断是否承保和确定保险费率的重要依据。

2)申报,也称"陈述"。申报不同于告知,具体是指在磋谈签约过程中,被保险人对于保险人提出的问题如实答复。由于申报内容也关系到保险人承保与否,涉及海上保险合同的真实有效，故成为最大诚信原则的另一基本内容。

3) 保证。保证是被保险人向保险人作出的履行某种特定义务的承诺。在海上保险合同中，表现为明示保证和默示保证两类。明示保证主要有开航保证、船舶状态保证、船员人数保证、护航保证、国籍保证、中立性保证、部分不投保保证等；而默示保证则主要包括船舶适航保证、船舶不改变航程和不绕航的保证、船货合法性保证等。

由于保险人无法直接控制被保险船舶和货物的运动，只有在保险事故发生时才能了解事故发生的始末和保险标的的受损原因和受损状况，因此，为了保护保险人的合法权益，防止海上保险中的不道德行为，各国法律确认了保证这一法律手段作为最大诚信原则的组成部分。我国海商法和海上保险实务对此均加以运用。

必须指出，基于海上保险合同的平等性，最大诚信原则同样适用于保险人。我国《保险法》第十六条第一款规定："订立保险合同，保险人应当向投保人说明保险合同的条款内容，并可以就保险标的或者被保险人的有关情况提出询问，投保人应当如实告之。"这表明，保险人在签订海上保险合同前，应将保险合同的内容和办理保险的有关事项，如实告知被保险人及其代理人，特别是对海上保险合同中一些容易引起误解的条款作详细解释。

（5）代位求偿原则。

有时保险标的所遭受的保险事故是由第三人的行为引起的，被保险人当然有权利向肇事者就其侵权行为所致损失进行索赔。由于海事诉讼往往牵涉许多方面，诉讼过程旷日持久，保险人为便利被保险人，就按照保险合同的约定先行赔付，同时取得被保险人在标的物上的相关权利，代被保险人向第三人进行索赔，这就是在国际海上保险业中普遍盛行的代位求偿原则。我国《海商法》第二百五十二条第一款规定："保险标的发生保险责任范围内的损失是由第三人造成的，被保险人向第三人要求赔偿的权利，自保险人支付赔偿之日起，相应转移给保险人。"这就确立了我国海上保险业务中的代位求偿原则，符合国际上通行的做法。保险人的代位求偿权是从被保险人处传来的，应严格局限于被保险人原有的对第三人的权利，不能由于代位求偿而得到被保险人本没有的权利。如同属被保险人的两艘船相撞，即使全部责任应由另一艘船承担，保险人也无权起诉另一船。

只有被保险人最了解自己对于保险标的的所有权利，也掌握其拥有这些权利的最充分证据。为保证代位求偿的真正实现，我国《海商法》第二百五十二条第二款规定："被保险人应当向保险人提供必要的文件和其所需要知道的情况，并尽力协助保险人向第三人追偿。"

为确保代位求偿原则的顺利执行，我国《海商法》就代位求偿过程中可能出现的几种情况作了如下规定：

1) 有时由于某种情势的需要，被保险人主动放弃了对第三人的一些权利，从而造成保险人在一些权利上无法代位求偿，为此，我国《海商法》第二百五十三条规定："被保险人未经保险人同意放弃向第三人要求赔偿的权利，或者由于过失致使保险人不能行使追偿权利的，保险人可以相应扣减保险赔偿。"

2) 有时保险人在办理代位求偿时发现第三人已经赔付给被保险人部分损失，则保险人依照我国《海商法》第二百五十四条第一款的规定"保险人支付保险赔偿时，可以从应支付的赔偿额中相应扣减被保险人已经从第三人取得的赔偿"处理。

3）如果保险人在取得代位求偿权后向第三人索赔时，获得了高于保险人赔付给被保险人的保险赔偿的赔偿时，保险人不可以将这些赔偿金全部划归自己。我国《海商法》第二百五十四条第二款规定："保险人从第三人取得的赔偿，超过其支付的保险赔偿的，超过部分应当退还给被保险人。"因为代位求偿只是代位，保险人不可以此获得额外利益。

4）按照代位求偿的规定，在委付或实际全损的情况下，保险人在按照保险合同赔付了被保险人之后，就取得了对保险标的的全部权利和义务。但有时，保险标的已经完全没有价值甚至还在继续扩大其对第三人的责任。如果此时保险人承担其保险标的的全部权利义务，则保险人将承担更大的损失。

为保护保险人的利益，我国《海商法》第二百五十五条规定："发生保险事故后，保险人有权放弃对保险标的的权利，全额支付合同约定的保险赔偿，以解除对保险标的的义务。保险人行使前款规定的权利，应当自收到被保险人有关赔偿损失的通知之日起的七日内通知被保险人；被保险人在收到通知前，为避免或者减少损失而支付的必要的合理费用，仍然应当由保险人偿还。"

5）在代位求偿制度中，保险人对于保险标的的权利获得是以支付保险赔偿为前提的。只要保险人不宣布放弃对保险标的的权利，则在保险人支付保险赔偿后，保险标的的权利和义务就转移给保险人。转移权利义务的多少由保险金额与保险价值的比例决定。对此我国《海商法》第二百五十六条规定："除本法第二百五十五条的规定外，保险标的发生全损，保险人支付全部保险金额的，取得对保险标的的全部权利；但是，在不足额保险的情况下，保险人按照保险金额与保险价值的比例取得对保险标的的部分权利。"

10.2.2　海上货物运输保险种类

根据中国人民保险公司《海洋运输货物保险条款》的规定，我国海上货物运输保险的险别分为基本险和附加险两大类。

基本险主要承保海上风险所造成的货物损失，可以独立投保。基本险包括平安险、水渍险、一切险3种。附加险主要承保由于外来原因所造成的损失，不能独立投保。

10.2.2.1　平安险（单独海损不赔）

其责任风险包括：

（1）货物在运输过程中由于恶劣气候、雷电、海啸、地震、洪水等自然灾害，造成的全部损失或推定全损。

（2）由于运输工具遭受搁浅、触礁、沉没、互撞以及火灾（承运人负责赔偿的除外）、爆炸等意外事故所造成的货物全部或部分损失。

（3）在运输工具已经发生意外事故的情况下，货物在此前后，因海上恶劣气候、雷电等自然灾害造成的部分损失。

（4）在装卸或转运时，货物落海造成全部或部分损失。

（5）共同海损的牺牲、分摊和救助费用。

（6）运输工具遭遇海难的，在避难港由于卸货引起的损失，以及在中途港、避难港由于卸货、存货以及运送货物所产生的特别费用。

（7）对在承保范围内的受损货物进行施救的费用。

10.2.2.2 水渍险（单独海损包括在内）

其责任范围除包括上述平安险的各项责任外，还负责被保险货物由于恶劣气候、雷电、海啸、地震、洪水等自然灾害所造成的部分损失。

10.2.2.3 一切险

一切险的责任范围，除了平安险和水渍险的责任外，还包括被保险货物在运输途中，由于外来原因所造成的全部和部分损失。所谓外来原因，是指包括一般附加险所承保的责任，如盗窃、提货不着、淡水雨淋、破碎、渗漏等。所以一切险实际上就是平安险、水渍险和一般附加险的总和，但不包括特殊附加险。

10.2.2.4 附加险

附加险可分为一般附加险和特殊附加险两种。

一般附加险种类很多，诸如盗窃、提货不着、淡水雨淋、短量、沾污、渗漏、破碎、串味、受潮受热、钩损、包装破裂、锈损等。

特殊附加险，不包括在一切险的范围内，主要有战争险、罢工险、交货不到险、舱面货物险、拒收险等。战争险是海洋运输保险中常见的特殊附加险，其责任范围包括由于战争、敌对行为或武装冲突，以及由此引起的拘留、扣押、没收或封锁所造成的损失，或者各种常规武器所造成的损失，以及由于上述原因所引起的共同海损牺牲、分摊和救助费用。

10.2.3 海上保险合同

10.2.3.1 海上保险合同的概念

海上保险合同，是指保险人按照约定，对被保险人遭受保险事故造成保险标的的损失和产生的责任负责赔偿，而由被保险人支付保险费的合同。

前款所称保险事故，是指保险人与被保险人约定的任何海上事故，包括与海上航行有关的发生于内河或者陆上的事故。

10.2.3.2 海上保险合同的内容

（1）保险人名称。

保险人是指与投保人订立保险合同，并承担赔偿或者给付保险金责任的保险公司，它是保险合同的一方当事人。我国具有保险人资格的主要有中国人民保险公司及其分支机构、太平洋保险公司和平安保险公司等依法设立的保险公司。

（2）被保险人名称。

被保险人是保险合同主体的另一方，指其财产或者责任受保险合同保险，享有保险金请求权的人，投保人可以是被保险人。投保人是指与保险人订立保险合同，并按照保险合同负有支付保险费义务的人。若投保人是保险财产的所有人或经营管理人，两者一致；在保险合同转让的情况下，两者则分离。根据保险利益原则，保险标的在遭受保险事故发生损失或产生责任时，被保险人必须具有保险利益。

（3）保险标的。

保险标的是指保险人与被保险人在海上保险合同中约定的被保险的财产或与财产有关的利益和责任。可以作为保险标的的有：船舶；货物；船舶营运收入，包括运费、租金、旅客票款；货物预期利润；船员工资和其他报酬；对第三人的责任；由于发生保险事故可能受到损失的其他财产和产生的责任、费用。

保险人可以将对前款保险标的的保险进行再保险。除合同另有约定外，原被保险人不得享有再保险的利益。

(4) 保险价值。

保险价值是指保险责任开始时，保险标的的实际价值和保险费的总和。保险人与被保险人约定的，依双方约定。

(5) 保险金额。

保险金额是指保险人承担赔偿或给付保险金责任的最高限额。保险金额由保险人与被保险人约定。保险金额不得超过保险价值；超过保险价值的，超过部分无效。保险人与被保险人未约定保险价值的，保险价值依照下列规定计算：

1) 船舶的保险价值，是保险责任开始时船舶的价值，包括船壳、机器、设备的价值，以及船上燃料、物料、索具、给养、淡水的价值和保险费的总和。

2) 货物的保险价值，是保险责任开始时货物在起运地的发票价格或者非贸易商品在起运地的实际价值以及运费和保险费的总和。

3) 运费的保险价值，是保险责任开始时承运人应收运费总额和保险费的总和。

4) 其他保险标的的保险价值，是保险责任开始时保险标的的实际价值和保险费的总和。

(6) 保险责任和除外责任。

保险责任是指海上保险合同规定的保险人承保的风险范围，通常通过保险条款来体现。除外责任是指保险合同约定的保险责任以外的责任，亦即保险人不负赔偿责任的风险范围，在此风险范围内发生事故，造成保险标的损失和产生责任，由被保险人自己承担。

(7) 保险期间。

保险期间是指海上保险合同生效和终止的期限。保险人只对合同规定的有效期内发生的保险事故造成保险标的的损失和产生的责任负责赔偿。

(8) 保险费。

保险费是被保险人按保险金额的比例付给保险人的费用。交纳保险费是被保险人应尽的法定义务。

此外，海上保险合同中一般还应写明险别、运输工具名称、航程、损失处理、赔偿办法等内容和条款。

10.2.3.3 海上保险合同的订立、解除和转让

(1) 被保险人提出保险要求，经保险人同意承保，并就海上保险合同的条款达成协议后，合同成立。保险人应当及时向被保险人签发保险单或者其他保险单证，并在保险单或者其他单证中载明当事人双方约定的合同内容。

(2) 合同订立前，被保险人应当将其知道的或者在通常业务中应当知道的有关影响保险人据以确定保险费率或者确定是否同意承担的重要情况，如实告知保险人。

保险人知道或者在通常业务中应当知道的情况，保险人没有询问的，被保险人无须告知。

(3) 由于被保险人的故意，未将《保险法》第二百二十二条第一款规定的重要情况如实告知保险人的，保险人有权解除合同，并不退还保险费。合同解除前发生保险事故造成损失的，保险人不负赔偿责任。不是由于被保险人的故意，未将《保险法》第二百二十二条

第一款规定的重要情况如实告知保险人的,保险人有权解除合同或者要求相应增加保险费。保险人解除合同的,对于合同解除前发生保险事故造成的损失,保险人应当负赔偿责任;但是,未告知或者错误告知的重要情况对保险事故的发生有影响的除外。

(4) 订立合同时,被保险人已经知道或者应当知道保险标的已经因发生保险事故而遭受损失的,保险人不负赔偿责任,但是有权收取保险费;保险人已经知道或者应当知道保险标的已经不可能因发生保险事故而遭受损失的,被保险人有权收回已经支付的保险单。

(5) 被保险人对同一保险标的就同一保险事故向几个保险人重复订立合同,而使该保险标的的保险金额总和超过保险标的的价值的,除合同另有约定外,被保险人可以向任何保险人提出赔偿请求。被保险人获得的赔偿金额总和不得超过保险标的的受损价值。各保险人按照其承保的保险金额同保险金额总和的比例承担赔偿责任,任何一个保险人支付的赔偿金额超过其应当承担的赔偿责任的,有权向未按照其应当承担赔偿责任支付赔偿金额的保险人追偿。

(6) 保险责任开始前,被保险人可以要求解除合同,但是应当向保险人支付手续费,保险人应当退还保险费。

(7) 除合同另有约定外,保险责任开始后,被保险人和保险人均不得解除合同。根据合同约定在保险责任开始后可以解除合同的,被保险人要求解除合同,保险人有权收取自保险责任开始之日起至合同解除之日止的保险费,剩余部分予以退还;保险人要求解除合同,应当将自合同解除之日起至保险期间届满之日止的保险费退还被保险人。

(8) 虽有《保险法》第二百二十七条规定,但对于货物运输和船舶的航次保险,保险责任开始后,被保险人不得要求解除合同。

(9) 海上保险合同可以由被保险人背书或者以其他方式转让,合同的权利、义务随之转移。合同转让时尚未支付保险费的,被保险人和合同受让人负连带支付责任。

(10) 因船舶转让而转让船舶保险合同的,应当取得保险人的同意。未经保险人同意,船舶保险合同从船舶转让时起解除;船舶转让发生在航次之中的,船舶保险合同至航次终了时解除。合同解除后,保险人应当将自合同解除之日起至保险期间届满之日止的保险费退还被保险人。

(11) 被保险人在一定期间分批装运或者接受货物的,可以与保险人订立预约保险合同。预约保险合同应当由保险人签发预约保险单证加以确认。

(12) 应被保险人要求,保险人应当对依据预约保险合同分批装运的货物分别签发保险单证。保险人分别签发的保险单证的内容与预约保险单证的内容不一致的,以分别签发的保险单证为准。

(13) 被保险人知道经预约保险合同保险的货物已经装运或者到达时,应当立即通知保险人。通知的内容包括装运货物的船名、航线、货物价值和保险金额。

10.2.4 被保险人的义务

(1) 除合同另有约定外,被保险人应当在合同订立后立即支付保险费;被保险人支付保险费前,保险人可以拒绝签发保险单证。

(2) 被保险人违反合同约定的保证条款时,应当立即书面通知保险人。保险人收到通知后,可以解除合同,也可以要求修改承保条件、增加保险费。

（3）一旦保险事故发生，被保险人应当立即通知保险人，并采取必要的合理措施，防止或者减少损失。被保险人收到保险人发出的有关采取防止或者减少损失的合理措施的特别通知的，应当按照保险人通知的要求处理。

对于被保险人违反上述规定所造成的扩大的损失，保险人不负赔偿责任。

10.2.5 保险人的责任

（1）发生保险事故造成损失后，保险人应当及时向被保险人支付保险赔偿。

（2）保险人赔偿保险事故造成的损失，以保险金额为限。保险金额低于保险价值的，在保险标的发生部分损失时，保险人按照保险金额与保险价值的比例负赔偿责任。

（3）保险标的在保险期间发生几次保险事故所造成的损失，即使损失金额的总和超过保险金额，保险人也应当赔偿。但是，对发生部分损失后未经修复又发生全部损失的，保险人按照全部损失赔偿。

（4）被保险人为防止或者减少根据合同可以得到赔偿的损失而支出的必要的合理费用，为确定保险事故的性质、程度而支出的检验、估价的合理费用，以及为执行保险人的特别通知而支出的费用，应当由保险人在保险标的损失赔偿之外另行支付。

保险人对前款规定的费用的支付，以相当于保险金额的数额为限。

保险金额低于保险价值的，除合同另有约定外，保险人应当按照保险金额与保险价值的比例，支付本条规定的费用。

（5）保险金额低于共同海损分摊价值的，保险人按照保险金额同分摊价值的比例赔偿共同海损分摊。

（6）对于被保险人故意造成的损失，保险人不负赔偿责任。

（7）除合同另有约定外，因下列原因之一造成货物损失的，保险人不负赔偿责任：

1）航行迟延、交货迟延或者行市变化。

2）货物的自然损耗、本身的缺陷和自然特性。

3）包装不当。

（8）除合同另有约定外，因下列原因之一造成保险船舶损失的，保险人不负赔偿责任：

1）船舶开航时不适航，但是在船舶定期保险中被保险人不知道的除外。

2）船舶自然磨损或者锈蚀。

10.2.6 保险标的的损失和委付

（1）保险标的发生保险事故后灭失，或者受到严重损坏完全失去原有形体、效用，或者不能再归保险人所拥有的，为实际全损。

（2）船舶发生保险事故后，认为实际全损已经不可避免，或者为避免发生实际全损所需支付的费用超过保险价值的，为推定全损；货物发生保险事故后，认为实际全损已经不可避免，或者为避免发生实际全损所需支付的费用与继续将货物运抵目的地的费用之和超过保险价值的，为推定全损。

（3）不属于实际全损和推定全损的损失，为部分损失。

（4）船舶在合理时间内未从被获知最后消息的地点抵达目的地，除合同另有约定外，满两个月后仍没有获知其消息的，为船舶失踪。船舶失踪视为实际全损。

（5）保险标的发生推定全损，被保险人要求保险人按照全部损失赔偿的，应当向保险人委付保险标的。保险人可以接受委付，也可以不接受委付，但是应当在合理时间内将接受委付或者不接受委付的决定通知被保险人。

委付不得附带任何条件。委付一经保险人接受，不得撤回。

（6）保险人接受委付的，被保险人对委付财产的全部权利和义务转移给保险人。

10.2.7 保险赔偿的支付

（1）保险事故发生后，保险人向被保险人支付保险赔偿前，可以要求被保险人提供与确认保险事故性质和损失程度有关的证明和资料。

（2）保险标的发生保险责任范围内的损失是由第三人造成的，被保险人向第三人要求赔偿的权利，自保险人支付赔偿之日起，转移给保险人。被保险人应当向保险人提供必要的文件和其所需要知道的情况，并尽力协助保险人向第三人追偿。

（3）被保险人未经保险人同意放弃向第三人要求赔偿的权利，或者由于过失致使保险人不能行使追偿权利的，保险人可以相应扣减保险赔偿。

（4）保险人支付保险赔偿时，可以从应支付的赔偿额中相应扣减被保险人已经从第三人取得的赔偿。保险人从第三人取得的赔偿，超过其支付的保险赔偿的，超过部分应当退还被保险人。

（5）发生保险事故后，保险人有权放弃对保险标的的权利，全额支付合同约定的保险赔偿，以解除对保险标的的义务。

保险人行使前款规定的权利，应当自收到被保险人有关赔偿损失的通知之日起七日内通知被保险人；被保险人在收到通知前，为避免或者减少损失而支付的必要的合理费用，仍然应当由保险人偿还。

（6）除《保险法》第二百五十五条的规定外，保险标的发生全损，保险人支付全部保险金额的，取得对保险标的的全部权利；但是，在不足额保险的情况下，保险人按照保险金额与保险价值的比例取得对保险标的的部分权利。

任务三　陆上货物运输保险法律法规

10.3.1　陆上货物运输保险合同

10.3.1.1　陆上货物运输保险合同的概念

陆上货物运输保险合同是指保险人与投保人之间达成的，以陆上运输过程中的货物作为保险标的，由保险人对于被保险货物因自然灾害或意外事故造成的损失承担赔偿责任的协议。

陆上货物运输保险合同，按其适用范围分为国内陆上货物运输保险合同和国际陆上货物运输保险合同。其中，国内陆上货物运输保险合同适用于国内贸易所涉及的货物在国内陆路上，用汽车、火车、非机动车辆进行的运输活动。在我国，将其进一步分为国内铁路货物运输保险合同和国内公路货物运输保险合同。而国际陆上货物运输保险合同则适用于国际贸易的进出口货物及其他涉外经济活动的物品，在跨越国界的陆路上进行的运输活动。在我国，国际陆上货物运输保险合同习惯上称为陆上货物运输保险合同,而且限于使用火车、汽车进行的运输活动,使用其他陆上运输工具的货物运输活动则不予承保。

10.3.1.2 国内陆上货物运输保险合同的保险责任

我国的国内陆上货物运输保险合同分为基本险和综合险两个险别。其保险责任范围是不一样的。

(1) 基本险的保险责任。

1) 火灾、爆炸、雷电、冰雹、暴风、暴雨、洪水、地震、海啸、地陷、崖崩、滑坡、泥石流所造成的损失。

2) 因运输工具发生火灾、爆炸、碰撞所造成的损失。

3) 利用火车、汽车、大车、板车运输时,因车辆倾覆、出轨、隧道坍塌或人力、畜力的失足所造成的损失。

4) 在装货、卸货或转载时发生意外事故所造成的损失。

5) 在发生上述灾害、事故时,因纷乱而造成货物的散失以及因施救或保护货物所支付的直接、合理的费用。

(2) 综合险的保险责任。

综合险的保险责任,除了包含上述基本险的保险责任以外,还包括破碎渗漏造成的货损、包装破裂造成的货损、偷盗和整件提货不着的损失,雨淋湿损等保险责任。此外,根据中国人民保险公司1990年5月1日新颁行的《国内水路、陆路运输货物保险条款》的规定,还包括因铁路承运人的责任,致使被保险货物灭失、短少、污染、变质、损坏的损失。国内陆上货物运输保险合同的保险责任,按"仓至仓条款"确定起讫期限。

10.3.1.3 国际陆上货物运输保险合同的保险责任

适用于国际陆上货物运输的陆上货物运输保险合同,分为陆运险和陆运一切险两个险别。

(1) 陆运险的保险责任。

1) 因被保险货物在运输途中遭受暴风、雷电、洪水、地震等自然灾害或由于运输工具遭受碰撞、倾覆、出轨或在驳运过程中因驳运工具遭受搁浅、触礁、沉没、碰撞,或由于遭受隧道坍塌、崖崩或失火、爆炸等意外事故造成的全部或部分损失。

2) 被保险人对遭受承保责任内危险的货物采取抢救、防止或减少货损的措施而支付的合理费用,但以不超过该批被救货物的保险金额为限。

(2) 陆运一切险的保险责任。

陆运一切险的保险责任除包括上述陆运险的保险责任以外,还负责被保险货物在运输过程中由于外来原因所致的全部或部分损失。

国际陆上货物运输保险合同的保险责任,按"仓至仓条款"确定起讫期限。

10.3.1.4 陆上货物运输保险合同的除外责任

(1) 国内陆上货物运输保险合同的除外责任。

1) 战争和军事行动。

2) 核事故或核爆炸。

3) 被保险货物本身的缺陷或自然损耗,以及由于包装不善造成的损失。

4）被保险人的故意行为或过失所造成的损失。
5）全程公路货物运输的盗窃和整件提货不着的损失。
6）其他不属于保险责任范围内的损失。
（2）国际陆上货物运输保险合同的除外责任。
1）被保险人的故意行为或过失所造成的损失。
2）属于发货人责任所引起的损失。
3）在保险责任开始前，被保险货物已存在的品质不良或数量短差所造成的损失。
4）被保险货物的自然损耗、本质缺陷、特性以及市价跌落、运输延迟所引起的损失或费用。
5）陆上运输货物的战争险条款和罢工险条款规定的保险责任范围和除外责任。

10.3.1.5 责任起讫

陆上货物运输保险负"仓至仓"责任，自被保险货物运离保险单所载明的起运地仓库或储存处所开始运输时生效，包括正常运输过程中的陆上和与其有关的水上驳运在内，直至该项货物运达保险单所载目的地收货人的最后仓库或储存处所或被保险人用作分配、分派的其他储存处所为止。如未运抵上述仓库或储存处所，则以被保险货物运抵最后卸载的车站满60日为止。

10.3.2 被保险人的义务

被保险人应按照以下规定的应尽义务办理有关事项。如因未履行规定的义务而影响保险人利益时，保险人对有关损失有权拒绝赔偿。

（1）当被保险货物运抵保险单所载目的地以后，被保险人应及时提货，当发现被保险货物遭受任何损失，应立即向保险单上所载明的检验、理赔代理人申请检验。如发现被保险货物整件短少或有明显残损痕迹，应立即向承运人、受托人或有关当局索取货损货差证明。如果货损货差是由于承运人、受托人或其他有关方面的责任所造成的，应以书面方式向他们提出索赔，必要时还需取得延长时效的认证。

（2）对遭受承保责任内危险的货物，应迅速采取合理的抢救措施，防止或减少货物损失。

（3）在向保险人索赔时，必须提供下列单证：保险单正本、提单、发票、装箱单、磅码单、货损货差证明、检验报告及索赔清单。如涉及第三者责任还须提供向责任方追偿的有关函电及其他必要单证或文件。

10.3.3 索赔期限

陆上货物运输保险索赔时效，从被保险货物在最后目的地车站全部卸离车辆后计算，最多不超过两年。

任务四 航空货物运输保险

10.4.1 航空货物运输保险的概念

航空货物运输保险是以航空运输过程中的各类货物为保险标的，当投保了航空货物运输保险的货物在运输途中因保险责任造成货物损失时，由保险公司提供经济补偿的一种保险业务。

10.4.2 航空货物运输保险一般条款

（1）责任范围。

航空货物运输保险分为航空运输险和航空运输一切险两种。被保险货物遭受损失时，按保险单上订明承保险别的条款负赔偿责任。

1）航空运输险。

① 被保险货物在运输途中遭受雷电、火灾、爆炸或由于飞机遭受恶劣气候或其他危难事故而被抛弃，或由于飞机遭受碰撞、倾覆、坠落或失踪意外事故所造成的全部或部分损失。

② 被保险人对遭受承保责任内危险的货物采取抢救、防止或减少货损的措施而支付的合理费用，但以不超过该批被救货物的保险金额为限。

2）航空运输一切险。

除包括上列航空运输险的责任外，航空货物运输保险还负责货物由于外来原因所致的全部或部分损失。外来原因包括：偷窃、提货不着，淡水、雨淋，短量，混杂、沾污，渗漏，碰损、碰碎，串味，受潮受热，钩损，包装破碎，锈损。

（2）除外责任。

1）被保险人的故意行为或过失所造成的损失。

2）属于发货人责任所引起的损失。

3）保险责任开始前，被保险货物已存在的品质不良或数量短差所造成的损失。

4）被保险货物的自然损耗、本质缺陷以及市价跌落、运输延迟所引起的损失或费用。

5）航空公司运输货物战争险条款和货物运输罢工条款规定的责任范围和除外责任。

（3）责任起讫。

1）航空货物运输保险负"仓至仓"责任，自被保险货物运离保险单所载明的起运地仓库或储存处所开始运输时生效，包括正常运输过程中的运输工具在内，直至该项货物运达保险单所载明目的地收货人的最后仓库或储存处所或被保险人用作分配、分派或非正常运输的其他储存处所为止。如未运抵上述仓库或储存处所，则以被保险货物在最后卸载地卸离飞机后满30日为止。如在上述30日内被保险的货物需转运到非保险单所载明的目的地时，则以该项货物开始转运时终止。

2）由于被保险人无法控制的运输延迟、绕道、被迫卸货、重行装载、转载或承运人运用运输契约赋予的权限所作的任何航行上的变更或终止运输契约，致使被保险货物运到非保险单所载目的地时，在被保险人及时将获知的情况通知保险人，并在必要时加缴保险费的情况下，本保险继续有效。保险责任按下述规定终止：

① 被保险货物如在非保险单所载目的地出售，保险责任至交货时为止。但不论任何情况，均以被保险的货物在卸载地卸离飞机后满30日为止。

② 被保险货物在30日内继续运往保险单所载原目的地或其他目的地时，保险责任仍按上述规定终止。

（4）被保险人的义务。

被保险人应按照以下规定的应尽义务办理有关事项，如因未履行规定的义务而影响保险人利益时，保险人对有关损失有权拒绝赔偿。

1) 当被保险货物运抵保险单所载目的地以后，被保险人应及时提货。当发现被保险货物遭受任何损失，应立即向保险单上所载明的检验、理赔代理人申请检验，如发现被保险货物整件短少或有明显残损痕迹，应立即向承运人、受托人或有关当局索取货损货差证明。

如果货损货差是由于承运人、受托人或其他有关方面的责任所造成的，应以书面方式向他们提出索赔，必要时还需取得延长时效的认证。

2) 对遭受承保责任内危险的货物，应迅速采取合理的抢救措施，防止或减少货物损失。

3) 在向保险人索赔时，必须提供下列单证：保险单正本、提单、发票、装箱单、磅码单、货损货差证明、检验报告及索赔清单。如涉及第三者责任还须提供向责任方追偿的有关函电及其他必要单证或文件。

（5）索赔期限。

航空货物运输保险索赔时效，从被保险货物在最后卸载地卸离飞机后开始计算，最多不超过两年。

10.4.3 国内航空货物运输保险的具体条款

（1）总则。

凡是向民航部门（以下简称承运人）托运货物的单位和个人均可作为被保险人，依照有关规定，将其空运货物（鲜、活物品和动物除外）向保险人投保本保险。

（2）责任范围。

1) 保险货物在保险期限内无论是在运输或存放过程中，由于下列原因造成的损失，保险人负赔偿责任：

① 由于飞机遭受碰撞、倾覆、坠落、失踪（在3个月以上）、在危难中发生卸载以及遭遇恶劣气候或其他危难事故发生抛弃行为所造成的损失。

② 保险货物本身因遭受火灾、爆炸、雷电、冰雹、暴风暴雨、洪水、海啸、地震、地陷、崖崩所造成的损失。

③ 保险货物因受震动、碰撞或压力而造成破碎、弯曲、凹瘪、折断、开裂等损伤以及由此引起包装破裂而造成的散失。

④ 凡属液体半流体或者需要用液体保藏的保险货物，在运输途中因受震动、碰撞或压力致所装容器（包括封口）损坏发生渗漏而造成的损失，或用液体保藏的货物因液体渗漏而致保藏货物腐烂的损失。

⑤ 保险货物因遭受偷盗或者提货不着而造成的损失。

⑥ 在装货、卸货时和地面运输过程中，因遭受不可抗力的意外事故及雨淋所造成保险货物的损失。

2) 在发生责任范围内的灾害事故时，因施救或保护保险货物而支付的合理费用，保险人也负赔偿责任，但最高以不超过保险金额为限。

（3）除外责任。

保险货物在保险期限内在运输或存放过程中，由于下列原因造成的损失，保险人不负赔偿责任：

战争或军事行动；由于保险货物本身的缺陷或自然损耗，以及由于包装不善或属于托运人不遵守货物运输规则所造成的损失；托运人或被保险人的故意行为或过失；其他不属于保险责任范围内的损失。

(4) 责任起讫。

1) 航空货物运输保险责任自保险货物经承运人收讫并签发航空货运单注明保险时起,至空运目的地收货人当地的第一个仓库或储存处所时终止。但保险货物空运至目的地后,如果收货人未及时提货,则保险责任的终止期最多以承运人向收货人发出到货通知以后的15日为限。

2) 飞机在飞行途中,因机件损坏或发生其他故障被迫降落,以及因货物严重积压所保货物需用其他运输工具运往原目的地时,保险人仍继续负责,但应办理批改手续。如果所保货物在被迫降落的地点出售或分配,保险责任的终止期以承运人向收货人发出通知以后的15日为限。

(5) 保险金额。

空运货物的保险金额可按货物价格或货价加运杂费、保险费确定。在保险有效期内,被保险人需要调整保险金额,应当向保险人申请办理批改。

(6) 被保险人义务。

1) 被保险人在保险人签出保险单的同时,必须按照保险人制订的费率规章,一次缴清应付的保险费。

2) 凡是应当包装的货物,其包装应符合政府有关部门规定的标准,并遵守政府有关部门对安全运输所订的各种规章制度。必要时还应当接受并协助保险人对保险货物进行防损查验工作。

3) 保险货物如果发生保险责任范围内的灾害事故,被保险人应当迅速采取合理的抢救措施,防止或减少货物损失。

4) 被保险人如果不履行上述义务,保险人有权从通知之日起,终止保险责任或拒绝赔偿或剔除扩大损失的部分。

(7) 货损检验及赔偿处理。

1) 保险货物运抵保险凭证所载明的目的地后,如果发现保险货物受损,应当及时向保险人在当地的所属机构申请检验,最迟不得超过10日,否则保险人不予受理。如果当地无保险人所属机构,则由被保险人或收货人会同承运人检验,并由承运人出具证明加盖公章,向起运地保险人索赔。

2) 被保险人向保险人申请赔偿时,必须提供下列单证:

航空货运单、保险单或保险凭证、发票、装箱单、货物运输事故签证、索赔清单、救护保险货物所支出合理费用的单据及保险人认为有必要的其他证明文件,保险人在接到上述申请和单证后,根据保险责任范围,核定应否赔偿。

3) 保险货物发生保险责任范围内的损失,保险人在保险金额限度内按实际损失计算赔偿,但如果被保险人投保不足,保险金额低于货物价值时,保险人应按保险金额与货物价值的比例计算赔偿。

4) 保险货物发生保险责任范围内的损失,如果根据法律规定或者有关约定,应当由承运人或其他第三者负责赔偿一部分或全部,则保险人不再赔偿或只赔偿其不足部分,如被保险人提出要求,保险人可先予赔偿,保险人在赔偿的同时即获得被保险人向责任方追偿的权利,被保险人应积极协助保险人共同向责任方追偿。

5）保险货物遭受损失以后的残余部分，应当充分利用，经双方协商，作价折归被保险人，并在赔款中扣除。

6）被保险人自其知道保险事故发生之日起二年内不向保险人提出索赔的，即视为自愿放弃权利。

7）被保险人与保险人就保险事宜发生争议时，应协商解决，协商不成，可以向仲裁机构申请仲裁或向人民法院提起诉讼。

任务五　仓储货物保险

10.5.1　仓储货物保险的保险标的

仓储货物保险的保险标的是处于仓储中的货物。

从保险合同的角度来看，仓储货物有以下三种类型：

(1) 可保货物及仓储基础设施设备。

(2) 特约可保货物。

(3) 不可保货物。

10.5.2　仓储货物保险的保险责任和附加责任

10.5.2.1　保险责任

(1) 自然灾害：暴雨、洪水、台风、暴风、龙卷风、飓风、雪灾、雹灾、冰凌、泥石流、崖崩、突发性滑坡、地面突然塌陷、火山爆发。

(2) 意外事故：火灾、爆炸、雷击、飞行物体及其他空中运行物体坠落、灾害及意外事故引起的停电、停水、停气的损失。

(3) 施救、抢救造成的保险标的的损失。

(4) 必要的合理费用支出。

10.5.2.2　附加责任

附加责任（又称"特约责任"）是指责任免除中不保的责任，经双方协商同意后保险人可予以承担的保险责任。特约责任一般采用附加特约条款方式承保，也可以以附加险方式承保。

10.5.3　仓储货物保险的除外责任

(1) 战争、敌对行为、军事行为等。

(2) 被保险人及其代理人的故意行为或纵容所致的损失。

(3) 核反应、核辐射和放射性污染。

(4) 保险标的遭受保险事故引起的各种间接损失。

(5) 保险标的本身缺陷、仓储保管不善导致的损坏。

(6) 行政行为或执法行为所致的损失。

(7) 其他不属于保险责任范围内的损失和费用。

(8) 地震所造成的一切损失。

（9）对方在露天或罩棚下的标的，以及罩棚本身因暴风、暴雨造成的损失。

（10）被保险人自有的运输、装卸、搬运工具不适合运输、装卸、搬运保险标的，或被保险人自有的仓库不具备储存或流通加工保险标的的条件。

（11）保险标的包装不当，或保险标的的包装完好而内容损坏或不符，或保险标的的标记错制、漏雨、不清。

（12）发货人或收货人确定的保险标的的数量、规格或内容不准确。

（13）保险标的遭受盗窃或不明原因的失踪。

本章小结

本章介绍了物流活动中的货物保险的相关法律规定，包括海上货物运输保险、陆路运输货物保险、航空运输货物保险和仓储货物保险。介绍了各种保险的保险范围、除外责任以及保险人和被保险人的义务和责任。

思考与练习

一、名词解释

1. 保险责任　2. 除外责任　3. 保险期间　4. 保险价值　5. 保险金额　6. 保险费　7. 航空货物运输保险

二、简答题

1. 保险法的基本原则有哪些？
2. 海上保险的原则有哪些？
3. 平安险（单独海损不赔）包括哪些内容？
4. 海上保险合同的内容有哪些？
5. 陆运险的责任范围有哪些？
6. 仓储货物保险的保险责任有哪些？

参 考 文 献

[1] 王峰. 物流法律法规知识 [M]. 第二版. 北京：北京理工大学出版社，2011.
[2] 周艳军. 物流法律法规知识 [M]. 北京：中国物资出版社，2006.
[3] 胡美芬，郑丙贵. 物流法规教程 [M]. 北京：电子工业出版社，2006.
[4] 赵阳. 物流法律法规 [M]. 北京：机械工业出版社，2006.
[5] 李志文. 物流实务操作与法律 [M]. 第三版. 大连：东北财经大学出版社有限责任公司，2012.
[6] 苏彩. 物流法律法规 [M]. 北京：北京理工大学出版社，2013.